Geld und Geldpolitik

Vorwort

Was ist Geld? Alle reden über Geld, aber viele wissen wenig über seine Eigenschaften und über die Rolle, die das Geld in der Wirtschaft spielt.

Wie kommt das Geld eigentlich in die Wirtschaft? Wer achtet darauf, dass nicht zu viel Geld geschaffen wird und dass es nicht zu Inflation kommt? Was sind Leitzinsen? Wer entscheidet über deren Höhe und beeinflusst damit, wie hoch die Spar- und wie hoch die Kreditzinsen sind? Mehrere Studien haben gezeigt: Viele Menschen in Deutschland können solche Fragen nur schwer beantworten. Dafür werden vor allem zwei Gründe angeführt: Erstens hat Wirtschaftswissen erst seit kurzem Eingang in die Schulbildung gefunden. Zweitens befassen sich viele Menschen offenbar nur ungern mit wirtschaftlichen Zusammenhängen, weil sie ihnen als zu kompliziert erscheinen.

Vorrangige Aufgabe der Zentralbanken ist, den Wert des Geldes zu schützen. Die Deutsche Bundesbank nimmt diese Aufgabe seit mehr als 50 Jahren wahr – bis Ende 1998 als Hüterin der D-Mark, seither als Mitglied im Eurosystem, dem Verbund der Zentralbanken im Euro-Währungsgebiet, für den Euro.

Mit diesem Buch wollen wir dazu beitragen, dass mehr Menschen die Grundlagen der Geldwirtschaft, die Ziele der Zinspolitik und die Funktionsweise des Europäischen Systems der Zentralbanken besser kennenlernen. Dabei wird deutlich, welche Rolle die Bundesbank in der europäischen Geldpolitik spielt, ferner auch, welche weiteren Aufgaben sie wahrnimmt – beispielsweise in der Bargeldversorgung, im Zahlungsverkehr oder in der Bankenaufsicht.

Nutzen können Sie dieses Buch auf vielfältige Weise: Es eignet sich als kleines Nachschlagewerk ebenso wie als Textbuch für den Schulunterricht oder als Handreichung für das Selbststudium. Unterrichtsmaterialien, die auf diesem Buch aufbauen, finden Sie auf unserer Website (www.bundesbank.de/bildung).

Wir als unabhängige Zentralbank mit der schwierigen Aufgabe, für stabiles Geld zu sorgen, brauchen das Vertrauen und die Unterstützung der Bevölkerung. Deshalb müssen wir über das Geld reden, und deshalb wünschen wir uns, dass möglichst viele Bürger möglichst viel über die Voraussetzungen für Geldwertstabilität wissen.

Prof. Dr. Axel A. Weber
Präsident der Deutschen Bundesbank

Inhalt

1. Begriff und Aufgaben des Geldes	8
1.1 Rolle des Geldes in der arbeitsteiligen Wirtschaft	8
1.2 Funktionen des Geldes	10
1.3 Erscheinungsformen des Geldes im Wandel der Zeit	12

2. Das Bargeld	22
2.1 Ausgabe von Bargeld	22
2.2 Bargeldumlauf	25
2.3 Die Euro-Banknoten	30
2.4 Die Euro-Münzen	38
2.5 Falschgeld	46

3. Das Giralgeld	52
3.1 Geld, das man nicht sehen kann	52
3.2 Instrumente für den bargeldlosen Zahlungsverkehr	53
3.3 Organisation des bargeldlosen Zahlungsverkehrs	58
3.4 Messung der Geldmenge	63

4. Das Bankensystem	70
4.1 Grundzüge des Bankgeschäfts	70
4.2 Die Banken in Deutschland	77
4.3 Sicherheit im Bankwesen	82
4.4 Geldschöpfung der Banken	88
4.5 Ergänzung des Bankensystems	93

5. Das Eurosystem — 100

5.1 Organisation des Eurosystems — 100
5.2 Aufgabe des Eurosystems: Preisstabilität sichern — 110
5.3 Unabhängigkeit der Zentralbank unabdingbar — 118
5.4 Der Weg von der D-Mark zum Euro — 122

6. Die Geldpolitik des Eurosystems — 134

6.1 Die Übertragung geldpolitischer Impulse — 135
6.2 Geldpolitische Strategie des Eurosystems — 142
6.3 Die geldpolitischen Instrumente des Eurosystems — 145
6.4 Ein Zahlungsverkehrssystem für die einheitliche Geldpolitik — 156
6.5 Grenzen der Geldpolitik — 157

7. Internationale Währungsbeziehungen — 166

7.1 Wechsel- bzw. Devisenkurs — 167
7.2 Europäisches Währungssystem — 172
7.3 Die Zahlungsbilanz — 175
7.4 Internationalisierung der Finanzmärkte — 184
7.5 Internationale Zusammenarbeit — 188

Glossar — 204

Kapitel 1

Begriff und Aufgaben des Geldes

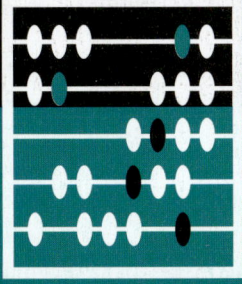

1. Begriff und Aufgaben des Geldes

Geld begegnet uns überall im täglichen Leben. Bei dem Wort „Geld" denken die meisten zunächst an Münzen und Banknoten. Wir reden von „Geld verdienen", wenn es um unser Einkommen geht. Wir sprechen von „Geld ausgeben", wenn wir einkaufen. Bei größeren Anschaffungen kommt es vor, dass wir uns „Geld leihen", also einen Kredit aufnehmen müssen – sei es im Bekanntenkreis oder bei einer Bank. Geld bezeichnet also Einkommen, Zahlungsmittel, Vermögen, Kredit … Diese recht unterschiedliche Verwendung des Begriffs „Geld" kommt nicht von ungefähr: Sie ist Ausdruck der universalen Rolle, die Geld im Wirtschaftsleben spielt.

1.1 Rolle des Geldes in der arbeitsteiligen Wirtschaft

Moderne Volkswirtschaften zeichnen sich durch einen hohen Grad an Arbeitsteilung und damit an Spezialisierung aus, denn nicht jeder kann jede Ware für sich selbst herstellen. Dies hat zur Folge, dass Güter, d. h. Waren und Dienstleistungen, ständig gegeneinander getauscht werden müssen.

Gäbe es kein Geld, wäre man gezwungen, Güter direkt zu tauschen. In einer reinen Tauschwirtschaft besteht aber immer die Schwierigkeit, gerade denjenigen zu finden, der genau das anbietet, was man selbst sucht, und der gleichzeitig genau das benötigt, was man selbst anbietet. Das Suchen nach passenden Tauschpartnern ist enorm aufwendig. Findet man keinen direkten Tauschpartner, entstehen unter Umständen lange Tauschketten, bis endlich jeder das in Händen halten kann, was er ursprünglich eigentlich haben wollte. Eine weitere Schwierigkeit in einer Tauschwirtschaft ist es, die Austauschrelation jedes Gutes zu jedem anderen zu bestimmen. In einer Tauschwirtschaft ist das Wirtschaftsleben also komplizierter, der Handel träge oder fast unmöglich.

Ohne Geld gibt es eine Tauschwirtschaft.

Um die Schwierigkeiten der Tauschwirtschaft zu überwinden, kamen die Menschen schon frühzeitig darauf, nicht mehr Ware gegen Ware zu tauschen, sondern etwas dazwischenzuschalten: Geld. An die Stelle des einfachen Tausches „Ware gegen Ware" trat der doppelte Tausch „Ware gegen Geld" und „Geld gegen Ware". Die „Zwischentauschware" Geld erleichtert das Handeln, da Kauf und Verkauf zeitlich und örtlich auseinanderliegen können und es zudem einen allgemeinen Maßstab gibt, in dem der Wert jedes Gutes ausgedrückt werden kann.

Geld- und Güterkreislauf

Geld spielt in einer arbeitsteiligen Wirtschaft eine wichtige Rolle. Das zeigt sich in einem einfachen Ausschnitt des Geld- und Güterkreislaufs, in dem sich zwei Marktteilnehmer gegenüberstehen:

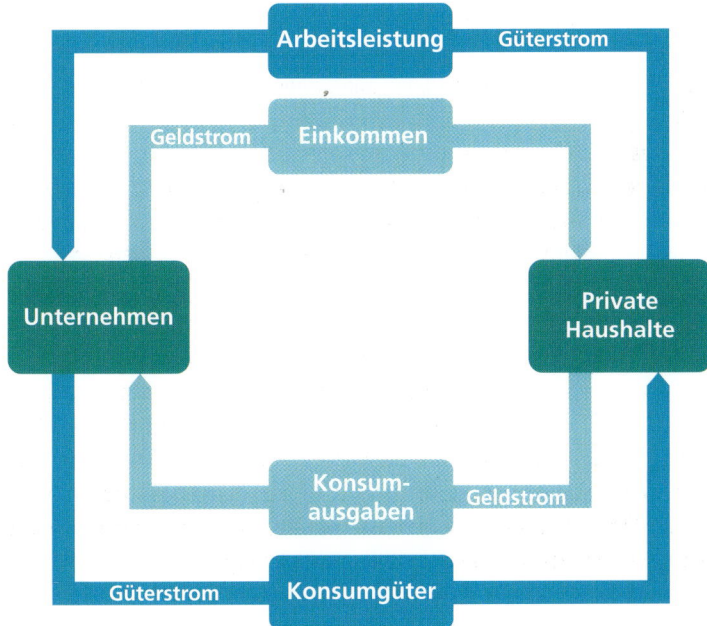

Vereinfachter Geld- und Güterkreislauf

Auf der einen Seite stehen die privaten Haushalte, die ihre Arbeitskraft anbieten und Konsumgüter nachfragen. Auf der anderen Seite befinden sich die Unternehmen, die Konsumgüter anbieten und Arbeitskräfte nachfragen. Zwischen den Unternehmen und den Haushalten fließen so verschiedene Ströme. Dem Kreislauf von Gütern und Arbeitsleistung ist ein Geldkreislauf entgegengerichtet. Die Haushalte erhalten von den Unternehmen für ihre Arbeitsleistung Einkommen in Form von Geld, das sie für den Kauf von Konsumgütern verwenden können.

Diese Modellvorstellung ist zwar stark vereinfacht, da sie das Ausland, den Bankensektor, den Staat sowie den Austausch zwischen den Unternehmen und den der Haushalte untereinander nicht berücksichtigt. Dennoch verdeutlicht das Kreislaufmodell die „Allgegenwart" des Geldes im Wirtschaftsleben.

1.2 Funktionen des Geldes

Die Vorteile des Geldes zeigen sich in den wesentlichen Funktionen, die dem Geld zugesprochen werden. Um diese Funktionen zu erfüllen, muss es allerdings auch gewisse Eigenschaften mitbringen.

Geld als Tausch- und Zahlungsmittel

Geld ist in erster Linie ein Tauschmittel, das den Austausch von Gütern vereinfacht. Geld wird aber auch benutzt, um Kredite zu gewähren und Schulden zu begleichen. In diesen Fällen geht es nicht um einen Austausch von Gütern, sondern um Finanztransaktionen. Man spricht von der Geldfunktion als Zahlungsmittel. Dazu muss die jeweilige Form des Geldes allgemein akzeptiert werden.

Geld als Recheneinheit

Die abstrakte Einheit „Geld" erlaubt es, Güter- und Vermögenswerte in einer allgemeinen Bezugsgröße auszudrücken und dadurch vergleichbar zu machen. Das Geld hat damit die Funktion einer Recheneinheit bzw. eines Wertmaßstabs. Es müssen dann nicht mehr die zahllosen Austauschverhältnisse aller Güter untereinander bestimmt werden.

Begriff und Aufgaben des Geldes

Beispielsweise existieren für 100 Güter 4.950 Austauschverhältnisse (allgemein: n(n-1)/2 Austauschverhältnisse bei n Gütern). Dank der Recheneinheit Geld muss man nicht 4.950 Austauschverhältnisse, sondern nur 100 Preise beachten. Damit Geld diese Funktion wahrnehmen kann, muss es ausreichend teilbar sein.

Geld als Wertaufbewahrungsmittel

Geld bietet den Vorteil, dass Kauf und Verkauf zeitlich auseinanderliegen können, wenn Waren nicht direkt getauscht werden müssen. In Geld lässt sich somit ein gewisser Wert „speichern" und zu einem späteren Zeitpunkt wieder eintauschen. Das Geld hat somit eine Wertaufbewahrungsfunktion. Voraussetzung für diese Funktion ist, dass Material und Wert des Geldes beständig sind.

Auf diese Funktion wird insbesondere beim Sparen gesetzt. Wer spart, „konserviert" den Wert über die Zeit und bildet sich so eine Reserve, über die er später bei Bedarf verfügen kann. Das „Spar-Geld" kann man so in der Zwischenzeit anderen überlassen (z. B. einer Bank). Dafür bekommt man Zinsen, die gewissermaßen eine Entschädigung dafür sind, dass man für eine bestimmte Zeit auf die Verfügbarkeit seines Geldes verzichtet.

Das Vertrauen in die Wertbeständigkeit des Geldes bildet die Grundlage des Geldwesens.

Die Funktionen des Geldes im Überblick

Zahlungsmittel	Recheneinheit	Wertaufbewahrungsmittel
Geld erleichtert den Warentausch.	Güterwerte lassen sich in einer Bezugsgröße ausdrücken und vergleichen.	Gelderwerb und Geldausgabe können zeitlich auseinanderfallen.
Auch Finanztransaktionen wie die Vergabe von Krediten sind möglich.	Geld fungiert als Wertmaßstab.	Sparen ist möglich.

Um diese Funktionen erfüllen zu können, muss der Gegenstand, der als Geld verwendet wird, gut teilbar, wertbeständig und allgemein akzeptiert sein.

1.3 Erscheinungsformen des Geldes im Wandel der Zeit

Was in einer Wirtschaft als Geld dient, hat sich im Laufe der Geschichte oft geändert. Sprechen wir von Geld, denken heute die meisten zuerst an Münzen und Banknoten. Aber auch andere Gegenstände galten und gelten als Geld. Heutzutage spielt sogar „unsichtbares" Geld auf Konten und Karten eine große Rolle. Obwohl wir es in dieser Form nicht einmal anfassen können, akzeptieren wir es als Geld. Geld ist letztlich das, was als Geld allgemein akzeptiert wird: Geld ist, was als Geld gilt.

Warengeld

Eine einfache Form des Geldes ist das Warengeld (auch: Naturalgeld). Beispiele dafür sind Kaurischnecken, Salzbarren, Felle, Federn oder Vieh. Das lateinische Wort für Geld heißt pecunia und wurde aus dem Wort pecus für Vieh abgeleitet. Auf der pazifischen Insel Yap galten mit einem Loch versehene Steinscheiben unterschiedlicher Größe als Zahlungsmittel (Steingeld).

Kaurischnecken

Steingeld (Yap)

Im Laufe der Zeit übernahmen wertvolle Edelmetalle wie Bronze, Silber und Gold die Funktion von Geld. Sie bieten den Vorteil, dass sie relativ knapp, haltbar und leicht teilbar sind. Mit der Einführung von Metallgeld konnten die Probleme überwunden werden, die mit der Verwendung verderblicher Waren als Geld einhergingen.

Der Gebrauch von Warengeld ist weder auf eine Zeitepoche, noch auf einen Kulturkreis beschränkt. So kam man wieder auf Warengeld zurück, wenn beispielsweise nicht genügend Kleingeld für den täglichen Handel zur Verfügung stand oder wenn die offizielle Währung das Vertrauen der Menschen verloren hatte, wie es in Deutschland kurz nach dem Zweiten Weltkrieg der Fall war. Auf den Schwarzmärkten nutzte man Zigaretten anstelle der wertlos gewordenen Reichsmark als Zahlungsmittel. Mit der Einführung der D-Mark 1948 (Währungsreform) verschwand der Schwarzmarkt und mit ihm die „Zigarettenwährung".

Münzen

Warengeld wie Gold oder Silber kann man viel leichter als Geld verwenden, wenn man sie in einheitlichen, genormten Stücken in Umlauf bringt, anstatt dauernd Metallklumpen oder Barren abzuwiegen. Wenn eine befugte Autorität Regeln für einheitliche Metallstücke aufstellt, sie nach diesen Regeln herstellen, durch ein Bildmotiv beurkunden und dann in Umlauf bringen lässt, ist eine Münze entstanden. Die ältesten Münzen kennen wir aus der Mitte des 7. Jahrhunderts vor Christi Geburt aus dem Königreich Lydien in der heutigen West-Türkei. Damals waren es noch Metallklümpchen, die mit einer Prägung versehen worden waren. Im Laufe der Zeit wurden die geprägten Metallstücke zunehmend breiter, flacher und immer besser gerundet.

Frühform der Münze aus dem 7. Jh. v. Chr. (Phanes-Stater)

Die Idee von genormten und geprägten Münzen verbreitete sich schnell. Die ersten Münzen zeigten Symbole aus der Natur oder der Mythologie. Später prägte man oft Herrscherporträts auf die Münzen. Der Münzherr, der das „Münzregal" (d. h. das Recht, Münzen zu prägen) innehatte, garantierte mit seinem Abbild oder Zeichen, dass die Münzen gemäß den Münzregeln hergestellt waren.

Münzgesetze legten meistens fest, dass der Wert von ausgeprägten Goldmünzen und großen Silbermünzen ein wenig höher lag als der Preis des in der Münze enthaltenen Edelmetalls. Dennoch sollte dafür gesorgt sein, dass in jeder Münze genügend Gold oder Silber enthalten war. Der etwas höhere Preis gemünzten Edelmetalls gegenüber ungemünzten Metallstücken deckte die Kosten der Münzherstellung, verhinderte aber auch, dass die mühsam „in Geldform" gebrachten Münzen schnell wieder als Rohstoffe eingeschmolzen wurden.

Weil Edelmetalle schon immer besonders wertvoll waren, war auch der Wert einer einzelnen Großsilber- oder gar Goldmünze so hoch, dass man damit kleinere Beträge gar nicht begleichen konnte. Dafür benötigte man „Kleingeld". Dieses Kleingeld bestand aus sogenannten Teil- oder Scheidemünzen, deren Wert deutlich höher liegt als der Preis für die enthaltenen Rohstoffe und die Herstellung. Solche Scheidemünzen machen überwiegend das moderne Münzgeld aus.

Römische Münze mit dem Bildnis Cäsars

Papierne Geldzeichen

Papierne Geldzeichen haben im Unterschied zu Münzen aus Metall, wie Gold oder Silber, kaum einen Warenwert. Dennoch lassen sich mit ihnen große Geldbeträge sehr viel leichter, sicherer und damit billiger und schneller weitergeben – von Hand zu Hand wie von Stadt zu Stadt. Das älteste Papiergeld gaben vor über tausend Jahren Staatsbehörden in China aus. Ihre Kaufkraft erhielten die chinesischen Geldscheine nur durch kaiserlichen Erlass.

Begriff und Aufgaben des Geldes

Käsch-Schein aus China

Im mittelalterlichen Europa waren es die Kaufleute, die sich mit Wechselbriefen eigene Zahlungspapiere schufen. Der „Bezogene" (z. B. ein Warenkäufer) verpflichtete sich in einem Wechselbrief, dieses Papier zu einem bestimmten Zeitpunkt mit einem bestimmten Geldbetrag bar in Gold oder Silber einzulösen. Indem die Kaufleute und Bankiers Wechselbriefe ausstellten, diese sich gegenseitig verkauften und miteinander austauschten, benötigten sie für den Warenhandel deutlich weniger bares Gold oder Silber. Sie konnten damit leichter, schneller und sicherer zahlen – und gewährten sich überdies gegenseitig Kredit.

Neben Wechselbriefen verwandte man in Europa für den kaufmännischen Zahlungsverkehr später auch andere Zahlungsversprechen wie Depositenscheine. Bankiers oder Goldschmiede nahmen Edelmetall ihrer Kunden in sichere Verwahrung und stellten ihnen darüber einen Depositenschein aus. Gegen Vorlage des Depositenscheins wurde das Edelmetall wieder ausgezahlt.

Banknoten

Staatspapiergeld, wie es in China lange umlief, konnte sich in Europa trotz Versuche verschiedener Regierungen nie dauerhaft durchsetzen. Hinter Staatspapiergeld stand kein Warenwert, sondern nur die Macht und die Glaubwürdigkeit des Staates. Die geldartig genutzten Papiere Europas wie Wechsel oder Depositenscheine hatten mit dem Staat kaum etwas zu tun und waren durch Warengeschäfte oder Edelmetall gedeckt. Allerdings konnte man sie nicht so formlos weitergeben wie etwa Münzen, weil sie als Kreditpapiere an Personen oder Orte gebunden waren. Seit dem 17. Jahrhundert breiteten sich deshalb Banknoten aus, die von privaten Banken ausgegeben wurden.

Als erste Notenbank Europas gilt der „Stockholms Banco". Wegen Silbermangels prägte man in Schweden ab 1644 Kupferplatten als Geld. Da die bis zu 20 kg schweren Platten für den praktischen Gebrauch sehr unhandlich waren, konnte man sie beim Stockholms Banco hinterlegen und erhielt dafür einen „Credityf-Zedel", der jederzeit wieder in Metallgeld eingewechselt werden konnte. Diese „Zettel" gelten als die ersten Banknoten Europas.

„Credityf-Zedel" des Stockholms Banco

Dieses Prinzip wurde zur Grundlage des Notenbankwesens, das sich dann vor allem im 19. Jahrhundert in ganz Europa durchsetzte. Die Notenbanken kauften Gold und Silber, aber auch sichere Wechselbriefe der Kaufleute an und gaben dafür im Gegenzug Banknoten aus. Wer bei der Bank die Banknote einlösen wollte, bekam den Betrag der Note jederzeit in Edelmetall ausgezahlt. Banknoten konnten genauso leicht wie Münzen umlaufen, erleichterten aber den Umgang mit großen Geldbeträgen. Und die Banknoten waren durch Edelmetallvorräte und Wechsel bei der ausgebenden Notenbank „gedeckt".

Heute geben staatliche Zentralbanken Banknoten aus und bürgen für deren Wert. Während noch bis weit ins 20. Jahrhundert Währungen durch Gold gedeckt waren, sind die Währungen der meisten Volkswirtschaften heute reine Papiergeldsysteme ohne Edelmetalldeckung.

Die Einführung von Papiergeld löste den Geldwert vom Material des Geldstoffes. Geld ist in Form von Banknoten nicht nur bequemer zu transportieren, sondern auch erheblich billiger herzustellen. Deshalb kann man theoretisch unbegrenzt Geld herstellen. Wenn das in der Geschichte geschah, hatte es immer negative Folgen: Wurde zuviel Geld in Umlauf gebracht, verfielen der Geldwert, das Vertrauen in das Geld und die Akzeptanz der Währung.

Der Wert von Papiergeld ist unabhängig vom Material.

Buchgeld (Giralgeld)

Neben dem Papiergeld bildete sich in den großen Handelsstädten in Norditalien, aber auch in Amsterdam, Hamburg oder Nürnberg nahezu gleichzeitig das Buchgeld bzw. Giralgeld heraus – Geld also, das nur in den Kontobüchern der Banken verzeichnet ist. Bei den dortigen „Girobanken" konnten Kaufleute Konten eröffnen, um dann Guthaben von Konto zu Konto zu bewegen: Das System des „stofflosen" Geldes hat sich bis heute erhalten und stark an Bedeutung gewonnen. Mit jedem Kontoauszug können wir sehen, wie viel Buchgeld wir besitzen.

Jeder Kontoauszug zeigt uns den Bestand an Buchgeld.

Heute wird das Geld aber nicht mehr durch Zu- und Abschreiben in echten Kontobüchern bewegt, sondern in Computern oder über elektronische Medien. Wenn man per Computer oder Karte nicht nur Zahlungsanweisungen an die Bank übermittelt, sondern tatsächlich Geld als digitale Datensätze weitergibt, spricht man von elektronischem Geld bzw. E-Geld.

Stabilität des Geldwerts

Mit dem Übergang vom Warengeld zum stofflosen Buch- bzw. Giralgeld änderten sich auch die Anschauungen über das Wesen und den Wert des Geldes. Hatte es bei vollwertigen Münzen noch nahegelegen, den Wert des Geldes allein in seinem Warenwert zu sehen, so gewann beim stofflosen Geld dessen Knappheit an Bedeutung. Wenn das Geld nicht mehr knapp ist, weil beispielsweise ein Missverhältnis zwischen der umlaufenden Geldmenge und der vorhandenen Gütermenge besteht, steigen die Preise. Das Geld erfüllt seine Funktionen dann nur noch unzulänglich und wird schließlich im Wirtschaftsverkehr nicht mehr allgemein akzeptiert.

Ein solches Missverhältnis kann bei Papiergeld und Buchgeld, die fast kostenlos und „aus dem Nichts" produziert werden können, leichter auftreten als beim Warengeld. Bei diesem wirkten die beschränkten Edelmetallvorräte als „Geldschöpfungsbremse". Doch war die Geldversorgung der Wirtschaft damit abhängig von der Zufälligkeit von Edelmetallfunden. Deshalb gab es auch in den Zeiten der Gold- und Silberwährungen gelegentlich Phasen, in denen das Geld seinen Wert verlor. Beispielsweise kam es vor 500 Jahren, nach der Entdeckung und Ausplünderung Amerikas, in Spanien zu einer starken Inflation, weil die Eroberer große Mengen an Gold und Silber ins Mutterland brachten.

Zentralbanken stellen die notwendige Knappheit des Geldes sicher.

Heute wissen wir, dass nur die Knappheit des Geldes die Grundlage für seinen Wert sein kann. Deshalb muss eine mit Autorität ausgestattete Instanz für die Knappheit des Geldes sorgen. Zuständig dafür sind in modernen Volkswirtschaften die Zentralbanken. In Deutschland war dies bis Ende 1998 die Deutsche Bundesbank. Anfang 1999 hat im Euro-Währungsgebiet das Eurosystem die Zentralbankfunktion übernommen. Es besteht aus der Europäischen Zentralbank (EZB) und den nationalen Zentralbanken der Euroländer, darunter die Bundesbank. Oberstes Entscheidungsgremium des Eurosystems ist der EZB-Rat, dem der EZB-Präsident, der EZB-Vizepräsident, die vier weiteren Mitglieder des EZB-Direktoriums sowie die Präsidenten der nationalen Zentralban-

Begriff und Aufgaben des Geldes

ken angehören. Die vorrangige Aufgabe des Eurosystems ist es, Preisstabilität zu sichern, d. h. den Wert des Euro stabil zu halten.

Das Wichtigste im Überblick:

- Geld spielt in der heutigen arbeitsteiligen Wirtschaft eine wesentliche Rolle. Ohne Geld gäbe es eine Tauschwirtschaft, die das Wirtschaftsleben schwieriger machen würde.

- Geld hat mehrere wichtige Funktionen: Es ist Zahlungsmittel, Recheneinheit und Wertaufbewahrungsmittel. Um diese Funktionen erfüllen zu können, muss das Geld gut teilbar, wertbeständig und allgemein akzeptiert sein.

- Die Erscheinungsform von Geld hat sich im Laufe der Zeit geändert. Eine einfache Form von Geld ist das Warengeld, also Gegenstände, die als Geld verwendet werden.

- Während Metalle zunächst als Warengeld dienten, kam man später darauf, sie in eine einheitliche Form zu bringen. Geprägte Metallstücke, also Münzen, werden noch heute verwendet.

- Neben den Münzen setzte sich das Papiergeld durch. Papiergeld erleichtert den Umgang mit großen Geldbeträgen, ist aber auch leichter zu vermehren als Edelmetallmünzen. Das gilt erst recht für das stofflose Buch- oder Giralgeld, das im heutigen Wirtschaftsleben eine bedeutende Rolle spielt.

- Die Knappheit des Geldes ist die Grundlage seines Werts. Im Euro-Währungsgebiet ist der EZB-Rat dafür verantwortlich, den Wert des Euro stabil zu halten. Der Präsident der Deutschen Bundesbank gehört dem EZB-Rat an.

Kapitel 2

Das Bargeld

2. Das Bargeld

Unter Bargeld versteht man Banknoten und Münzen. Banknoten sind Geldscheine (Papiergeld), die auf einen bestimmten Betrag in einer bestimmten Währung lauten, in Deutschland bis Ende 2001 auf D-Mark, seit Anfang 2002 – wie im gesamten Euroraum – auf Euro. Münzen sind geprägte Metallstücke (Hartgeld), die Wertangaben enthalten. Münzen stellen gewissermaßen eine Ergänzung des Banknotenumlaufs für kleine Zahlungen dar. Der auf den Münzen angegebene Nennwert ist im Allgemeinen – so auch bei den Euro-Münzen – höher als der Metallwert (Scheidemünzen).

Banknoten sind im Euro-Währungsgebiet das einzige unbeschränkte gesetzliche Zahlungsmittel. Jeder Gläubiger einer Geldforderung muss Banknoten in unbegrenztem Umfang als Erfüllung seiner Forderung annehmen, sofern die Vertragsparteien nichts anderes vereinbart haben. Diese können sich darauf verständigen, dass der Gläubiger bestimmte Banknoten nicht entgegennehmen muss. So akzeptieren beispielsweise Tankstellen häufig keine hohen Banknotenwerte.

Euro-Bargeld ist gesetzliches Zahlungsmittel im Euro-Währungsgebiet.

Im Gegensatz zu den Banknoten sind die Münzen nur in beschränktem Umfang gesetzliches Zahlungsmittel. Im Euro-Währungsgebiet ist ein Gläubiger nicht verpflichtet, mehr als 50 Münzen pro Zahlung anzunehmen. In Deutschland gilt dies auch für Euro-Gedenkmünzen. Das deutsche Münzgesetz regelt zudem, dass man pro Zahlung einen Betrag von höchstens 200 Euro in Münzen annehmen muss.

2.1 Ausgabe von Bargeld

Da das Vertrauen in das Geld beim Bargeld beginnt, hat der Staat ein Interesse daran, den Umlauf des gesetzlichen Zahlungsmittels „Bargeld" zu kontrollieren. Banknoten werden deshalb nicht wie früher von privaten Geschäftsbanken ausgegeben, sondern von einer staatlichen

Bank, der Zentralbank (Notenmonopol). Münzen dagegen gibt nach wie vor der Staat aus (Münzhoheit).

Notenmonopol

Im Euroraum ist die Europäische Zentralbank zusammen mit den nationalen Zentralbanken für die Ausgabe der Banknoten verantwortlich. In Deutschland besitzt die Deutsche Bundesbank das ausschließliche Recht zur Notenausgabe. Sie gibt die Banknoten – wie auch zu D-Mark-Zeiten – in Umlauf. Seit Einführung des Euro ist das ausgegebene Banknotenvolumen der nationalen Zentralbanken allerdings von der Europäischen Zentralbank zu genehmigen. Traditionell ist die Bundesbank auch in die Versorgung von Ländern mit Euro-Bargeld außerhalb des Eurosystems – wie beispielsweise der Schweiz oder von Ländern in Ost- und Südosteuropa – stark eingebunden.

> *Banknoten gibt die Zentralbank, Münzen der Staat aus.*

Münzhoheit

Die Euro-Münzen werden – anders als die Banknoten – jeweils im Auftrag der Regierungen ausgegeben. Diese Art der Zuständigkeit ist ein Relikt aus alter Zeit, als es ausschließlich Münzen gab. Damals schon lag das Recht zur Regelung des Münzwesens beim Landesherrn bzw. beim Staat (Münzregal). Die Zentralbanken kaufen den Regierungen die Münzen jeweils zum Nennwert ab, der meist höher ist als die eigentlichen Herstellungskosten. Die Regierungen ziehen so aus der Münzhoheit Gewinne. Im Verhältnis zu den gesamten Einnahmen des Staates sind diese Gewinne allerdings wenig bedeutend. Auch bei den Münzen genehmigt seit Einführung des Euro die Europäische Zentralbank den Umfang der Ausgabe. In Deutschland lässt das Bundesministerium der Finanzen Euro-Münzen herstellen. Die Bundesbank bringt sie in den Umlauf.

Keine Einlösungsverpflichtung in andere Werte

Wirtschaftlich gesehen sind unsere Banknoten eine Verbindlichkeit des Eurosystems. Dabei handelt es sich aber eher um eine abstrakte Verpflichtung. Wer der Bundesbank eine vom Eurosystem herausgegebene Banknote vorlegt, erhält die Note allenfalls gewechselt, jedoch nicht etwa in Gold oder andere Vermögenswerte umgetauscht. Die Zentralbank kann deshalb im Inland bzw. im eigenen Währungsgebiet nicht illiquide, also zahlungsunfähig werden. Sie zahlt immer mit Geld, das sie selbst schaffen kann.

Bei den Münzen garantiert der ausgebende Staat den aufgeprägten Nennwert. Nationale Zentralbanken wie die Bundesbank nehmen auch Euro-Münzen wieder zum Nennwert entgegen. Auch hier ist ein Umtausch in andere Vermögenswerte nicht möglich.

Keine Deckungsvorschriften

In früheren Zeiten hingegen bestand für die Zentralbank meist eine Verpflichtung, ihre Noten gegen Gold oder Silber einzutauschen. Deshalb mussten die ausgegebenen Noten häufig zu einem bestimmten Prozentsatz durch Gold „gedeckt" sein („gebundene Währung"). Insofern war die Notenausgabe durch die vorhandenen Edelmetallvorräte begrenzt. So tauschte die Reichsbank bis zum Ersten Weltkrieg ihre Banknoten auf Verlangen jederzeit in Goldmünzen um. Auch sah das Bankgesetz in der Weimarer Republik eine Deckung des Banknotenumlaufs in Gold und Devisen von mindestens 40 Prozent vor, wobei Ausnahmeregelungen die Golddeckung jedoch faktisch außer Kraft setzten.

Die Ausgabe des Euro-Bargelds ist an keine Deckungsvorschrift gebunden.

Inzwischen weiß man, dass derartige Regelungen für die Werterhaltung des Geldes weder ausreichend noch erforderlich sind. Vielmehr kommt es darauf an, das Geld – verglichen mit dem vorhandenen Güterangebot – knapp zu halten. Die Ausgabe von Bargeld durch das Eurosystem ist deshalb – genauso wie zu D-Mark-Zeiten – nicht mehr an Deckungsvorschriften gebunden. Der Euro stellt eine „freie Währung" bzw. eine „Papierwährung" dar.

2.2 Bargeldumlauf

In Deutschland ist der Bargeldumlauf von 1950 bis Ende 2000 von 8,5 Milliarden DM (4,3 Mrd. Euro) auf 278 Milliarden DM (142,1 Mrd. Euro) gestiegen. Diese Zunahme stand in engem Zusammenhang mit der Entwicklung der Einkommen und der Wirtschaftsumsätze. Hinzu kam 1990 ein Anstieg durch die Erweiterung des Währungsgebietes der D-Mark im Zuge der deutschen Wiedervereinigung. Darüber hinaus war die D-Mark auch im Ausland ein begehrtes Zahlungsmittel. Auf lange Sicht ist der Bargeldumlauf in ähnlichem Ausmaß gewachsen wie das Bruttoinlandsprodukt, die Summe aller in Geld bewerteten Waren und Dienstleistungen, die in unserem Land erwirtschaftet werden. In den Jahren 2001 und 2002 kam es aufgrund der bevorstehenden Einführung des Euro-Bargeldes zu einem starken Rückfluss an D-Mark-Bargeld. Nach der Umstellung auf den Euro hat der Bargeldumlauf

Bargeldumlauf und Bruttoinlandsprodukt (BIP) in Deutschland

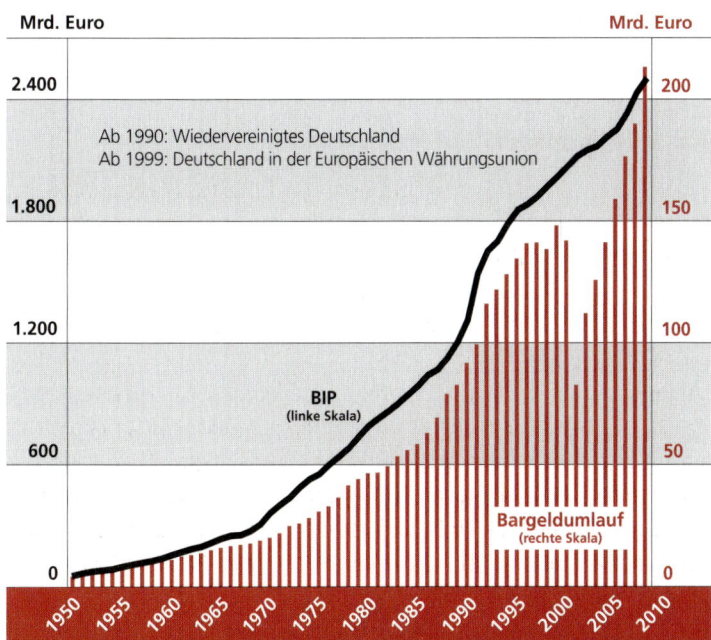

wieder deutlich zugenommen. Dies beruht weniger auf der verstärkten Verwendung des Euro-Bargeldes für Zahlungen im Inland als auf einer erhöhten Nachfrage aus dem Ausland sowie seiner Beliebtheit als Wertaufbewahrungsmittel. Zwar verliert das Bargeld gegenüber bargeldlosen Zahlungsformen beständig an Bedeutung. Doch sind Banknoten und Münzen in Deutschland beim Einkauf, in der Freizeit oder Gastronomie nach wie vor das meistgenutzte Zahlungsmittel, vor allem wenn es um kleinere Beträge geht.

Nach einer 2009 veröffentlichten Studie der Bundesbank werden im Durchschnitt etwa vier von fünf Zahlungen an der Ladenkasse oder beispielsweise im Kino oder Restaurant mit Bargeld getätigt. Dies zeigt, dass Bargeld trotz der Weiterentwicklung bargeldloser Zahlungsformen als Zahlungsmittel nach wie vor geschätzt wird. Die Vorteile des Bargeldes liegen u. a. darin, dass man darüber sofort frei verfügen und es schnell und anonym einsetzen kann. Außerdem besteht für Bargeld eine gesetzliche Annahmepflicht und es lässt sich jederzeit in Giralgeld umwandeln.

Viele Zahlungen werden in Deutschland nach wie vor mit Bargeld getätigt.

2.2.1 Bargeldkreislauf in Deutschland

In Deutschland liefern die Druckereien und Münzprägeanstalten Banknoten und Münzen an die Deutsche Bundesbank aus. Die Geschäftsbanken oder von ihnen beauftragte Wertdienstleister holen das Bargeld bei den Filialen der Bundesbank ab. Über die Banken gelangt das Geld dann über Unternehmen und private Haushalte in den Wirtschaftskreislauf. Umgekehrt zahlen die Teilnehmer des Wirtschaftskreislaufs Bargeldüberschüsse bei den Geschäftsbanken wieder ein. Diese behalten davon einen kleinen Teil für zu erwartende Abhebungen sowie die Bestückung der Geldautomaten. Was Banken nicht benötigen, bringen sie direkt oder über Wertdienstleister zur Bundesbank zurück. Auch einzelne Unternehmen können direkt über Wertdienstleister von der Bundesbank Bargeld beziehen oder bei ihr einzahlen. Seit 2007 müssen die Geschäftsbanken oder von diesen beauftragte Wertdienstleister das Bargeld nicht mehr unbedingt bei einer Bundesbankfiliale abliefern. Sie können es vielmehr – mit von der Bundesbank lizenzierten Maschinen – selbst auf Qualität und Echtheit prüfen und dann wieder in den Wirtschaftskreislauf zurückschleusen. Diese Regelung verkürzt den Bargeldkreislauf.

Bargeldkreislauf in Deutschland

Bundesbank	Wertdienstleister	Geschäftsbanken	Verbraucher
Ausgabe und Bearbeitung	Transport	Versorgung der Wirtschaft	Nutzung als Zahlungsmittel
	teilweise Bearbeitung und Wiederausgabe	teilweise Bearbeitung und Wiederausgabe	Handel – Nutzung als Zahlungsmittel

2.2.2 Erhaltung der Bargeldqualität

Die von der Bundesbank ausgegebenen Banknoten kehren im Durchschnitt etwa dreimal im Laufe eines Jahres zu ihr zurück. Dies ist wichtig, um den Bargeldumlauf von schlechtem und falschem Geld säubern zu können. Denn auf ihrem Weg von Hand zu Hand werden die Geldscheine verschmutzt oder beschädigt. Diese Banknoten sind aus dem Umlauf zu nehmen, weil es unter Umständen schwierig wird, sie auf Echtheit zu prüfen und für Zahlungen an Automaten zu verwenden. Außerdem mischen sich gelegentlich falsche Banknoten und Münzen in den Geldkreislauf, die aus dem Verkehr gezogen werden müssen!
Die Umlaufdauer der Banknoten hängt vom Nennwert ab. Banknoten kleiner Stückelungen (5, 10, 20, 50 Euro) laufen zwischen ein und vier Jahren um, Banknoten mit größeren Werten (100, 200, 500 Euro) zum Teil weit über zehn Jahre. Im Gegensatz zum Papiergeld unterliegen Münzen als Hartgeld einer deutlich geringeren Abnutzung und können daher in der Regel jahrzehntelang im Umlauf bleiben.

Traditionell prüft in Deutschland die Bundesbank Banknoten auf Echtheit und Umlauffähigkeit, um die Qualität des umlaufenden Bargeldes zu garantieren. Allerdings können inzwischen auch Geschäftsbanken und von diesen beauftragte Wertdienstleister diese Prüfung nach den Vorgaben des Eurosystems vornehmen. Aussortiertes Geld lassen sie zur Bundesbank bringen. Bargeld, das die Zentralbank aus dem Verkehr gezogen hat, ersetzt sie durch neue Banknoten und Münzen.

Geschredderte Banknoten

In den Filialen der Bundesbank werden die aus dem Verkehr gezogenen Banknoten (Ausnahme: Falschgeld) geschreddert, zu Briketts gepresst und dann umweltfreundlich entsorgt. Nicht mehr umlauffähige Münzen werden im Auftrag des Bundesministeriums der Finanzen entwertet und anschließend zu dessen Gunsten über das Verwertungsunternehmen des Bundes (VEBEG) verkauft. So werden die verschiedenen Metalle wiederverwertet.

2.2.3 Ersatz für beschädigtes Bargeld

Im täglichen Leben wird Bargeld auch immer wieder unbeabsichtigt beschädigt. Es wird beispielsweise zerrissen, mitgewaschen, versehentlich geschreddert oder auch von Haustieren angefressen.

Stark beschädigtes Bargeld wird jedem unter bestimmten Bedingungen ersetzt.

Für stark beschädigte Geldscheine, die im Zahlungsverkehr nicht mehr angenommen werden, leisten die nationalen Zentralbanken des Euroraums, so auch die Bundesbank, dem Inhaber Ersatz. Voraussetzung ist allerdings, dass der Inhaber Teile der Banknote vorlegt, die insgesamt größer sind als die Hälfte. Ansonsten muss er nachweisen, dass der Rest der Banknote, von der er nur die Hälfte oder einen kleineren Teil vorlegen kann, vernichtet ist. Wenn ein Geldschein so stark beschädigt ist, dass ein einwandfreier Nachweis nicht mehr zu führen ist,

Beschädigtes Bargeld

muss die Bundesbank den Schaden nicht ersetzen. Ebenso wenig ersetzt sie zusammengeklebte Banknoten, wenn festgestellt wird, dass die Scheine in betrügerischer Absicht verändert worden sind. In Zweifelsfällen verhindert die Kontrolle der Seriennummer auf der Banknote, dass sie Geldscheine doppelt erstattet.

Beschädigte Cent- und Euro-Münzen sowie Deutsche-Mark- und Pfennig-Münzen ersetzt die Bundesbank, wenn die Münzen weder verfälscht, durchlöchert noch in anderer Weise als durch die übliche Abnutzung verändert sind.

2.2.4 Umtausch nicht mehr gültigen Bargeldes

Die Euro-Zentralbanken tauschen die Banknoten und Münzen ihrer ehemaligen Währungen zum Großteil noch um. Die Filialen der Deutschen Bundesbank wechseln nahezu alle Banknoten und Münzen, die auf D-Mark und Pfennig lauten, zeitlich unbefristet und gebührenfrei in Euro. Dies gilt für alle DM-Banknotenserien und -Münzen, die seit 1948 ausgegeben worden sind. Im Herbst 2009 waren noch rund 6,7 Mrd. D-Mark an Banknoten und 7 Mrd. D-Mark an Münzen im Umlauf. Währungen anderer Staaten tauscht die Bundesbank nicht um. Für deren Umtausch muss man sich an die jeweils zuständige nationale Zentralbank wenden.

Die Filialen der Bundesbank tauschen nach wie vor D-Mark-Bargeld in Euro um.

2.3 Die Euro-Banknoten

Das Europäische Währungsinstitut (EWI) als Vorgänger der Europäischen Zentralbank legte 1994 fest, Euro-Banknoten in sieben Stückelungen auszugeben. Dabei orientierte man sich an den damaligen nationalen Währungen. Seit 2002 sind im Euroraum Banknoten in den Nennwerten von 5, 10, 20, 50, 100, 200 und 500 Euro gesetzliches Zahlungsmittel.

Neben der Entscheidung über das einheitliche Aussehen und die Sicherheitsmerkmale der Geldscheine mussten Druckfarben und Banknotenpapier optimiert werden, um in allen Herstellungsländern eine gleich hohe Qualität der Banknoten zu sichern. Im Frühjahr 1999 genehmigte der EZB-Rat schließlich die endgültige technische Ausstattung des neuen Geldes und die Serienproduktion der Euro-Banknoten konnte anlaufen.

Gestaltungswettbewerb

Das Aussehen der Euro-Banknoten wurde bereits Mitte der 1990er Jahre im Rahmen eines Gestaltungswettbewerbs festgelegt. Die Wettbewerbsteilnehmer konnten die Banknoten entweder zum Thema „Zeitalter und Stile in Europa" oder nach einem frei wählbaren abstrakten modernen Design gestalten.

Entwürfe aus dem Wettbewerb
© EZB

Aus 44 Vorschlägen wählte eine fachkundige Jury zehn Entwürfe aus, auf deren Basis der EWI-Rat die Endauswahl zu treffen hatte. Neben der Stellungnahme der Jury lagen dem Rat des EWI zu den Entwürfen auch Ergebnisse einer Bürgerumfrage und Empfehlungen einer internen Expertengruppe vor. Auf dieser Grundlage entschied er sich schließlich für den Entwurf von Robert Kalina, einem Grafiker der Österreichischen Zentralbank, der das Thema „Zeitalter und Stile in Europa" überzeugend umgesetzt hatte.

2.3.1 Gestaltung

Durch ihre verschiedenen Farben und Größen sind die sieben Euro-Banknoten leicht voneinander zu unterscheiden. Je höher der Nennwert, desto größer ist die Banknote. Auf den Banknoten sind Baustile aus sieben Epochen der europäischen Kulturgeschichte dargestellt – von der Klassik bis zur modernen Architektur des 20. Jahrhunderts.

Farbe: **grau**
Baustil: **Klassik**
Maße: **120 x 62 mm**

Farbe: **rot**
Baustil: **Romanik**
Maße: **127 x 67 mm**

Farbe: **blau**
Baustil: **Gotik**
Maße: **133 x 72 mm**

Farbe: **orange**
Baustil: **Renaissance**
Maße: **140 x 77 mm**

Farbe: **grün**
Baustil: **Barock, Rokoko**
Maße: **147 x 82 mm**

Farbe: **gelblich braun**
Baustil: **Eisen- und Glasarchitektur**
Maße: **153 x 82 mm**

Farbe: **lila**
Baustil: **Architektur des 20. Jahrhunderts**
Maße: **160 x 82 mm**

Bei der Gestaltung der Banknoten stehen drei wesentliche architektonische Elemente im Vordergrund: Fenster, Tore und Brücken, die dem Stil der jeweiligen Epoche nachempfunden sind. Die Fenster und Tore auf der Vorderseite jeder Banknote symbolisieren den Geist der Offenheit und Zusammenarbeit in Europa. Darüber hinaus sind die zwölf Sterne der Europäischen Union abgebildet, die für Dynamik und Harmonie im heutigen Europa stehen. Auf der Rückseite der Banknoten werden diese Stilelemente durch die Abbildung einer für die jeweilige Epoche typischen Brücke ergänzt. Von den frühen Konstruktionen bis zu den modernen Hängebrücken der Gegenwart sind diese Bauwerke ein Symbol der Verbindung zwischen den Völkern Europas und zur übrigen Welt.

Allgemeine Merkmale

Die Euro-Banknoten zeichnen sich durch die folgenden allgemeinen Merkmale aus:

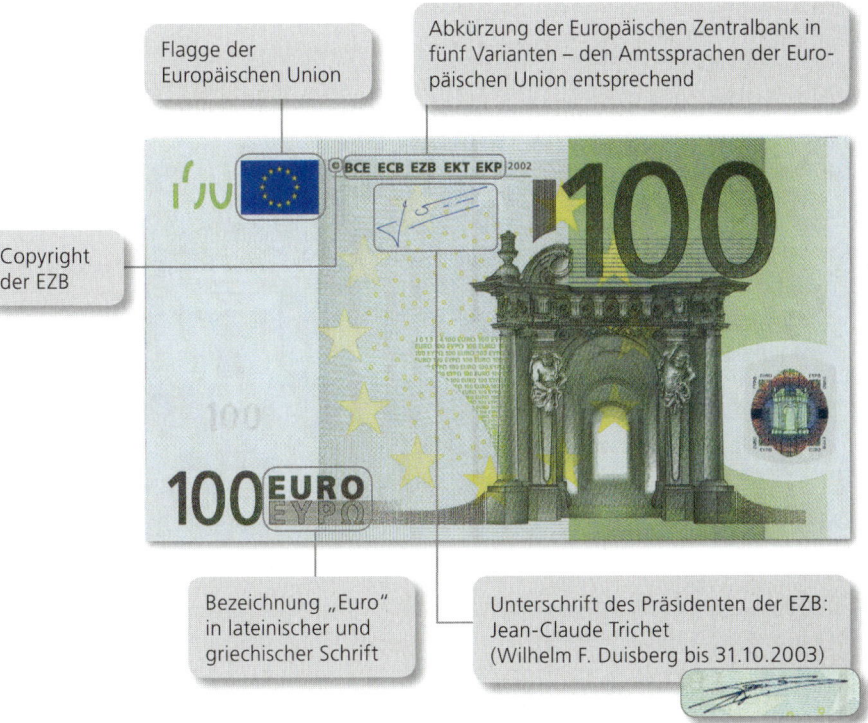

2.3.2 Sicherheitsmerkmale

Auf Grund des Fortschritts in der modernen Reproduktionstechnik lassen sich heute leicht Kopien jeder gedruckten Abbildung herstellen. Zum Schutz vor Fälschungen werden Banknoten deshalb mit einer Reihe von Sicherheitsmerkmalen versehen. So kann jeder aufmerksame Bargeldnutzer Fälschungen auch ohne den Einsatz von Hilfsmitteln erkennen. Es ist unmöglich, eine Fälschung herzustellen, die all diese Sicherheitsmerkmale überzeugend nachbildet.

Die Sicherheit beginnt bereits bei dem verwendeten Spezialpapier. Die Baumwollfasern, aus denen es hergestellt wird, verleihen den Banknoten eine charakteristische Struktur. Das Papier enthält fluoreszierende Fasern. Außerdem sind die Euro-Banknoten mit maschinenlesbaren Merkmalen ausgestattet, damit Automaten deren Echtheit verlässlich feststellen können. Die ohne Hilfsmittel zu erkennenden Sicherheitsmerkmale sind entweder fühlbar oder in der Durchsicht bzw. beim Kippen sichtbar.

Die Echtheit von Euro-Banknoten kann jeder anhand der Sicherheitsmerkmale prüfen.

Die wegen ihres Spezialpapiers besonders griffigen Banknoten weisen an einigen Stellen ein fühlbares Druckbild auf. Dazu gehören die in den unterschiedlichen Sprachen des Euro-Währungsgebietes üblichen Abkürzungen der Europäischen Zentralbank.
Hält man die Banknoten gegen das Licht, erscheinen bei allen Banknotenwerten Architekturmotiv und Wertzahl als Wasserzeichen. Die unvollständigen Formen auf der Vorder- und Rückseite in der oberen Ecke ergeben als Durchsichtselement die Wertzahl. Im Gegenlicht wird auch ein Sicherheitsfaden als dunkler Streifen mit heller Schrift in der Mitte der Banknote sichtbar.

Das Bargeld

Sicherheitsmerkmale der „kleinen" Banknoten (5, 10, 20 Euro)

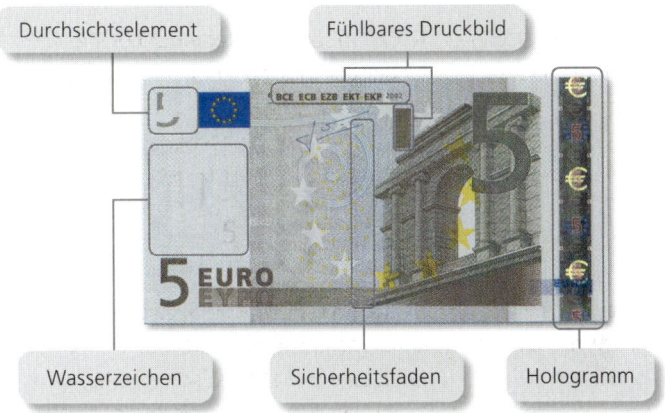

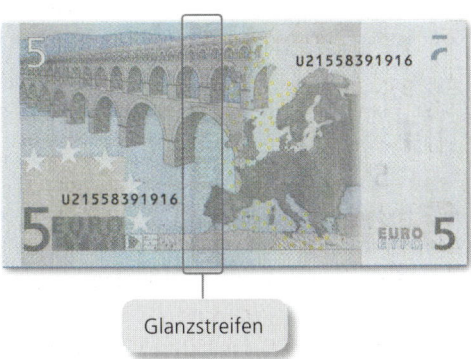

Beim Kippen der „kleinen" Banknoten (5, 10, 20 Euro) erscheinen im Hologramm-Streifen die jeweiligen Notenwerte und das Euro-Symbol (€) vor einem regenbogenfarbigen Hintergrund. Auch im Glanzstreifen auf der Rückseite werden die Wertzahl und das Euro-Symbol (€) beim Kippen sichtbar.

Sicherheitsmerkmale der „großen" Banknoten (50, 100, 200, 500 Euro)

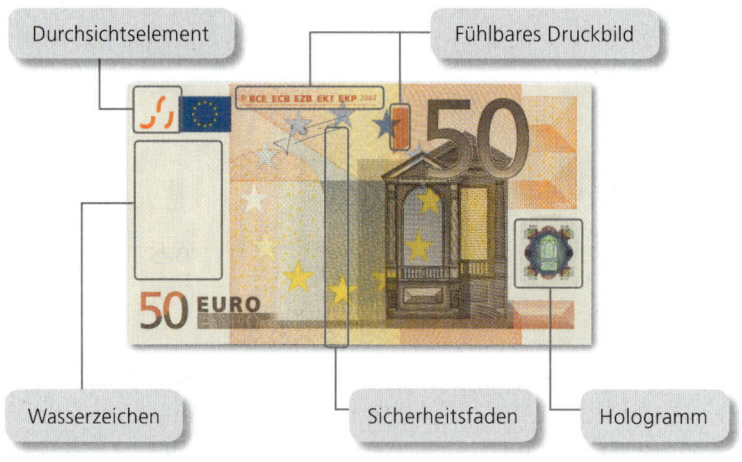

Beim Kippen der „großen" Geldscheine (50, 100, 200, 500 Euro) sieht man im Hologramm-Element abwechselnd die Wertzahl und das jeweilige Architekturmotiv. Auf der Rückseite ändert sich beim Kippen die Farbe der Wertzahl in der rechten unteren Ecke. Die Farbe wechselt von Purpurrot zu Olivgrün oder Braun.

Damit der Euro auch in Zukunft gut gegen Fälschungen geschützt ist, wird das Eurosystem in den nächsten Jahren eine sicherheitstechnisch verbesserte Banknotenserie ausgeben. Bei den Banknoten der zweiten Serie werden die Hauptmotive und -farben der jetzigen Banknoten übernommen.

2.3.3 Herstellung

Die nationalen Zentralbanken sind für den Druck der Euro-Banknoten zuständig. Hergestellt werden die Banknoten von staatlichen, aber auch von privaten Spezialdruckereien. In Deutschland gibt es zwei Banknotendruckereien. Zur Sicherung der Banknotenqualität gilt in allen autorisierten Druckereien ein einheitliches Qualitätsmanagementsystem. Durch genaue Prüf- und Testverfahren wird die Einhaltung der Vorgaben kontrolliert.
Um die Kosten zu minimieren, lässt nicht jede Euro-Zentralbank alle sieben Notenstückelungen herstellen. Vielmehr sind die nationalen Zentralbanken jeweils nur für den Druck ausgewählter Banknoten verantwortlich. 2009 erteilte die Deutsche Bundesbank Druckaufträge für 10-, 20-, 50-, 100- und 500-Euro-Noten.

Welche Zentralbank die Banknoten in Auftrag gegeben hat, erkennt man am Buchstaben vor der Seriennummer auf der Rückseite der Banknote.

Zentralbank von	Ländercode	Zentralbank von	Ländercode
Belgien	Z	Malta	F
Deutschland	X	Niederlande	P
Finnland	L	Österreich	N
Frankreich	U	Portugal	M
Griechenland	Y	Slowakei	E
Italien	S	Slowenien	H
Irland	T	Spanien	V
Luxemburg	--*	Zypern	G

*Neue, von der Banque de Luxembourg ausgegebene Euro-Noten tragen den Code der Länder, in denen die Banknoten für Luxemburg hergestellt werden.

2.4 Die Euro-Münzen

Für die Ausgabe von Euro-Münzen sind die einzelnen Mitgliedstaaten in der Europäischen Währungsunion verantwortlich. Dazu gehört auch das Recht, die nationale Seite der Euro-Münzen zu gestalten. Die für den täglichen Zahlungsverkehr verwendeten Münzen bezeichnet man als Umlaufmünzen.

2.4.1 Gestaltung

Die Euro-Münzen gibt es in acht Stückelungen zu 1, 2, 5, 10, 20 und 50 Cent sowie zu 1 und 2 Euro. Im Gegensatz zu den Banknoten ist das Aussehen der Münzen nicht in allen Ländern des Euro-Währungsgebietes gleich. Während eine Münzseite länderübergreifend einheitlich gestaltet ist, wird die andere Seite in jedem Land mit individuellen Motiven versehen.

Jede Euro-Münze hat eine einheitliche und eine länderspezifisch gestaltete Seite.

Die gemeinsame europäische Münzseite symbolisiert die Einheit der Europäischen Union. Sie zeigt den Münzwert neben verschieden stilisierten europäischen Landkarten bzw. der Weltkugel („Europa in der Welt") und zwölf Sternen (in Anlehnung an die Flagge der Europäischen Union). Aufgrund der Erweiterung der Europäischen Union von 15 auf 27 Länder wurde das Motiv der europäischen Seite der meisten Euro-Münzen angepasst. Statt der bis dahin 15 EU-Länder zeigen die neuen Münzen ab 2007 Europa ohne Ländergrenzen.

Diese einheitliche Münzseite ging 1997 aus einem Gestaltungswettbewerb unter Federführung der EU-Kommission hervor. Der Sieger, Luc Luycx aus Belgien, ist auf den Münzen durch seine Initialen „LL" gewürdigt.

Die europäische Münzseite

neu   alt   neu   alt

neu   alt   neu   alt   neu   alt

alt: Version mit 15 EU-Staaten
neu: angepasste europäische Seite (ab 2007)
Keine Änderung bei 1-, 2- und 5-Cent-Münzen

Die nationale Münzseite hingegen wird von jedem Land individuell gestaltet. Sie zeigt unterschiedliche nationale Symbole und Persönlichkeiten. Neben den 16 Mitgliedern der Währungsunion können auch Monaco, San Marino und der Vatikan aufgrund einer Vereinbarung mit der Europäischen Union Euro-Münzen mit nationaler Seite ausgeben.

Die nationalen Seiten der 1-Euro-Münze aller 16 Euroländer

Trotz der vielfältigen Motive der nationalen Münzseiten gelten die Münzen aller Teilnehmerstaaten der Währungsunion im gesamten Euroraum als gesetzliches Zahlungsmittel. Die umlaufenden Münzen spiegeln so die Einheit der Währungsunion in ihrer Vielfalt wider.

Die deutschen Euro-Münzen tragen auf der nationalen Seite der 1-, 2- und 5-Cent-Münzen – in Anlehnung an die früheren Pfennige – den Eichenzweig. Auf den 10-, 20- und 50-Cent-Münzen ist das Brandenburger Tor abgebildet. Die 1- und 2-Euro-Münzen zeigen – wie die früheren D-Mark-Münzen – den Bundesadler.

Die deutsche Münzseite

1 und 2 Euro
Bundesadler

10, 20, 50 Cent
Brandenburger Tor

1, 2, 5 Cent
Eichenzweig

2.4.2 Sicherheitsmerkmale

Die acht Euro-Münzen unterscheiden sich in Größe, Gewicht, Material, Farbe und Dicke. Die 1- und 2-Euro-Münzen sind aus einem Münzkern und einem Münzring zusammengesetzt, die jeweils aus verschiedenen Metall-Legierungen bestehen. Daher sind diese Münzen zweifarbig. Einige Merkmale wurden eingeführt, um insbesondere Blinden und Sehbehinderten das Erkennen der verschiedenen Stückelungen zu erleichtern. So ist der Rand der einzelnen Münzen unterschiedlich gestaltet.

Bei echten Münzen hebt sich das Münzbild klar abgegrenzt und fühlbar von der übrigen Münzoberfläche ab. Alle Konturen sind deutlich und scharf ausgeprägt und klar zu erkennen. Das gilt auch für den Münzrand. Bei der Münze zu 2 Euro erschwert die eingeprägte Schrift auf dem Münzrand das Fälschen zusätzlich. Auch die Zweifarbigkeit der 1- und 2-Euro-Münzen erhöht den Fälschungsschutz.

Fälschungen unterscheiden sich oft farblich von echten Münzen. Überzogene oder beschichtete Falschmünzen werden nach kurzer Zeit fleckig,

Die Ränder der Euro-Münzen

weil sich die Beschichtung abnutzt und das andersfarbige Grundmaterial hervortritt. Erkennbar ist dies vor allem an der fühlbaren Prägung.

Echt

Falsch

Aufgrund eines speziellen Sicherheitsmaterials ist der Mittelteil der 1- und 2-Euro-Münzen leicht magnetisch, d. h., die Münzen werden von einem Magneten leicht angezogen und fallen bei leichtem Schütteln wieder vom Magneten ab. Der äußere Münzring der echten 1- und 2-Euro-Münzen sowie die echten 10-, 20- und 50-Cent-Münzen sind nicht magnetisch. Echte 1-, 2- und 5-Cent-Münzen aus kupferbeschichtetem Stahl sind stark magnetisch.

2.4.3 Herstellung

Die Wahl des Münzmetalls war eine Frage der Zweckmäßigkeit und der Kosten. Die Münzlegierungen dürfen insbesondere nicht rostempfindlich sein und sollen sich im Gebrauch wenig abnutzen. Hautkontakt soll zudem keine Allergien auslösen. Wichtig ist auch, dass der Metallwert unter dem Nennwert der Münze bleibt. Sonst bestünde die Gefahr, dass die Münzen eingeschmolzen und als Ware gehandelt werden.

Metallwerke liefern den Münzstätten die Münzrohlinge im Auftrag der Regierungen prägefertig. Diese Rohlinge (Ronden) werden in Prägemaschinen zwischen zwei Stahlstempeln zu Münzen geprägt. In Deutschland stellen fünf staatliche Münzstätten die Euro-Münzen her. Dabei weist das eingeprägte Münzzeichen in Form eines Buchstabens auf die Herkunft jeder Münze hin. Die scheinbar willkürlich gewählte Buchstabenfolge geht auf die kaiserliche Regierung zurück, die unmittelbar nach Gründung des Deutschen Reiches im Jahre 1871 alle damals existierenden Münzstätten alphabetisch „durchnummerierte". Dabei standen die Buchstaben A bis J für die Prägeanstalten. Die Prägeanstalten mit den Buchstaben A, D, F, G und J bestehen noch heute.

Buchstabe	Prägeanstalt	bis
A	Berlin	heute
B	Hannover	1878
C	Frankfurt/M.	1880
D	München	heute
E	Dresden	1953
F	Stuttgart	heute
G	Karlsruhe	heute
H	Darmstadt	1883
J	Hamburg	heute

2.4.4 Gedenkmünzen

Neben Umlaufmünzen geben Staaten zu besonderen Anlässen oder zur Würdigung herausragender Persönlichkeiten auch Gedenkmünzen aus. So können die Länder des Euroraums 2-Euro-Gedenkmünzen mit besonders gestalteten nationalen Seiten prägen lassen. Alle 2-Euro-Gedenkmünzen gelten wie die regulären 2-Euro-Münzen in allen Euroländern als gesetzliches Zahlungsmittel. In Deutschland beispielsweise erscheint seit 2006 jährlich eine 2-Euro-Gedenkmünze, deren Motiv jeweils einem Bundesland gewidmet ist. Die Reihenfolge der Ausgabe entspricht dem jeweiligen Vorsitz der Länder im Bundesrat.

Auch alle 2-Euro-Gedenkmünzen sind gesetzliches Zahlungsmittel im Euroraum.

Deutsche 2-Euro-Gedenkmünzen:
2008 (Motiv: Hamburg) und 2009 (Motiv: Saarland)

Andere Regierungen geben ebenfalls 2-Euro-Gedenkmünzen aus, Griechenland und Italien beispielsweise anlässlich der Olympischen

Sommer- bzw. Winterspiele im eigenen Land. In Belgien, Italien, Finnland und Portugal erschienen 2008 2-Euro-Gedenkmünzen zum 60. Jahrestag der Allgemeinen Erklärung der Menschenrechte. 2007 prägten alle Euroländer eine 2-Euro-Münze zum 50-jährigen Bestehen der Europäischen Union (EU) mit einheitlichem Motiv, ebenso 2009 zum 10. Jahrestag der Europäischen Wirtschafts- und Währungsunion (WWU).

Deutsche Ausgabe europaweit erschienener 2-Euro-Gedenkmünzen: 2007 (Motiv: 50 Jahre EU) und 2009 (Motiv: 10 Jahre WWU)

Darüber hinaus gibt es höherwertige Euro-Gedenkmünzen, die nur im Ausgabeland Gültigkeit als Zahlungsmittel besitzen. Seit der Euro-Bargeld-Einführung gibt die Bundesregierung neben silbernen 10-Euro-Gedenkmünzen auch höherwertige 100-Euro-Goldmünzen heraus. Einmalig brachte sie 2002 auch eine 200-Euro-Münze in Gold in Umlauf. Teil dieses höherwertigen Münzprogramms sind 100-Euro-Goldmünzen, die im Rahmen einer mehrjährigen Goldmünzen-Serie von Orten des UNESCO-Welterbes in Deutschland ausgegeben werden, sowie eine 100-Euro-Goldmünze anlässlich der Fußballweltmeisterschaft.

Deutsche 100-Euro-Goldmünzen: 2005 (Motiv: Fußball-WM 2006) und 2009 (Motiv: UNESCO-Welterbe Trier)

2.5 Falschgeld

Immer wieder versuchen sich Fälscher als Bargeldproduzenten. Sie setzen darauf, dass sich viele Menschen die Banknoten nicht genau genug ansehen und nicht auf die Sicherheitsmerkmale achten. Mit Falschgeld ist jedoch nicht zu spaßen. Wer nicht nachweisen kann, von wem er Falschgeld bekommen hat, muss den Schaden selbst tragen. Wer wissentlich gefälschte Banknoten oder Münzen weitergibt, macht sich sogar strafbar.

Banknotenfälschungen 2008 in Deutschland

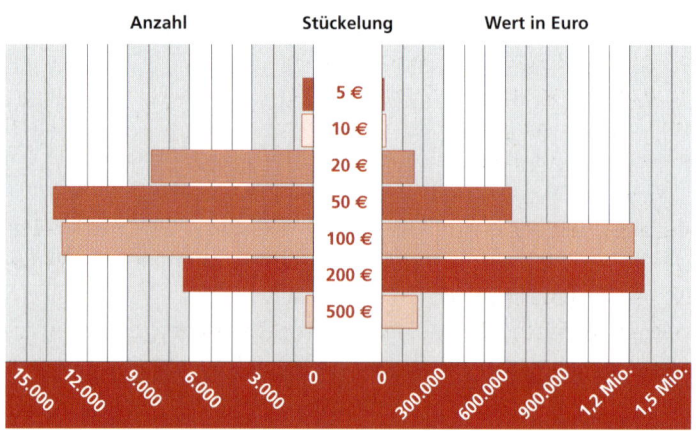

Das Eurosystem beobachtet Neuentwicklungen in der Druck- und Reproduktionstechnologie und überwacht das Falschgeldaufkommen. Die nationalen Zentralbanken analysieren die Fälschungen, die in ihrem Land anfallen, verwahren diese und pflegen die Untersuchungsergebnisse in eine europaweite Datenbank ein. Bei Maßnahmen zur Falschgeldprävention und -bekämpfung arbeiten die Zentralbanken eng mit den nationalen und internationalen Polizeibehörden zusammen.

Falschgeldaufkommen

2008 sind vom Eurosystem 666.000 falsche Euro-Banknoten aus dem Zahlungsverkehr gezogen worden. Davon stammten rund 41.000 Stück im Gesamtbetrag von 3,5 Mio. Euro aus Deutschland. Jeweils etwa ein Drittel der Euro-Fälschungen in Deutschland sind 50- und 100-Euro-Noten. Mit rund fünf Fälschungen auf 10.000 Einwohner pro Jahr ist das Aufkommen falscher Banknoten in Deutschland im internationalen Vergleich ausgesprochen niedrig.

Verhalten bei Falschgeld

Mit etwas Aufmerksamkeit kann sich jeder anhand der Sicherheitsmerkmale vor der Annahme falscher Banknoten schützen. Bei Verdacht auf Falschgeld sollte man einige Verhaltensregeln beachten: Verdächtige Banknoten sollten möglichst wenig berührt werden, um Fingerabdrücke nicht zu verwischen. Der Vergleich mit einer echten Note erleichtert das Prüfen eines verdächtigen Geldscheins. In Zweifelsfällen kann man auch bei seiner Hausbank oder in einer Filiale der Bundesbank um Rat fragen.

Falschgeld muss sofort der Polizei übergeben werden.

Eindeutig als falsch erkanntes Geld muss mit Angaben zu dessen Herkunft sofort der Polizei übergeben werden. Wenn bekannt, sind auch Informationen zu Aussehen und besonderen Merkmalen des Verbreiters hilfreich.

Die Filialen der Deutschen Bundesbank

In den Filialen der Bundesbank kann D-Mark-Bargeld gebührenfrei und unbefristet in Euro umgetauscht und Euro-Bargeld bei Verdacht auf Falschgeld zur Prüfung vorgelegt werden.

Das Wichtigste im Überblick:

- Bargeld bezeichnet Banknoten und Münzen. Euro-Banknoten und -Münzen sind gesetzliches Zahlungsmittel im Euroraum.

- Banknoten werden von der Zentralbank (Notenmonopol) und Münzen vom Staat (Münzhoheit) ausgegeben.

- Der Euro ist eine reine Papierwährung, also nicht durch Gold oder andere Edelmetalle gedeckt. Für Euro-Bargeld besteht keine Einlösungsverpflichtung in andere Werte.

- Der Bargeldumlauf in Deutschland ist in der Vergangenheit fast stetig gestiegen. Nach wie vor wird auch ein großer Teil aller Zahlungen an der Ladenkasse mit Bargeld getätigt.

- In Deutschland gibt die Bundesbank Bargeld in Umlauf. Sie ersetzt abgenutztes und beschädigtes Bargeld und zieht Falschgeld aus dem Verkehr.

- Es gibt sieben Euro-Banknoten unterschiedlicher Farbe und Größe. Sie sind mit Sicherheitsmerkmalen ausgestattet, die es jedem erlauben, die Banknote auf Echtheit zu prüfen.

- Es gibt acht verschiedene Euro-Münzen mit jeweils einer einheitlichen europäischen und einer von jedem Land individuell gestalteten Münzseite.

- Auch 2-Euro-Gedenkmünzen sind gesetzliches Zahlungsmittel im gesamten Euro-Währungsgebiet.

- Falschgeld ist sofort der Polizei zu übergeben. Wer wissentlich Falschgeld in Umlauf bringt, macht sich strafbar.

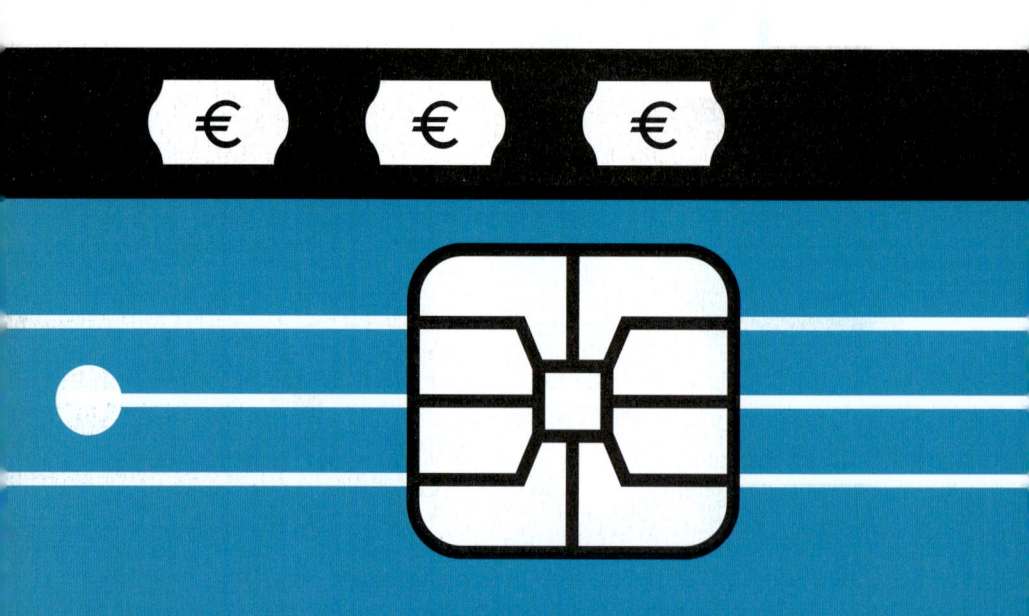

Kapitel 3

Das Giralgeld

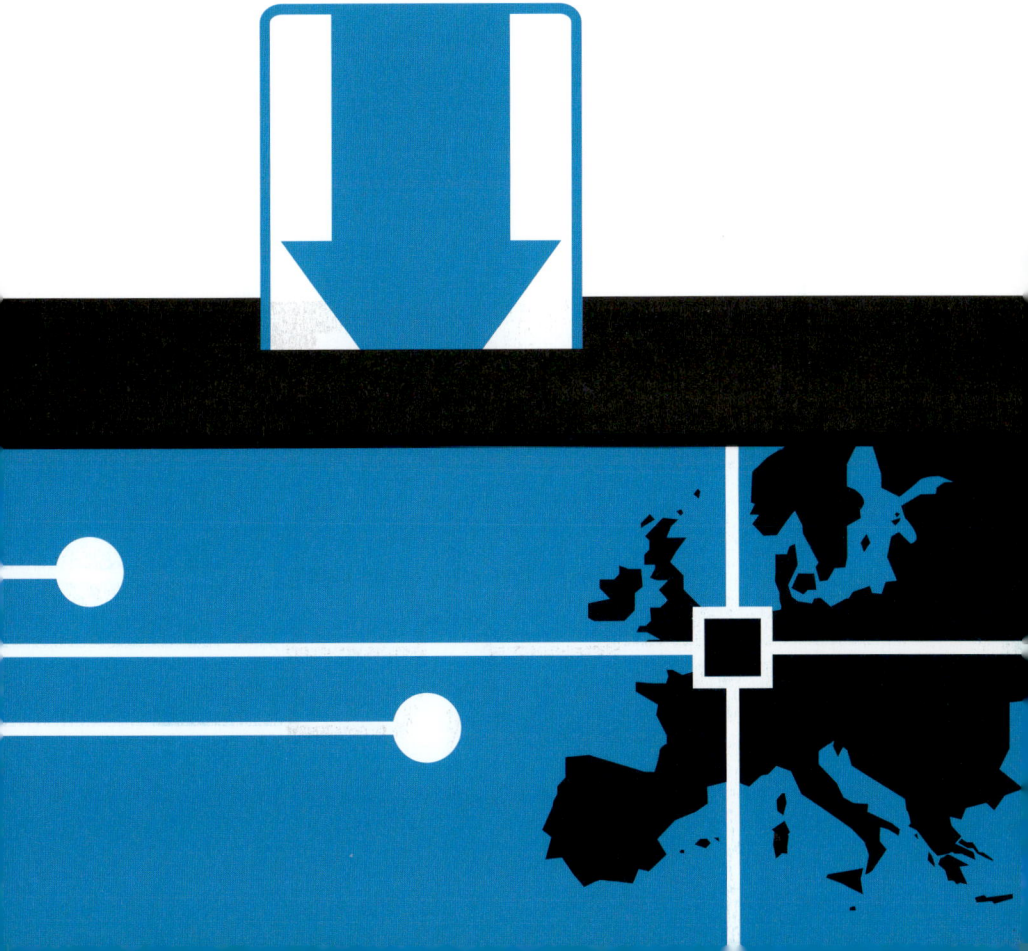

3. Das Giralgeld

So wichtig Münzen und Banknoten für den wirtschaftlichen Alltag sind, bildet Bargeld doch nur einen kleinen Teil des Geldumlaufs zu Zahlungszwecken. Größere Zahlungen lassen sich von Konto zu Konto bequemer und sicherer vornehmen als mit Bargeld. Das wussten schon die Kaufleute und Händler des Mittelalters. Vor allem in Oberitalien entwickelten die Geldwechsler so etwas wie ein Bankensystem. Deshalb sind heute noch zahlreiche Fachausdrücke des Geldwesens italienischen Ursprungs.

3.1 Geld, das man nicht sehen kann

Das „unsichtbare" Geld wird in einer Art Kreislauf von Bankkonto zu Bankkonto weitergegeben, weshalb es als Giralgeld (aus dem Italienischen: giro = der Kreis) bezeichnet wird. Häufig spricht man auch von Buchgeld, weil es nur in den Büchern der Banken erscheint. Mittlerweile erfolgt diese Aufzeichnung fast ausschließlich in elektronischer Form. Dabei handelt es sich vor allem um täglich fällige Einlagen („Sichteinlagen") sowie Termin- und Spareinlagen von „Nichtbanken", d. h. Wirtschaftsunternehmen, öffentlichen Institutionen und Privatleuten. Sichteinlagen können jederzeit abgehoben werden, bestehen für die Bank also nur „auf Sicht". Sie werden überwiegend gering oder gar nicht verzinst.

Sichteinlagen stehen jederzeit für Zahlungen und Barabhebungen zur Verfügung.

Giralgeld ist Geld, aber kein gesetzliches Zahlungsmittel

Auf den ersten Blick mag es nicht so recht einleuchten, wieso Sichteinlagen zum Geld gerechnet werden. Doch bei näherer Betrachtung sind die Unterschiede zu Bargeld nicht so groß, denn ein Sichtguthaben erfüllt die Funktionen von Bargeld. Es steht jederzeit für Umbuchungen sowie für Bargeldauszahlungen zur Verfügung. Im August 2009 war das Gesamtvolumen der Sichteinlagen im Euroraum mit 3.662 Mrd. Euro fast fünfmal so groß wie der Bargeldumlauf mit 743 Mrd. Euro.

Im Unterschied zu Banknoten und Münzen ist das Giralgeld kein gesetzliches Zahlungsmittel. Dennoch wird es im Wirtschaftsleben allgemein akzeptiert. Dies beruht insbesondere darauf, dass das Giralgeld jederzeit wieder in Bargeld umgewandelt werden kann. Umgekehrt wird Bargeld zu Giralgeld, wenn es auf ein Konto eingezahlt wird (z. B. Tageseinnahmen im Einzelhandel). Umwandlungen von Giralgeld in Bargeld und umgekehrt sind also gängige Praxis. Der gesamte Geldbestand der Nichtbanken – Bargeld plus Giralgeld – bleibt dabei unverändert.

Giralgeld kann in Bargeld, Bargeld in Giralgeld umgewandelt werden.

3.2 Instrumente für den bargeldlosen Zahlungsverkehr

Damit das Giralgeld seine Funktion als Zahlungsmittel erfüllen kann, sorgt das Bankensystem für seinen Umlauf zwischen den Konten. Bargeldlose Zahlungen gehen immer „stofflos" vor sich, also durch Verrechnung von Konto zu Konto. Um Zahlungen bargeldlos vornehmen zu können, d. h. um Giralgeld zu bewegen, stehen verschiedene Zahlungsinstrumente zur Verfügung.

Überweisung

Ein häufig in Anspruch genommenes Instrument ist die Überweisung. Dabei erteilt ein Kontoinhaber seiner Bank den Auftrag, von seinem Konto einen bestimmten Betrag auf das Konto eines bestimmten Empfängers (häufig bei einer anderen Bank) zu übertragen. Die Bankfachleute sagen dazu: Das eigene Konto wird „belastet", das des Zahlungsempfängers erhält eine Gutschrift. Für Überweisungen stellen die Banken ihren Kunden einheitliche, elektronisch

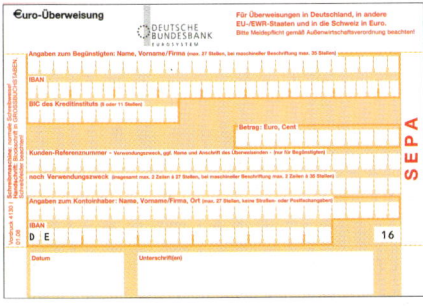

SEPA-Überweisungsträger

Zahlungen per Überweisung gehen vom Zahlungspflichtigen aus.

lesbare Vordrucke zur Verfügung (beleghafte Überweisung). Alternativ bieten viele Banken inzwischen aber auch an, mithilfe von Terminals und Online-Banking Überweisungen aufzugeben (beleglose Überweisung).

Der Dauerauftrag ist eine besondere Form der Überweisung. Er bietet sich an, wenn regelmäßig wiederkehrende Zahlungen in gleichbleibender Höhe geleistet werden müssen (z. B. Miete, Vereinsbeiträge). Der Zahlungspflichtige erteilt seiner Bank einmal den Auftrag, zu regelmäßigen Terminen (z. B. am ersten Tag eines jeden Monats) einen festen Betrag auf das Konto des Zahlungsempfängers zu überweisen. Das erspart Arbeit, denn man braucht sich nicht ständig um seine regelmäßig wiederkehrenden Zahlungen zu kümmern.

Lastschrift

Für unregelmäßige und in ihrer Höhe wechselnde Zahlungen bietet sich das Lastschriftverfahren an. Hier geht der Zahlungsvorgang vom Zahlungsempfänger aus. Es gibt zwei Arten von Lastschriften: Einzugsermächtigung und Abbuchungsauftrag.

Bei der Lastschrift mit Einzugsermächtigung gibt der Zahlungspflichtige dem Zahlungsempfänger eine in der Regel schriftliche Erlaubnis, von seinem Konto Beträge einzuziehen, sobald sie anfallen. Falls der Belastete mit der Abbuchung nicht einverstanden ist, kann er ihr innerhalb bestimmter Fristen (derzeit sechs Wochen nach Zugang des Rechnungsabschlusses für sein Konto) widersprechen. Er erhält den Betrag wieder auf sein Konto gutgeschrieben („Lastschrift zurückgeben"). Mit dem Widerspruch bzw. der Rückgabe der Lastschrift

Zahlungen per Lastschrift gehen vom Zahlungsempfänger aus.

erlischt allerdings die Verpflichtung zur Zahlung (z. B. aufgrund eines Kaufs) nicht automatisch. Bei einer möglicherweise ungerechtfertigten Abbuchung sollte man sich in jedem Fall mit dem Zahlungsempfänger in Verbindung setzen.

Bei der Lastschrift mit Abbuchungsauftrag, die vor allem im Firmenkundengeschäft verwendet wird, erklärt der Zahlungspflichtige seiner Bank schriftlich, dass der Zahlungsempfänger von seinem Konto abbuchen darf. Die Rechtmäßigkeit der Abbuchung muss somit die Bank des Zahlungspflichtigen überprüfen. Eine Rückgabe ist bei dieser Lastschriftart nicht möglich.

Scheck

Eine andere Form der bargeldlosen Zahlung ist der Scheck. Mit dieser Urkunde gibt ein Kontoinhaber (Scheckaussteller) seiner Bank den Auftrag, dem Überbringer des Schecks (Schecknehmer) einen bestimmten Geldbetrag zu zahlen. Während bei einem Barscheck der Betrag direkt bar ausgezahlt werden kann, wird bei einem Verrechnungsscheck der Betrag bargeldlos „verrechnet". Der Betrag wird vom Konto des Scheckausstellers auf das Konto des Schecknehmers übertragen. Der Scheck ermöglicht, Giralgeld praktisch wie Bargeld von Hand zu Hand weiterzugeben. Der Scheck ist aber selbst kein Geld, sondern nur ein Instrument des Zahlungsverkehrs.

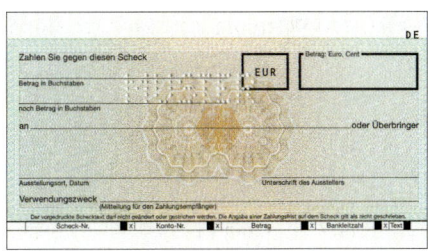

Scheck

Bankkarte (Debitkarte)

Neben Bargeld und Schecks zahlen viele Kunden inzwischen an Kassen mit der Bankkarte. Man nennt sie „Debitkarte" (englisch: to debit = belasten). Der Kunde gibt seine Karte dem Händler, der die nötigen Daten zum Einzug des Betrags vom Konto des Kunden über ein elektronisches Kassenterminal erhält. Die deutschen Einzelhändler nutzen dabei zwei unterschiedliche Verfahren, die sich durch die Zahlungsgarantie und die Höhe der Kosten unterscheiden. Bei dem einen System

Debitkarte

(electronic cash/girocard) autorisiert der Kunde die Zahlung durch Eingabe einer Persönlichen Identifikationsnummer (PIN) am Terminal. Daraufhin wird online geprüft, ob die Karte nicht gesperrt ist und der Karteninhaber über den zu zahlenden Betrag verfügt. Bei positiver Rückmeldung ist dem Händler die Zahlung garantiert. Beim elektronischen Lastschriftverfahren (ELV) findet keine Autorisierung mittels PIN statt. Vielmehr genehmigt der Kunde mit seiner Unterschrift den Einzug einer Lastschrift von seinem Konto. Nutzt der Händler dieses Verfahren, hat er keine Garantie, dass er tatsächlich Geld erhält. Die Bank wird die Lastschrift nur ausführen, wenn das belastete Konto ausreichend gedeckt ist.

Zahlungen an der Kasse können bargeldlos mit der Bankkarte getätigt werden.

Die Bankkarten bieten neben dem Bezahlen an Kassen üblicherweise die Möglichkeit, in Verbindung mit der PIN unabhängig von Schalteröffnungszeiten Bargeld an Geldautomaten vom Konto abzuheben.

Kreditkarte

Von der Debit- oder Bankkarte ist die Kreditkarte zu unterscheiden. Die Kreditkarten verschiedener Kreditkarten-Gesellschaften (z. B. Mastercard oder VISA) werden von Banken ausgegeben. Der Inhaber einer solchen Karte kann in allen Geschäften, die dem Kreditkartensystem angeschlossen sind,

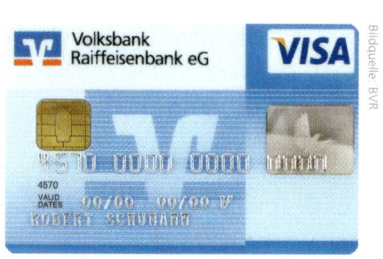

Kreditkarte

bargeldlos einkaufen, ferner mit einer PIN an Automaten Bargeld abheben. Sie ist außerdem ein weit verbreitetes Zahlungsmittel bei Online-Buchungen und -Käufen. Bei Zahlungen an Kassen erhält der Händler die benötigten Daten von der Kreditkarte. Nach einer positiven Rückmeldung einer Online-Überprüfung des Verfügungsrahmens sowie einer möglichen Kartensperre wird ein Beleg erstellt. Mit der Unterschrift auf dem Beleg stimmt der Karteninhaber der Zahlung zu. Im Gegensatz zur Debitkarte wird der Betrag dem Konto des Kreditkarteninhabers in der Regel nicht sofort belastet, sondern zu einem späteren Zeitpunkt, beispielsweise am Ende des Monats. Dem Kunden wird dadurch für einige Zeit ein zinsloser Kredit gewährt.

Die Herausgeber der Kreditkarten erheben allerdings oft Gebühren. Außerdem muss der Kunde Zinsen zahlen, wenn er den Kredit auch nach dem Abrechnungszeitpunkt in Anspruch nimmt. Die Kreditkartenunternehmen lassen sich ihre Dienstleistung zudem von den Händlern in Form unterschiedlicher Gebühren bezahlen.

Kreditkartenzahlungen werden meist zu einem späteren Zeitpunkt vom Konto abgebucht.

Geldkarte

Um das bargeldlose Bezahlen von „Kleingeld-Zahlungen" zu erleichtern, wurde in Deutschland die Geldkarte eingeführt. Die Geldkartenfunktion ist in der Regel in Debitkarten integriert (Geldkartenchip), aber auch als separate Karte erhältlich. Die Geldkarte ist eine Art „elektronische Geldbörse". Man muss zunächst ein Guthaben aufladen (max. 200 Euro) und kann dann bei akzeptierenden Stellen damit bezahlen. Dort wird der zu bezahlende Betrag direkt von der Geldkarte abgebucht. Die Geldkarte ist wie Bargeld: Wer sie hat, kann sie nutzen. Es findet keine aufwendige Identitätsprüfung statt. Dies bedeutet auch, dass bei Verlust oder Diebstahl das aufgeladene Guthaben wie Bargeld verloren geht. Die Geldkarte bietet sich besonders für kleinere Zahlungen im täglichen Leben an, beispielsweise an Parkschein-, Fahrkarten- oder Briefmarkenautomaten. Neben der Bezahlfunktion kann die Geldkarte auch zu anderen Zwecken, wie zur Altersprüfung (z. B. an Zigarettenautomaten), oder zur Abgabe einer elektronischen Signatur genutzt werden.

Karten mit diesem Logo sind mit der Geldkartenfunktion ausgestattet.

Nutzung der einzelnen Zahlungsverkehrsinstrumente

Überweisungen und Lastschriften sind die am häufigsten verwendeten Zahlungsverkehrsinstrumente. Infolge der Entwicklung hin zum elektronischen Zahlungsverkehr verliert der Scheck als Zahlungsmittel immer mehr an Bedeutung. Zahlungen an der Kasse und an Automaten werden verstärkt bargeldlos mithilfe von Debit-, Kredit- und Geldkarte getätigt.

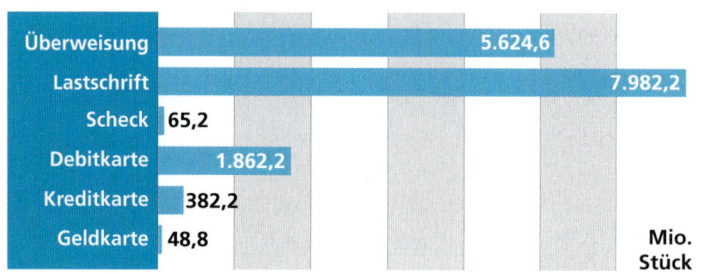

Anzahl Transaktionen bargeldloser Zahlungsverkehrsinstrumente durch Nichtbanken 2008 in Deutschland

- Überweisung: 5.624,6
- Lastschrift: 7.982,2
- Scheck: 65,2
- Debitkarte: 1.862,2
- Kreditkarte: 382,2
- Geldkarte: 48,8

Mio. Stück

3.3 „Transport" von Giralgeld – Organisation des bargeldlosen Zahlungsverkehrs

Jede bargeldlose Zahlung muss zwischen den beteiligten Banken verrechnet werden.

Bargeldlose Zahlungen werden „von Konto zu Konto" verrechnet. Sind die Konten von Zahlendem und Zahlungsempfänger bei der gleichen Bank, vermindert sich der Kontostand des Zahlenden, während sich jener des Zahlungsempfängers erhöht. Komplizierter wird es, wenn beide ihre Konten bei verschiedenen Banken haben. Dann muss die Zahlung zwischen diesen beiden beteiligten Banken verrechnet werden.

Gironetze

Eine Zahlung kann direkt zwischen zwei Banken verrechnet werden, wenn die eine jeweils ein Konto bei der anderen hat. Dies nennt man Korrespondenzgeschäft. Ist dies nicht der Fall, muss eine weitere Bank zwischengeschaltet werden. Die Banken versuchen aber, den bargeldlosen Zahlungsverkehr so zu organisieren, dass das Geld möglichst lange im eigenen Haus bzw. im eigenen Bereich bleibt. Daher haben sich die Banken gleicher Bankengruppen zu Gironetzen zusammengeschlossen, innerhalb derer die Zahlungen zwischen den angeschlossenen Banken verrechnet werden. Sofern eine Zahlung das eigene Gironetz verlässt, wird sie zwischen den jeweiligen Gironetzen der beteiligten Banken verrechnet. In Deutschland existieren derzeit fünf solcher Gironetze, die jeweils miteinander verbunden sind. Banken ohne eine solche Einbindung bietet die Deutsche Bundesbank den Zugang zum bargeldlosen Zahlungsverkehr. Als Zentralbank kann die Deutsche Bundesbank in ihrem eigenen Gironetz alle Banken in Deutschland erreichen.

Verbindungen deutscher Gironetze

- Gironetz der Sparkassen
- Gironetz der Genossenschaftsbanken
- Gironetz der Deutschen Bundesbank
- Gironetz der Groß-, Regional- und Privatbanken
- Banken ohne eigenes Gironetz
- Gironetz der Postbank AG

Bankleitzahl (BLZ)

Damit das bewegte Giralgeld auch vom richtigen Konto abgeht und auf dem richtigen Konto ankommt, braucht man eindeutige „Adressen". Bei bargeldlosen Zahlungen sind deshalb immer Kontonummer und Bankleitzahl anzugeben. Durch Kontonummer und Bankleitzahl ist in Deutschland jedes Konto eindeutig identifiziert.

Die Kontonummer wird von den Banken nach internen Regeln vergeben und kann in Deutschland bis zu zehn Ziffern betragen. Jede Bank ist durch die Bankleitzahl eindeutig gekennzeichnet. Sie umfasst acht Ziffern, wobei die ersten vier Ziffern nach festen Regeln vergeben werden. Die ersten drei Ziffern kennzeichnen den Ort der Bank, die vierte Ziffer die Bank oder Bankengruppe. Im Auftrag des deutschen Kreditgewerbes vergibt und verwaltet die Deutsche Bundesbank hierzulande die Bankleitzahlen.

Aufbau der Bankleitzahl

1. Ziffer: Land/Landesteil		4. Ziffer: Bank/Bankengruppe	
1	Berlin, Brandenburg, Mecklenburg-Vorpommern	0	Deutsche Bundesbank
2	Bremen, Hamburg, Niedersachsen, Schleswig-Holstein	1,2,3	Banken, soweit nicht in anderer Gruppe erfasst (inkl. Postbank)
3	Rheinland	4	Commerzbank
4	Westfalen	5	Sparkassen und Girozentralen
5	Hessen, Rheinland-Pfalz, Saarland	6,9	Genossenschaftliche Zentralbanken, Volks- und Raiffeisenbanken
6	Baden-Württemberg	7	Deutsche Bank
7	Bayern	8	Dresdner Bank
8	Sachsen, Sachsen-Anhalt, Thüringen		

IBAN und BIC

Um den grenzüberschreitenden Zahlungsverkehr zu erleichtern, wurden die International Bank Account Number (IBAN) und der Bank Identifier Code (BIC) eingeführt. Der BIC kennzeichnet die Bank, die IBAN das Konto. Die IBAN ist in den einzelnen Ländern unterschiedlich aufgebaut, besteht aber aus maximal 34 Stellen, wobei die ersten vier Stellen einheitlich festgelegt sind. Jedem Konto lässt sich eindeutig eine IBAN zuordnen. In Deutschland wird die IBAN mit 22 Stellen dargestellt und ist wie folgt aufgebaut:

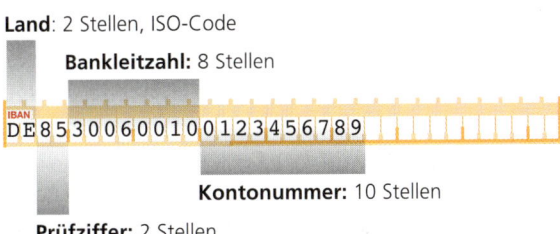

Die ersten beiden Stellen geben die Länderkennung wieder, gefolgt von zwei Prüfziffern sowie der achtstelligen deutschen Bankleitzahl. Die letzten zehn Stellen sind für die Kontonummer vorgesehen. Wenn die Kontonummer weniger als zehn Stellen umfasst, wird sie rechtsbündig gesetzt und die „fehlenden" Plätze zwischen ihr und der Bankleitzahl mit Nullen aufgefüllt.

Der BIC (auch SWIFT-Code) ist eine internationale Bankleitzahl. Die ersten vier Stellen bezeichnen die Bank. Darauf folgen die Länderkennung und eine zweistellige Orts-/Regionalangabe. Die letzten drei Stellen können für Filialbezeichnungen genutzt werden oder frei bleiben, womit der BIC entweder acht oder elf Stellen umfasst.

Der einheitliche europäische Zahlungsverkehrsraum (SEPA)

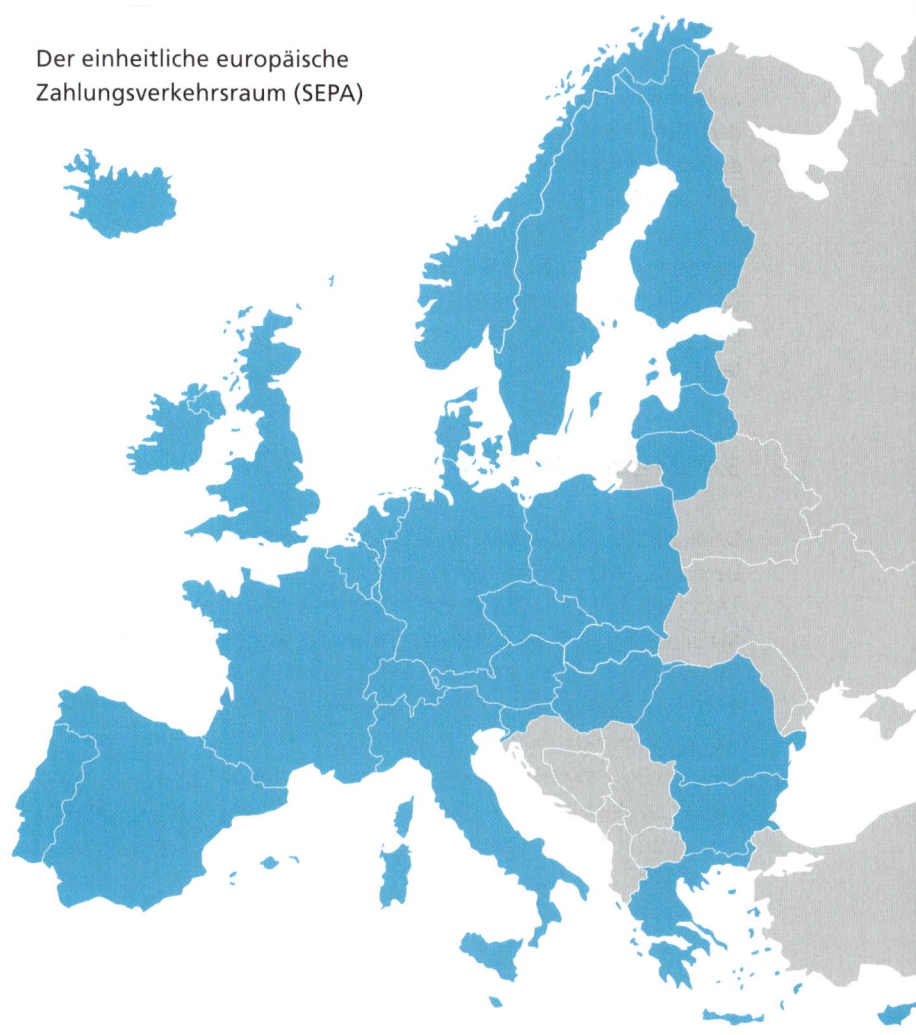

Einheitlicher europäischer Zahlungsverkehrsraum SEPA

In jedem Land haben sich eigene Zahlungsverkehrsstrukturen entwickelt, die grenzüberschreitende Zahlungen häufig aufwendig und langsam machten. Um den bargeldlosen Zahlungsverkehr europaweit einfacher, effizienter und sicherer zu gestalten, wurde ein einheitlicher europäischer Euro-Zahlungsverkehrsraum geschaffen: SEPA (Single Euro Payments Area). Im SEPA-Raum wird nicht mehr wie bisher zwischen nationalen und grenzüberschreitenden Zahlungen unterschieden. SEPA bietet einheitliche Verfahren und Standards, sodass man ab 2008 Überweisungen sowie Kartenzahlungen, ab November 2009 auch Lastschriften in Euro europaweit tätigen kann. Als Zahlungsangaben sind IBAN und BIC anzugeben. Neben den Ländern der Europäischen Union gehören dem SEPA-Raum auch Island, Liechtenstein, Norwegen und die Schweiz an.

SEPA erleichtert den grenzüberschreitenden Zahlungsverkehr in Europa.

3.4 Messung der Geldmenge

Damit das Preisniveau stabil bleibt, darf nicht zu viel Geld in Umlauf sein. Denn nur Geld, das – verglichen mit dem vorhandenen Güterangebot – knapp ist, behält seinen Wert. Man braucht also einen geeigneten Maßstab, an dem erkennbar wird, ob zu viel oder zu wenig Geld in Umlauf ist. Dieser Maßstab ist die Geldmenge.

Als Geldmenge bezeichnet man den Geldbestand in Händen von Nichtbanken. Guthaben von Banken werden nicht dazu gezählt. Die Geldmenge ist als Maß für die Liquidität konzipiert, die von Nichtbanken als Zahlungsmittel eingesetzt werden kann. Aufgrund ihres Zusammenhangs mit der gesamtwirtschaftlichen Nachfrage nach Waren und Dienstleistungen ist die Geldmenge eine wichtige ökonomische Größe, die Hinweise auf die zukünftige Preisentwicklung auf längere Sicht liefert. Weil der Übergang zwischen Geld als Tausch- und Zahlungsmittel einerseits, als Wertaufbewahrungsmittel andererseits fließend ist, werden unterschiedliche Geldmengen berechnet. Das Eurosystem unterscheidet drei Geldmengen, die aufeinander aufbauen und zwar nach der „Liquiditätsnähe" der einbezogenen Guthaben, also nach der Verfügbarkeit des Geldes für den Bankkunden. Bezeichnet werden sie mit den Abkürzungen M1, M2 und M3. Das „M" stammt vom englischen Wort für Geld: money.

Das Eurosystem hat drei verschiedene Geldmengenabgrenzungen definiert.

Geldmenge M1

Zur Geldmenge M1 zählen das außerhalb des Bankensektors zirkulierende uneingeschränkt liquide Bargeld sowie täglich fällige Einlagen (Sichteinlagen) von Nichtbanken, da sie kurzfristig in Bargeld umgewandelt werden können. Die Geldmenge M1 bezeichnet also das Geld, über das jederzeit verfügt werden kann.

M1 = Bargeld + Sichtguthaben

Geldmenge M2

Rechnet man zur Geldmenge M1 Spareinlagen mit einer Kündigungsfrist von bis zu drei Monaten und Termineinlagen mit einer Laufzeit von bis zu zwei Jahren hinzu, erhält man die Geldmenge M2. Termineinlagen sind Gelder, die bei den Banken für einen festen Zins und für eine bestimmte Zeit angelegt werden. Für diese Zeit kann über sie nicht verfügt werden. Am Ende der Laufzeit wandeln sie sich üblicherweise wieder in Sichteinlagen um.

Spareinlagen sind Einlagen, die in der Regel unbefristet sind und erst nach einer bestimmten Kündigungsfrist zurückgefordert werden können. Die Zinsen sind dabei in der Regel variabel, sie verändern sich mit der allgemeinen Zinsentwicklung. Bei Spareinlagen mit einer dreimonatigen Kündigungsfrist kann der Kunde monatlich bis zu 2.000 Euro abheben, ohne dies vorher ankündigen zu müssen. Beträge darüber hinaus müssen unter Wahrung von Fristen gekündigt werden. Ist die Kündigung unterblieben, kann die Bank einen Strafzins (Vorschusszins) in Rechnung stellen.

M2 = M1+ kurzfristige Termin- und Spareinlagen

Termin- und Spareinlagen können also im Gegensatz zu Sichteinlagen nicht jederzeit für Zahlungen eingesetzt werden. Allerdings können Termingelder mit kurzen Laufzeiten und Spareinlagen mit kurzen Kündigungsfristen schnell in Komponenten der Geldmenge M1 umgewandelt werden. Sie bilden daher zusammen mit ihr die Geldmenge M2.

Geldmenge M3

Die Geldmenge M3 beinhaltet neben der Geldmenge M2 noch weitere kurzfristige Geldanlagen, die von Banken ausgegeben werden und hinsichtlich des Grads ihrer Liquidität mit Bankeinlagen vergleichbar sind. Dazu zählen kurzfristige Bankschuldverschreibungen (mit einer Ursprungslaufzeit von bis zu zwei Jahren), von Geldmarktfonds ausgegebene Geldmarktfondsanteile sowie die sogenannten Repogeschäfte. Bankschuldverschreibungen sind Wertpapiere, bei denen sich die

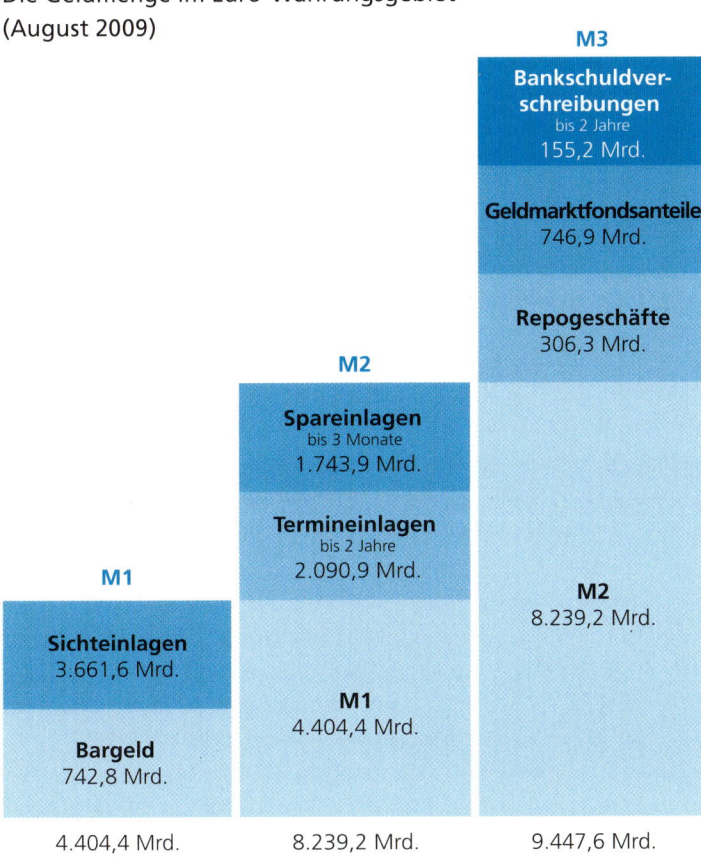

Die Geldmenge im Euro-Währungsgebiet (August 2009)

ausstellende Bank gegenüber dem Käufer verpflichtet, nach Ende der Laufzeit den Betrag zurückzuzahlen. Der Käufer bekommt außerdem nach einem bestimmten Modus Zinsen auf sein eingesetztes Kapital. Geldmarktfonds legen die ihnen zufließenden Mittel in kurzfristige Anlageformen an. Die zur Mittelbeschaffung verkauften Anteilsscheine (Geldmarktfondsanteile) können jederzeit zurückgegeben werden. Ein in die Geldmenge M3 einbezogenes Repogeschäft zwischen einer Bank und einer Nichtbank ist ein Geschäft mit Rückkaufvereinbarung. Es dient zur kurzfristigen Mittelbeschaffung der Bank, bei dem diese einen Vermögensgegenstand (z. B. ein Wertpapier) an eine Nichtbank gegen Zahlung einer Geldsumme mit der Verpflichtung verkauft, den Vermögensgegenstand nach einer gewissen Laufzeit wieder zurückzukaufen. Repogeschäfte entsprechen damit ökonomisch gesehen Termineinlagen, die mit Wertpapieren besichert sind. Sie sind kurzfristige Finanzierungsinstrumente mit einer Laufzeit von in der Regel nicht mehr als einem Jahr, häufig sogar nur wenigen Tagen oder einer Nacht. Diese kurzfristigen Anlagen können aus Sicht der Anleger in relativ kurzer Zeit in Einlagen umgewandelt werden und stellen daher eine Alternative zu liquiden Bankeinlagen dar.

M3 = M2+ kurzfristige Bankschuldverschreibungen + Geldmarktfondsanteile + Repogeschäfte

Die Geldmenge lässt sich nicht eindeutig definieren

Da die Übergänge zwischen den unterschiedlichen Einlagearten und kurzfristigen Finanzinstrumenten fließend sind, lässt sich die Geldmenge nicht eindeutig definieren. Letztlich hängt es beispielsweise von der Fragestellung einer Untersuchung ab, welche Einlagenarten man zum Geld rechnet und welche nicht bzw. welche Geldmenge man in der Untersuchung verwendet. Vor diesem Hintergrund haben andere Länder ihre Geldmengen nach anderen Kriterien definiert, beispielsweise die Schweiz und die USA.

Die Geldmenge M3 ist ein wichtiger Indikator für die Geldpolitik des Eurosystems.

In der praktischen Geldpolitik steht in der Regel derjenige Geldmengenbegriff im Vordergrund, der zur Erfüllung der geldpolitischen Ziele am besten geeignet erscheint. Für das auf Preisstabilität verpflichtete Eurosystem steht die weit abgegrenzte Geldmenge M3 im Vordergrund ihrer monetären Lageeinschätzung.

Das Wichtigste im Überblick:

- Giralgeld ist „stoffloses" Geld, das auf Konten liegt und von Konto zu Konto weitergegeben werden kann. Es kann jederzeit in Bargeld umgewandelt werden.

- Giralgeld kann durch verschiedene Instrumente des bargeldlosen Zahlungsverkehrs bewegt werden: Überweisungen, Lastschriften, Schecks, Debit-, Kredit- und Geldkarten.

- Bargeldlose Zahlungen werden zwischen den Banken und zwischen ihren Gironetzen verrechnet. In Deutschland existieren derzeit fünf verschiedene Gironetze.

- Der bargeldlose Zahlungsverkehr benötigt eindeutige „Adressen". In Deutschland werden dazu Kontonummer und Bankleitzahl genutzt, im europäischen bzw. internationalen Rahmen IBAN und BIC.

- Um in Europa auch den bargeldlosen Zahlungsverkehr zu harmonisieren, wurde der Zahlungsverkehrsraum SEPA mit seinen europaweit einheitlichen Standards geschaffen.

- Was zur Geldmenge gezählt wird, muss definiert werden. Das Eurosystem hat drei verschiedene Geldmengenbegriffe (M1, M2, M3) festgelegt, die sich nach dem Grad ihrer Liquidität unterscheiden.

Kapitel 4

Das Bankensystem

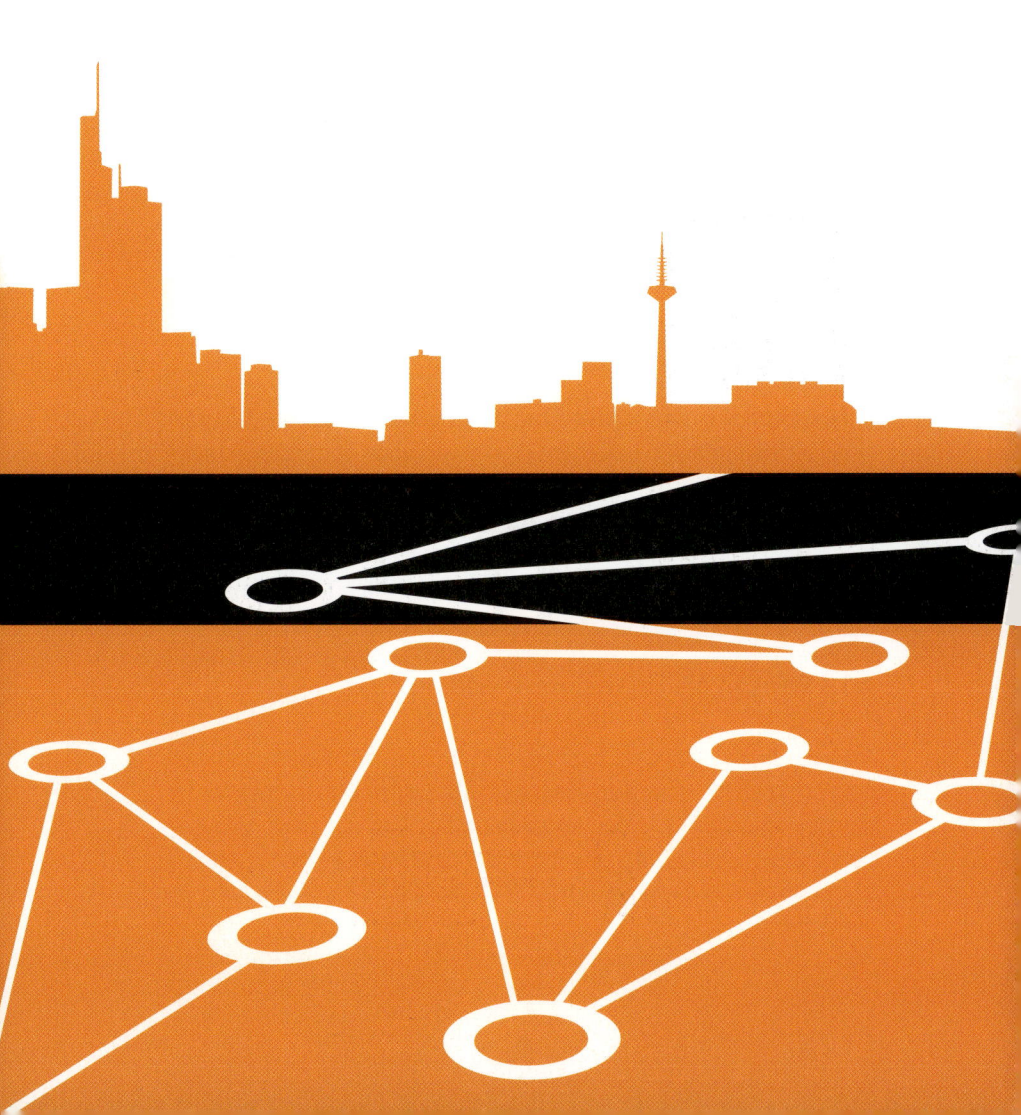

4. Das Bankensystem

Das Bankensystem besteht aus den Geschäftsbanken (Kreditinstituten) und der Zentralbank. Die Zentralbank hat eine grundsätzlich andere Funktion als die Geschäftsbanken, da sie überwiegend hoheitliche Aufgaben wahrnimmt. Als geldpolitische Entscheidungsinstanz einer Volkswirtschaft ist sie dem Hauptziel Preisstabilität verpflichtet. Sie allein ist berechtigt, gesetzliche Zahlungsmittel in Umlauf zu bringen. Sie ist die „Bank der Banken", da die Geschäftsbanken zur Aufrechterhaltung ihrer Zahlungsfähigkeit auf die Zentralbanken angewiesen sind. Die Geschäftsbanken sind Wirtschaftsunternehmen, die Dienstleistungen rund ums Geld erbringen. Sie nehmen u. a. Gelder von Privatkunden und Unternehmen an, vergeben Kredite an die Wirtschaft und betreiben Zahlungsverkehrsgeschäfte.

> *Das Bankensystem umfasst die Zentralbank und die Geschäftsbanken.*

4.1 Grundzüge des Bankgeschäfts

In modernen Volkswirtschaften mit ihrem hohen Grad an Arbeitsteilung finden tagtäglich unzählige Tauschvorgänge statt. Dieser Austausch von Waren und Dienstleistungen wird meist über Geld abgewickelt. Wie bei einem Blutkreislauf sind Güter- und Geldströme ständig in Bewegung und fließen von einem Sektor zum anderen. Den Banken kommt dadurch in der Volkswirtschaft eine bedeutende Rolle zu.

4.1.1 Banken als Finanzintermediäre

Die Verwendung von Geld bringt es mit sich, dass nicht alle Teilnehmer am Wirtschaftskreislauf alles ausgeben, was sie einnehmen. Sie können das überschüssige Geld gewinnbringend bei ihrer Bank anlegen. Andere dagegen, etwa Unternehmen, die neue Maschinen kaufen wollen, brauchen Geld. Sie können sich an ihre Bank wenden und einen Kredit aufnehmen.

Vereinfachter Geld- und Güterkreislauf mit Banken

Die Banken agieren also innerhalb des Geldkreislaufs. Sie stehen zwischen Kapitelnehmern und Kapitalgebern. Kapitalgeber besitzen einen Überschuss an Geldmitteln und möchten diesen gewinnbringend anlegen. Kapitalnehmer benötigen Geldmittel und fragen Kredite und Eigenkapital nach. Die Banken als Finanzintermediäre bedienen die unterschiedlichen Interessen und versorgen den Wirtschaftskreislauf mit Liquidität. Ein effektives und effizientes Bankensystem trägt damit zu Wirtschaftswachstum und Wohlstand bei.

Für die Einlagen zahlt die Bank Guthabenzinsen an die Sparer bzw. Kapitalgeber, für die Kredite zahlen die Kreditnehmer

Zinsen an die Bank. Die Banken verdienen an der Geldumverteilung, denn die Kreditzinsen sind typischerweise höher als die Einlagenzinsen. Die Differenz zwischen den Guthaben- und den Kreditzinsen (Zinsmarge) ist eine Haupteinkommensquelle der Banken. Allerdings kommt es vor, dass ein Kreditnehmer seinen Kredit nicht oder nicht rechtzeitig zurückzahlt. In der Zinsmarge ist deshalb auch eine Risikokomponente enthalten, die dem Ausfallrisiko Rechnung tragen soll. Um dieses Risiko so gering wie möglich zu halten, führen die Banken eine Prüfung der Kreditwürdigkeit, der „Bonität", des Kreditnehmers durch. Zudem verlangen sie oft, dass der Kreditnehmer Sicherheiten stellt, beispielsweise eine Immobilie verpfändet.

Neben den grundlegenden Bankgeschäften – der Vergabe von Krediten (Finanzierungsleistungen) und der Hereinnahme von Einlagen (Geldanlageleistungen) – bieten die meisten Banken weitere Dienstleistungen an. Sie erledigen den bargeldlosen Zahlungsverkehr, übernehmen Bürgschaften und Garantien und beraten Unternehmer und Anleger in Finanzfragen. Des Weiteren kaufen, verkaufen, verwahren und verwalten sie für ihre Kunden Vermögenswerte, beispielsweise Wertpapiere. Die meisten Banken in Deutschland bieten einen Großteil aller Bankleistungen an, wenn auch in unterschiedlichem Umfang.

Die Banken bieten Dienstleistungen rund ums Geld an.

Finanzdienstleistungsinstitute zählen nicht zu den Banken. Sie erbringen jedoch gegen Gebühr verschiedene bankähnliche Geschäfte, beispielsweise die Vermittlung von Geldanlagen, die Anlageberatung oder die Ausgabe von Kreditkarten.

4.1.2 Die Grundzüge des Bankgeschäfts in der Bankbilanz

Der Umfang der grundlegenden Bankgeschäfte lässt sich anhand der konsolidierten Gesamtbilanz für alle deutschen Banken nachvollziehen. In dieser Rechnung sind dem Vermögen, den „Aktiva", der Banken deren „Passiva" gegenübergestellt, also die Verbindlichkeiten und das

Eigenkapital. Die Aktiva, die zum größten Teil aus vergebenen Krediten bestehen, spiegeln die Mittelverwendung wider. Die Passiva lassen die Quellen der Refinanzierung, die Mittelbeschaffung erkennen.

Aktiva und Passiva der deutschen Banken (ohne Deutsche Bundesbank), August 2009, in Mrd. Euro

Aktiva		Passiva	
1. Barreserve (Bargeldbestände und Guthaben bei der Deutschen Bundesbank)	75,1	1. Verbindlichkeiten ggü. Banken	2.096,2
2. Kredite an Nichtbanken	3.214,2	2. Verbindlichkeiten ggü. Nichtbanken	3.045,4
darunter:		darunter:	
- kurzfristige Buchkredite	492,2	- täglich fällige Einlagen	1.062,9
- mittel- und langfristige Buchkredite	2.703,0	- Termineinlagen	1.276,4
		- Spareinlagen (inkl. Sparbriefe)	706,1
3. Kredite an Banken	2.256,0	3. Bankschuldverschreibungen	1.639,4
4. Wertpapiere und Beteiligungen	1.746,5	4. Kapital und Rücklagen	373,8
5. Sonstige Aktiva	371,4	5. Sonstige Passiva	508,4
Bilanzsumme	**7.663,2**	**Bilanzsumme**	**7.663,2**

Bei dieser Aufstellung fällt zunächst auf, dass unter den Aktiva keine Sachanlagen wie beispielsweise Gebäude und Maschinen auftauchen. Sie spielen bei Banken als den klassischen Finanzunternehmen kaum eine Rolle und werden deshalb unter den „Sonstigen Aktiva" erfasst. Aufgrund der untergeordneten Bedeutung dieser Posten erscheinen sie auch erst am Ende der Bankbilanz, während sie bei Industrieunternehmen an oberster Stelle geführt werden. Die Bankbilanz steht im Vergleich zur Bilanz eines Industrieunternehmens sozusagen auf

Die Bankbilanz zeigt Verbindlichkeiten und Forderungen einer Bank.

dem Kopf. Unter den „Sonstigen Passiva" werden solche Verbindlichkeiten ausgewiesen, die nicht aus dem eigentlichen Bankgeschäft stammen, also beispielsweise fällige, noch nicht ausgezahlte Gehälter.

Barreserve

Die Barreserve, d. h. der Bestand der Banken an Bargeld und Guthaben bei der Zentralbank, ist im Vergleich mit den meisten anderen Posten relativ gering. Dies überrascht zunächst, weil doch die Aufrechterhaltung der Zahlungsfähigkeit für die Banken oberstes Gebot sein muss. Die Barreserve ist sogar wesentlich niedriger als die täglich fälligen Einlagen, welche die Kunden bei den Banken jederzeit abfordern können. Erfahrungsgemäß ist die Wahrscheinlichkeit allerdings gering, dass alle Kunden ihr Geld auf einmal abheben. Die Banken kommen deshalb mit relativ geringen Barreserven aus. Zudem halten sie meist in größerem Umfang Wertpapiere wie etwa kurzlaufende Bundesanleihen, die sich rasch verkaufen und so in Barreserven umwandeln lassen.

Kredite an und Verbindlichkeiten gegenüber Nichtbanken

Den größten Posten auf der Aktivseite bilden die Kredite an in- und ausländische Nichtbanken. Dazu zählen:

- kurzfristige Betriebsmittelkredite für Unternehmen
- langfristige Investitionskredite für Unternehmen
- Dispositionskredite auf Lohn- und Gehaltskonten
- Ratenkredite an private Haushalte
- Hypothekenkredite für Bauherren und Unternehmen
- Ausleihungen an öffentliche Stellen

Ein großer Posten unter den Verbindlichkeiten auf der Passivseite der Banken sind die Einlagen, die sich aus den täglich fälligen Sichteinlagen sowie den Spar- und Termineinlagen zusammensetzen.

Kredite an und Verbindlichkeiten gegenüber Banken

Recht umfangreich ist das direkte Kreditgeschäft der inländischen Banken untereinander, das sich sowohl auf der Aktiv- als auch auf der Passivseite der Bilanz niederschlägt. Die Forderung der einen Bank ist in diesem Fall die Verpflichtung der anderen. Dieses Interbanken-Kreditgeschäft dient vor allem auch dem kurzfristigen Liquiditätsausgleich: Banken, die gerade einen Überschuss an Liquidität haben, leihen dieses Geld denjenigen Banken, die gerade Liquiditätsbedarf haben. Oft wird solch ein Kredit nur „über Nacht" gewährt. Angebot und Nachfrage der Banken nach Liquidität treffen auf dem sogenannten Geldmarkt zusammen.

Auch Banken leihen sich untereinander Geld.

Wertpapiere und Beteiligungen

Die Banken halten in größerem Umfang marktgängige Wertpapiere als eine ertragbringende Liquiditätsreserve. Daneben nehmen Banken Wertpapiere in ihren Bestand, weil sie auf Kursgewinne spekulieren. Diese Positionen werden auf der Aktivseite der Bilanz erfasst. Davon zu unterscheiden sind die Wertpapiere, die die Banken für ihre Kunden in Depots verwahren. Da diese Wertpapiere nicht ihnen, sondern ihren Kunden gehören, tauchen sie nicht in den Bilanzen der Banken auf.

Wertpapiere in Kundendepots sind nicht Eigentum der Bank.

Unter Beteiligungen versteht man den Besitz von Anteilen an einem Unternehmen, beispielsweise in Form von Aktien. Das bedeutet, eine Bank stellt einem dritten Unternehmen dauerhaft Eigenkapital zur Verfügung und erhält im Gegenzug in der Regel ein Recht auf Mitsprache sowie Anteile an Gewinnen und Verlusten. Banken erwerben Beteiligungen an dritten Unternehmen oder gründen Tochtergesellschaften, die ihnen vollständig gehören, um sich bestimmte Geschäftsfelder bzw. Regionen zu erschließen.

Bankschuldverschreibungen

Bankschuldverschreibungen sind von den Banken selbst ausgegebene Wertpapiere. Sie stellen für die Banken Fremdkapital dar, da die Käufer dieser Schuldverschreibungen der Bank ihr Geld nur befristet zur Verfügung stellen. Die von den Banken ausgegebenen Schuldverschreibungen – dazu zählen auch Hypothekenpfandbriefe, öffentliche Pfandbriefe sowie „Zertifikate" – sind eine wichtige Finanzierungsquelle der Banken. Sie werden von privaten Sparern, institutionellen Anlegern wie Pensionsfonds und Versicherern und auch anderen Banken gehalten. Die Banken spielen also eine bedeutende Rolle am Kapitalmarkt – als Emittenten, Erwerber und Großhändler von Wertpapieren.

Kapital und Rücklagen

Das Eigenkapital setzt sich aus dem von den Gesellschaftern eingezahlten Kapital und den Rücklagen zusammen. Die genaue Bezeichnung (z. B. Grundkapital oder Stammkapital) hängt von der jeweiligen Gesellschaftsform der Bank ab (z. B. AG, eG oder GmbH). Nicht ausgeschüttete Gewinne werden in die Rücklagen eingestellt.

Außerbilanzielle Geschäfte

Nicht alle Vermögen und Verbindlichkeiten einer Bank erscheinen in der Bilanz. Garantien und Bürgschaften beispielsweise stellen Verbindlichkeiten dar, allerdings ist die Verpflichtung der Bank zu ihrer Leistung noch ungewiss. Daher sind diese auch als Eventualverbindlichkeiten bezeichneten Positionen „unter dem Strich" der Bilanz auszuweisen.

Ein erheblicher Teil der Geschäftsaktivitäten von Banken entfällt inzwischen auf derivative Finanzinstrumente. Bei diesen Geschäften handelt es sich um Vereinbarungen auf zukünftige Finanztransaktionen, sogenannte Termingeschäfte. Optionen sind ein Beispiel: Sie gewähren dem Optionsinhaber das Recht – nicht aber die Pflicht – eine bestimmte Menge einer Bezugsgröße (z. B. Aktien, Rohstoffe u. ä.) zu einem vorab festgelegten Preis zu kaufen (Call-Option) oder zu verkaufen (Put-Option). Derivate Geschäfte werden bei Geschäftsabschluss in der Regel noch nicht in der Bilanz erfasst, da zu diesem Zeitpunkt meistens noch keine Leistung durch die Beteiligten erbracht worden ist. Sie werden daher auch als „schwebende" Geschäfte bezeichnet. Sie finden dann Eingang in die Bilanz, wenn sie das Risiko einer Inanspruchnahme beinhalten oder einen Marktwert aufweisen, der dem Handelsbestand zugerechnet wird.

Um ihren Bedarf an Eigenkapital zu verringern, lagern manche Banken einen Teil ihres Geschäfts auf formal unabhängige, ihnen aber nahestehende sogenannte Zweckgesellschaften aus. Auch diese Aktiva und Passiva tauchten bislang nicht in den Bankbilanzen auf.

4.2 Die Banken in Deutschland

Die Bankendichte in Deutschland ist in den letzten Jahren erheblich zurückgegangen. Gleichwohl ist sie mit rund 2.000 Kreditinstituten im Vergleich zu anderen Ländern immer noch hoch. Die flächendeckende Präsenz ist vornehmlich auf die mittelständische und regionale Struktur der deutschen Wirtschaft zurückzuführen.

Anzahl der Kreditinstitute in Deutschland

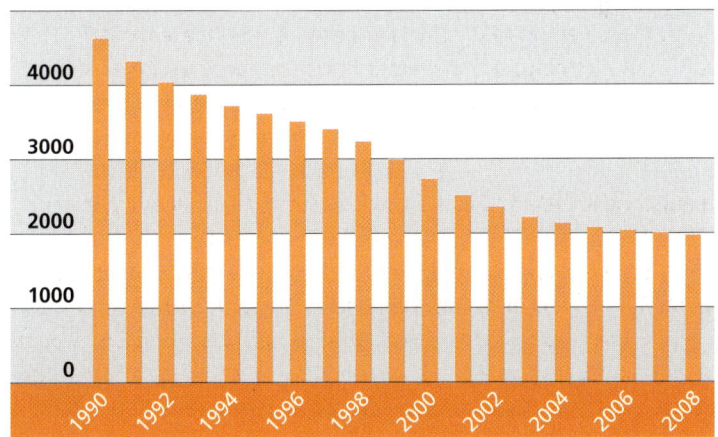

Die Größenunterschiede zwischen den deutschen Banken sind sehr ausgeprägt. Den Großbanken und Landesbanken, die in der Regel auch international aktiv sind, steht eine Vielzahl mittlerer und kleinerer Banken gegenüber. Unterschiedlich sind auch die Rechtsformen: Die Banken sind teils privatrechtlich, teils öffentlich-rechtlich und teils auch genossenschaftlich organisiert. Aufgrund starker Fusionstendenzen im Bankensystem dürfte sich die Anzahl der Banken weiter deutlich verringern.

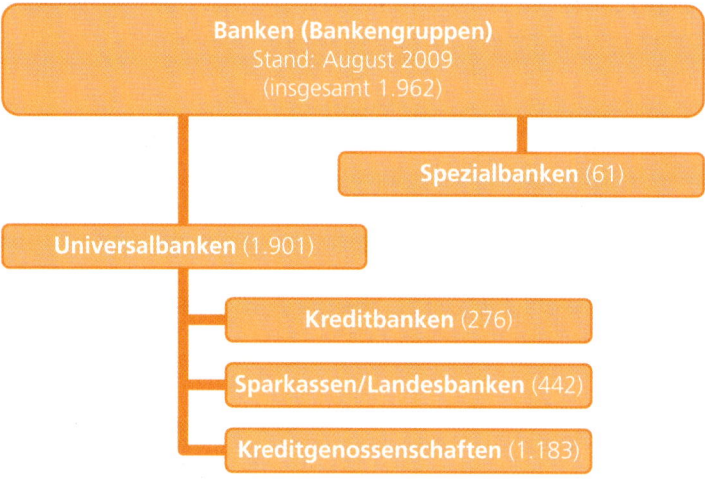

Universalbanken

Kennzeichnend für das deutsche Bankwesen ist das Universalbankprinzip. Die sogenannten Universalbanken bieten zahlreiche Bankdienstleistungen an. Universalbanken können Risiken in den einzelnen Geschäftssparten oft besser ausgleichen als stark spezialisierte Institute. Einen großen Teil des Universalbanksektors bilden die Sparkassen und Kreditgenossenschaften.

In Deutschland überwiegt das Universalbankprinzip.

Kreditbanken

Die Kreditbanken umfassen die Großbanken, die Regionalbanken, sonstige Kreditbanken und die Zweigstellen ausländischer Banken. Durch Fusionen und Übernahmen hat sich die Zahl der Großbanken verringert. Die größte unter den Großbanken ist die Deutsche Bank. Sie verfügt nicht nur über große Filialnetze in Deutschland und einigen anderen Ländern, sondern zählt auch zu den führenden global tätigen Investmentbanken. Die Deutsche Bank steht vor der Übernahme der Deutschen Postbank mit ihrem großen Filialnetz. Die Commerzbank hat 2009 die Großbank Dresdner Bank übernommen. Sie ist vor allem auf das Geschäft in Deutschland fokussiert. Die Bayerische Hypo- und Vereinsbank ist vor allem in Süddeutschland stark vertreten. Sie gehört zum italienischen Finanzkonzern Unicredit Group. Auch Direktbanken zählen vielfach zu den Kreditbanken. Das sind Geldinstitute, mit denen man nur telefonisch oder im Internet Bankgeschäfte abschließen kann.

5 Großbanken (4 ab 2009)	168 Regionalbanken/ sonstige Kreditbanken	103 Zweigstellen ausländischer Banken
	u. a.	u. a.
Bayerische Hypo- und Vereinsbank AG	Citibank Privatkunden AG & Co. KGaA	Banco Santander, S.A., Filiale Frankfurt
Commerzbank AG	ING-DiBa AG	Barclaysbank PLC, Frankfurt Branch
Deutsche Bank AG	Hanseatic Bank GmbH & Co. KG	BNP PARIBAS, Niederlassung Frankfurt am Main
Deutsche Postbank AG	Mercedes-Benz Bank AG	J.P. Morgan International Bank Limited, Frankfurt Branch
	SEB AG	UBS Limited, Niederlassung Deutschland
1.349,8	744,7	186,2
Bilanzsummen in Mrd. Euro		

Stand: August 2009

Sparkassen und Landesbanken

Die Sparkassen sind überwiegend öffentlich-rechtliche Banken, d. h., Träger der Sparkassen sind meistens Gemeinden oder Gemeindeverbände. Es gibt aber auch freie Sparkassen mit privatrechtlicher Rechtsform. Die Sparkassen, die ursprünglich von den Städten und Gemeinden zur Förderung der regionalen Wirtschaft gegründet wurden, haben sich im Laufe der Zeit zu Universalbanken entwickelt, die viele Arten von Bankgeschäften betreiben. Der Schwerpunkt liegt aber immer noch auf der Hereinnahme von Spareinlagen und der Vergabe von mittel- und langfristigen Darlehen beispielsweise für den Bau von Häusern sowie für Investitionen von mittelständischen Betrieben und Gemeinden. Aufgrund des in den Sparkassengesetzen der Länder festgelegten Regionalprinzips müssen sich die Sparkassen in ihrer Geschäftstätigkeit auf die Region ihres Sitzes beschränken.

10 Landesbanken *	432 Sparkassen
u. a.	u. a.
Bayerische Landesbank	Hamburger Sparkasse
Landesbank Hessen-Thüringen Girozentrale	Kreissparkasse Rügen
	Sparkasse Bodensee
Norddeutsche Landesbank -Girozentrale-	Stadtsparkasse Magdeburg
WestLB AG	Taunussparkasse
1.508,8	**1.063,6**
Bilanzsummen in Mrd. Euro	

*(inkl. DekaBank Deutsche Girozentrale)   Stand: August 2009

Die Landesbanken sind befugt, alle im Rahmen ihrer Satzung erlaubten bankmäßigen Geschäfte zu betreiben. Insoweit treten sie seit vielen Jahren in Konkurrenz zu den Geschäftsbanken am Markt auf. Sie sind außerdem regionale Zentralinstitute der Sparkassen und so beispielsweise deren zentrale Verrechnungsstelle beim bargeldlosen Zahlungsverkehr. Traditionell stellen die Landesbanken im Rahmen ihres öffentlichen Auftrages wesentliche Finanzdienstleistungen für staatliche

Gebietskörperschaften bereit. Nicht mehr alle Landesbanken sind heute noch im ausschließlichen Eigentum von Bundesländern, Kommunen und Sparkassen. In der nächsten Zeit wird es im Landesbankensektor, nicht nur aufgrund der Finanzkrise, zu weiteren Veränderungen kommen.

Kreditgenossenschaften

Die Genossenschaftsbanken oder Kreditgenossenschaften sind in erster Linie Banken des Mittelstandes, also mittlerer und kleinerer Unternehmen. Man kann zwischen ländlichen und gewerblichen Kreditgenossenschaften unterscheiden. Die gewerblichen Kreditgenossenschaften (Volksbanken) sind als Einrichtungen zur Selbsthilfe von kleinen Gewerbetreibenden in Handel und Handwerk entstanden. Die ländlichen Kreditgenossenschaften (Raiffeisenbanken) waren ursprünglich Zusammenschlüsse von Landwirten, um die Monopolisierung der Abnahme ihrer Produkte durch Handelsfirmen abzuwehren und um durch gemeinsamen Einkauf etwa von Düngemitteln die eigene Marktposition zu stärken. Die Genossenschaftsbanken sind eng verbunden mit ihren Zentralinstituten, den genossenschaftlichen Zentralbanken.

Kreditgenossenschaften sind in erster Linie Volks- und Raiffeisenbanken.

2 Genossenschaftliche Zentralbanken	1.181 Kreditgenossenschaften
	u. a.
DZ BANK AG	Berliner Volksbank eG
WGZ BANK AG	Deutsche Apotheker- und Ärztebank eG
	Raiffeisenbank Mittelrhein eG
	Sparda-Bank Hessen eG
	Volksbank Odenwald eG
258,5	680,5
Bilanzsummen in Mrd. Euro	

Stand: August 2009

Spezialbanken

Realkreditinstitute (z. B. Hypothekenbanken) gewähren langfristige Darlehen, um den Bau von Immobilien und öffentlichen Projekten zu finanzieren. Dafür geben sie Schuldverschreibungen aus, die von Privatleuten, Versicherungen und anderen Banken erworben werden. Bausparkassen sammeln auf der Grundlage abgeschlossener Bausparverträge bei Bausparern Geld ein und vergeben an die Bausparer nach einem Zuteilungsplan Darlehen. Kreditinstitute mit Sonderaufgaben unterstützen beispielsweise langfristige Finanzierungen von Investitionen. Dazu zählt die Kreditanstalt für Wiederaufbau (KfW), die eng in die staatliche Wirtschaftsförderung im In- und Ausland eingeschaltet ist und u. a. Kredite zur Finanzierung von Energiespar-Investitionen zu subventionierten Zinsen vergibt.

18 Realkreditinstitute	25 Bausparkassen	18 Banken mit Sonderaufgaben
u. a.	u. a.	u. a.
Eurohypo AG	BHW Bausparkasse AG	Kreditanstalt für Wiederaufbau (KfW)
Deutsche Schiffsbank AG	LBS	
	Wüstenrot Bausparkasse AG	Landwirtschaftliche Rentenbank
Münchener Hypothekenbank eG		AKA Ausfuhrkredit-Gesellschaft mbH
790,5	191,8	888,9
Bilanzsummen in Mrd. Euro		

Stand: August 2009

4.3 Sicherheit im Bankwesen

Banken sind seit ihrem Bestehen von Betrug und Diebstahl betroffen und haben daher Schutzvorkehrungen wie Tresore, Panzerglas und Alarmvorrichtungen. Viel bedeutender als der physische Schutz des Bargeldes und der Wertgegenstände der Kunden sind Vorkehrungen für die Sicherheit der den Banken überlassenen Einlagen.

4.3.1 Bedeutung eines stabilen Bankensystems

Die Frage der Stabilität des Bankensystems stellt sich vor allem deshalb, weil Banken von ihren Kunden Geld etwa in Form von Sicht-, Spar- und Termineinlagen anvertraut bekommen. Wird eine Bank zahlungsunfähig, müssen ihre Kunden befürchten, das Geld, das sie der Bank anvertraut haben, nicht zurückzuerhalten. Die Banken müssen ihrerseits Risiken eingehen, um Erträge zu erwirtschaften, beispielsweise Kredite vergeben oder Wertpapiere erwerben. Zahlen nun aber Kunden, denen eine Bank Kredit gewährt hat, das geliehene Geld nicht zurück oder verlieren Wertpapiere, in die Banken investiert haben, an Wert, belastet dies die Finanz- und Ertragslage der Banken. Im Extremfall kann sie dann ihren Zahlungsverpflichtungen gegenüber ihren Einlegern nicht mehr nachkommen und muss wegen Zahlungsunfähigkeit geschlossen werden.

Wenn eine größere Bank zusammenbricht, kann dies zu einer allgemeinen Verunsicherung führen und in der Folge einen „Run" auf die Banken auslösen, d. h., dass Einleger die Banken „stürmen", um sich ihre Einlagen in bar auszahlen zu lassen. Dies würde rasch dazu führen, dass weitere Banken mangels frei verfügbarer Liquidität zahlungsunfähig werden. Eine solche Vertrauenskrise zieht die gesamte Wirtschaft in Mitleidenschaft. Schon wenn Banken nur droht, zahlungsunfähig zu werden, hat dies ungünstige Folgen. Denn ihr Verhalten kann dann dahin gehen, Kredite zurückhaltender zu vergeben. Für Unternehmen und Haushalte kann dies auf eine Verschlechterung der Kreditkonditionen hinauslaufen, beispielsweise höhere Sollzinsen. Es kann sogar zu einer allgemeinen „Kreditklemme" kommen, in der Kredite kaum noch zu erhalten sind. Dies kann dazu führen, dass Unternehmen Investitionen nicht mehr finanzieren können oder selbst in Zahlungsschwierigkeiten geraten. Wenn sich Unternehmensinsolvenzen und Kreditausfälle häufen, verschärft sich die Situation und weitere Banken kommen in Bedrängnis. Deshalb ist es im Interesse des gesamten Wirtschaftssystems, dass es gar nicht erst zu einem Vertrauensverlust in das Bankensystem kommt.

Eine Volkswirtschaft braucht ein stabiles Bankensystem.

4.3.2 Bankenaufsicht

Eine gut funktionierende Bankenaufsicht gehört zu den Eckpfeilern der Infrastruktur jeden Finanzsystems. Nur ein stabiles Finanzsystem kann seine gesamtwirtschaftliche Funktion der effizienten sowie kostengünstigen Transformation und Bereitstellung finanzieller Mittel optimal erfüllen. Aufgabe der Bankenaufsicht ist es, die Stabilität im Finanzsektor und das Vertrauen in das Bankensystem aufrechtzuerhalten und das Verlustrisiko für Anleger sowie andere Gläubiger zu minimieren.

Ziel der Bankenaufsicht: Stabilität im Bankensystem.

Angesichts der gravierenden gesamtwirtschaftlichen Probleme, die mit Bankenkrisen verbunden sind, hat der Gesetzgeber den Banken, aber auch anderen Finanzdienstleistern, die notwendige Risiko-, Liquiditäts- und Eigenkapitalvorsorge nicht selbst überlassen. Das Aufsichtsrecht gibt Regeln vor, die bei der Gründung von Banken und beim Betreiben von Bankgeschäften zu beachten sind. Die rechtliche Grundlage für die Bankenaufsicht in Deutschland ist das Gesetz über das Kreditwesen (KWG).

Liquidität und Rentabilität

Um jederzeit zahlungsfähig und gegen unerwartete Mittelabflüsse gewappnet zu sein, haben die Banken nach der Devise zu handeln: So liquide wie nötig, so rentabel wie möglich. Der Kompromiss muss immer auf der Basis unsicherer Annahmen über die künftigen Zahlungseingänge und Zahlungsausgänge gefunden werden. Banken müssen daher einen ausreichenden Teil ihrer Mittel so anlegen, dass sie unerwartet auftretende Ansprüche ihrer Gläubiger jederzeit befriedigen können und somit immer zahlungsfähig bleiben. Folglich ist ein Ziel der Bankenaufsicht, die Zahlungsfähigkeit der Banken sicherzustellen. Dabei ist zu berücksichtigen, dass der Ertrag einer Anlage normalerweise umso geringer ist, je schneller sie zu Geld gemacht werden kann. Hochgradig liquide sind beispielsweise kurzlaufende Staatsanleihen. Demgegenüber bindet sich eine Bank langfristig, wenn sie einen langlaufenden Kredit vergibt. Die Banken verlangen deshalb umso höhere Zinsen, je länger die Laufzeit eines Kredits ist.

Eigenkapital als Puffer

Das Kreditgeschäft geht mit dem Risiko einher, dass Schuldner ihren Zahlungsverpflichtungen nicht nachkommen. Zwar verlangen die Banken typischerweise, dass der Schuldner einen Kredit durch Stellung von Pfändern absichert. Doch reicht bisweilen der Erlös aus dem Verkauf der Pfänder nicht aus, den Schaden völlig abzudecken, der einer Bank entsteht, wenn ein Schuldner die vereinbarten Zins- und Tilgungszahlungen nicht leistet. Risiken ergeben sich auch dadurch, dass die allgemeine Konjunkturlage Einfluss auf die Bonität und die Zahlungsfähigkeit der Schuldner und die Werthaltigkeit der Sicherheiten hat. Weitere Risiken entstehen Banken, wenn sich die Zinsen oder – beim Handel mit fremden Währungen – die Wechselkurse unerwartet ändern. Hat eine Bank beispielsweise ein langfristiges Darlehen zu einem niedrigen festen Zins mit kurzfristigen Spareinlagen refinanziert, so geht sie das Risiko ein, dass sie im Laufe der Zeit aufgrund der Marktentwicklung höhere Zinsen für die Spareinlagen vergüten muss. Dies kann darauf hinauslaufen, dass die Bank Verluste erleidet. Um solche Risiken abzudecken, müssen die Banken über ausreichendes Eigenkapital verfügen, das Verluste wie ein Puffer absorbieren kann – damit nicht die übrigen Kapitalgeber wie etwa die Sparer von den Verlusten betroffen werden.

Organisation der Bankenaufsicht

In Deutschland sind bisher die Bundesanstalt für Finanzdienstleistungsaufsicht (BaFin) und die Deutsche Bundesbank in enger Zusammenarbeit für die Aufsicht über die einzelnen Banken zuständig. Die Bundesbank analysiert zudem fortlaufend die Finanzstabilität, also die Stabilität des Finanzsystems insgesamt. Es ist geplant, die Bankenaufsicht in Deutschland neu zu organisieren. Die Bankenaufsicht wird in folgende Bereiche unterteilt:

Quantitative Vorgaben	Qualitative Vorgaben	Offenlegungspflichten
z. B. Eigenkapital- und Liquiditätsvorschriften	z. B. Prüfung des Risikomanagements	z. B. Aufführung wichtiger Risikopositionen

Die Bankenaufsicht greift nicht direkt in einzelne Geschäfte der Banken ein. Sie setzt vielmehr quantitative Rahmenvorschriften, u. a. durch Vorgaben für die Mindestausstattung mit Eigenkapital. Damit die Aufsichtsbehörden die Einhaltung dieser Vorschriften prüfen können, müssen ihnen die Banken laufend ihre Bücher offenlegen. Neben den quantitativen Vorgaben müssen die Banken qualitative Anforderungen an ihre Organisation und Steuerung erfüllen. Dies wird in Prüfungen vor Ort kontrolliert. Dadurch kann die Bankenaufsicht einen besseren Eindruck über den Geschäftsbetrieb und die damit verbundenen Risiken gewinnen. Ergänzt wird die staatliche Aufsicht durch die Kontrolle durch andere Marktteilnehmer, beispielsweise durch Bankenverbände oder Ratingagenturen. Fachkundig werten sie die Informationen aus, die die Banken etwa in ihren Quartalsberichten veröffentlichen müssen. Wenn dies zu der Einschätzung führt, dass sich die Risiken einer Bank erhöht haben, wird dies Einfluss auf die Konditionen haben, zu denen sich diese Bank refinanzieren kann.

Im Laufe der Zeit ist es immer wieder notwendig geworden, die Bankenaufsicht an veränderte Risikosituationen im Bankgewerbe anzupassen. So haben die Komplexität der Geschäfte und die Tätigkeiten im Ausland stark zugenommen. Angesichts der globalisierten Finanzmärkte gibt es keine Alternative zu international abgestimmten Regeln. Andernfalls bestünde für einzelne Länder die Versuchung, Banken – und mit ihnen viele hochqualifizierte Arbeitsplätze – durch eine bewusst laxe Aufsicht im eigenen Land anzulocken. Dies aber würde die Stabilität des weltweiten Finanzsystems gefährden.

Basel II

Im Baseler Ausschuss für Bankenaufsicht arbeiten hochrangige Vertreter von Zentralbanken und Bankenaufsichtsbehörden der wichtigsten Industrieländer zusammen, um international gültige Regeln hinsichtlich der Mindestausstattung der Banken mit Eigenmitteln zu entwickeln. Die jüngste Neuauflage dieses Regelwerks, das „Basel II" genannt wird, macht das vorgeschriebene Minimum an

Basel II schreibt vor, dass die Risiken der Banken ausreichend mit Eigenkapital unterlegt sein müssen.

Eigenkapital, das eine Bank ständig vorhalten muss, stärker als früher davon abhängig, welche Risiken die Bank in ihren Büchern hat. Die Regeln berücksichtigen dabei auch die neueren Entwicklungen an den Finanzmärkten sowie im Risikomanagement der Banken. Die Eigenkapitalunterlegung ist damit wesentlich risikosensitiver als früher. Je höher beispielsweise die Ausfallwahrscheinlichkeiten ihrer Kreditnehmer sind, desto mehr Eigenkapital muss eine Bank als Puffer vorhalten.

4.3.3 Einlagensicherung

Als Konsequenz aus dem Zusammenbruch der privaten Herstatt-Bank Mitte der 1970er Jahre in Köln wurde der Einlegerschutz in Deutschland erheblich verbessert. Sicherungssysteme bestehen auf Ebene der Verbände der Kreditwirtschaft, die auf freiwilliger Basis errichtet wurden. Die privaten Banken haben eine Einlagensicherung ins Leben gerufen, die Einlagen je Nichtbanken-Gläubiger bis zu 30 Prozent des haftenden Kapitals der jeweiligen Bank absichert. Diesem freiwilligen Einlagensicherungsfonds gehören fast alle privaten Banken in Deutschland an. Bei den Sparkassen wird demgegenüber ein Institut selbst geschützt. Dazu bestehen regionale Fonds der Sparkassen sowie eine Sicherungsreserve der Landesbanken, die in einem Haftungsverbund stehen. Bei den Genossenschaftsbanken gibt es eine zentrale Sicherungseinrichtung, die ähnlich den Sparkassen Insolvenzen der Mitglieder insbesondere durch Garantien und Bürgschaften vermeiden hilft und die Bank bei der Sanierung unterstützt. Sowohl bei den Sparkassen als auch bei den Genossenschaftsbanken ist dadurch ein vollständiger Schutz der Einlagen durch eine Institutssicherung gegeben.

Die deutschen Banken haben einen umfassenden Einlagenschutz.

Der freiwillig von den Banken gewährte Einlegerschutz ist damit sehr viel weitreichender als der gesetzliche Schutz, der seit dem 1. August 1998 aufgrund einer EU-Richtlinie in Deutschland besteht. Dem gesetzlichen Entschädigungssystem sind alle Banken mit Einlagengeschäft angeschlossen. Ausgenommen sind nur die Banken, für die eine Institutssicherung besteht. Für unselbständige Niederlassungen von Banken aus anderen EU-Staaten in Deutschland gelten andere Regeln. Diese können die Einlagensicherung ihres Herkunftslandes anbieten. Die der deutschen Einlegerentschädigung zugeordneten Banken sind zur Finanzierung von Entschädigungszahlungen verpflichtet. Dazu werden von ihnen regelmäßige Beiträge sowie im Bedarfsfall Sonderbeiträge oder Sonderzahlungen erhoben. Der gesetzliche Einlagenschutz sichert Guthaben auf Girokonten, Sparbüchern, Termin- und Festgeldkonten bis maximal 50.000 Euro pro Kunde. Ab dem 31. Dezember 2010 ist eine Anhebung der gesetzlichen Deckungssumme auf 100.000 Euro vorgesehen. Jeder Bankkunde sollte sich vor Aufnahme einer Geschäftsbeziehung bei der jeweiligen Bank oder Niederlassung über den bestehenden Einlagenschutz informieren. Im Oktober 2008 hat die damalige Bundesregierung darüber hinaus unter dem Eindruck der Finanzmarktkrise eine Garantieerklärung für alle Sicht-, Spar- und Termineinlagen natürlicher Personen – unabhängig von der Höhe der jeweiligen Ersparnisse – für Einlagen bei solchen Banken abgegeben, die der deutschen Einlagensicherung angehören.

4.4 Geldschöpfung der Banken

Geld entsteht durch „Geldschöpfung". Sowohl staatliche Zentralbanken als auch private Geschäftsbanken können Geld schaffen. Im Eurosystem entsteht Geld vor allem durch die Vergabe von Krediten, ferner dadurch, dass Zentralbanken oder Geschäftsbanken Vermögenswerte ankaufen, beispielsweise Gold, fremde Währungen, Immobilien oder Wertpapiere. Wenn die Zentralbank einer Geschäftsbank einen Kredit gewährt und den Betrag auf dem Konto der Bank bei der Zentralbank gutschreibt, entsteht „Zentralbankgeld". Die Geschäftsbanken benötigen es zur Erfüllung ihrer Mindestreservepflicht, zur Befriedigung der Bargeldnachfrage und für den Zahlungsverkehr.

Geldschöpfung der Geschäftsbanken

Die Geschäftsbanken können auch selbst Geld schaffen, das sogenannte Giralgeld. Der Geldschöpfungsprozess durch die Geschäftsbanken lässt sich durch die damit verbundenen Buchungen erklären: Wenn eine Geschäftsbank einem Kunden einen Kredit gewährt, dann bucht sie in ihrer Bilanz auf der Aktivseite eine Kreditforderung gegenüber dem Kunden ein – beispielsweise 100.000 Euro. Gleichzeitig schreibt die Bank dem Kunden auf dessen Girokonto, das auf der Passivseite der Bankbilanz geführt wird, 100.000 Euro gut. Diese Gutschrift erhöht die Einlagen des Kunden auf seinem Girokonto – es entsteht Giralgeld, das die Geldmenge erhöht.

Die Geschäftsbanken schaffen Geld durch Kreditvergabe.

Das so geschaffene Giralgeld kann der Bankkunde nutzen, um den Kauf von Waren und Dienstleistungen zu bezahlen. Auf den ersten Blick könnte man meinen, der Kreditkunde sei durch die Geldschöpfung reicher geworden. Doch dem ist nicht so. Denn seinem durch die Kreditaufnahme entstandenen Guthaben steht eine gleich hohe Verbindlichkeit gegenüber, nämlich die Pflicht, den Kredit wieder zu tilgen. Zudem muss er für den Kredit fortlaufend Zinsen zahlen.
Im Zwang zur Zinszahlung liegt ein starker Anreiz, Kredit nur aufzunehmen, wenn die damit verbundenen Mittel auch tatsächlich benötigt werden. Für ein Unternehmen bedeutet dies, dass es mit dem Kredit produktiv umgehen muss, damit es einen Ertrag erzielt, aus dem zumindest der Zinsaufwand gedeckt werden kann. Kreditvergabe und damit verbundene Geldschöpfung führen so zu Investitionen, erhöhter Produktion und volkswirtschaftlicher Wertschöpfung. Allerdings ist diese Wertschöpfung nicht auf den Akt der Geldschöpfung selbst zurückzuführen, sondern vielmehr – angeregt durch den Zins – durch den produktiven, wertschöpfenden Einsatz des Kredits.

Wie bei dem Kreditnehmer erhöhen Kreditvergabe und Giralgeldschöpfung auch bei der Geschäftsbank die Aktiva und Passiva in genau gleichem Ausmaß. Auch bei ihr kommt es durch den Akt der Giralgeldschöpfung für sich genommen nicht zu einem Gewinn. Die Bank verdient aber an den Provisionen der Kreditvergabe sowie den laufenden Zinserträgen. Dieser Aussicht auf Gewinn steht allerdings das Risiko gegenüber, dass ein Kunde seinen Kredit nicht zurückzahlt. Dann erleidet die Bank einen Verlust. Dieses Risiko gibt der Bank einen Anreiz, bei Kreditvergabe und Giralgeldschöpfung Vorsicht walten zu lassen. Einmal geschaffen, zirkuliert das Geld in der Wirtschaft. Entweder fließt es von Konto zu Konto, wenn beispielsweise per Überweisung gezahlt wird. Oder es wird in bar vom Konto abgehoben und geht dann in Form von Banknoten und Münzen von Hand zu Hand. Wird der Kredit getilgt und nicht durch einen neuen ersetzt, dann wird das durch ihn geschaffene Geld dem Kreislauf wieder entzogen. Im Fachjargon wird dies als „Geldvernichtung" bezeichnet.

Grenzen der Geldschöpfung

Die obige Beschreibung könnte den Eindruck entstehen lassen, dass die Geschäftsbanken in der Lage sind, unendlich viel Giralgeld zu schöpfen. Wäre dem tatsächlich so, könnte dies inflationär wirken. Die Zentralbank nimmt daher Einfluss auf das Ausmaß von Kreditvergabe und Geldschöpfung. So verpflichtet sie die Geschäftsbanken zur Haltung der Mindestreserve. Um das Prinzip zu erläutern, wird hier das einfache Beispiel aus dem vorhergehenden Abschnitt weitergeführt (in Wirklichkeit sind die Vorgänge etwas komplizierter): Hat die Geschäftsbank durch die Kreditvergabe ihre Kundeneinlagen um 100.000 Euro erhöht, so muss sie auf ihrem Konto bei der Zentralbank auch ihr Mindestreserve-Guthaben erhöhen. Da der Mindestreservesatz im Eurosystem derzeit zwei Prozent beträgt, benötigt sie in diesem Beispiel 2.000 Euro an zusätzlichem Zentralbankgeld.

Die Zentralbank kann das Ausmaß von Kreditvergabe und Geldschöpfung beeinflussen.

Zentralbankgeld können sich die Geschäftsbanken typischerweise nur dadurch beschaffen, dass die Zentralbank ihnen Kredit gewährt. Für diese Kredite müssen die Geschäftsbanken der Zentralbank einen Zins zahlen. Erhöht die Zentralbank diesen Zins, den „Leitzins", werden die Geschäftsbanken meist auch ihrerseits die Zinssätze anheben, zu denen sie selbst Kredite vergeben. Es kommt zu einem allgemeinen Anstieg des Zinsniveaus. Das aber dämpft in der Tendenz die Nachfrage von

Unternehmen und Haushalten nach Krediten. Durch Anhebung oder Senkung des Leitzinses kann die Zentralbank somit Einfluss auf die Nachfrage der Wirtschaft nach Krediten nehmen – und damit auch auf Kreditvergabe und Giralgeldschöpfung.

Die Geschäftsbanken benötigen Zentralbankgeld nicht nur für die Mindestreserve, sondern auch um den Bargeldbedarf ihrer Kunden abzudecken. Jeder Bankkunde kann sich sein Guthaben auf dem Bankkonto in Bargeld auszahlen lassen. Sollten die Bestände der Banken an Bargeld knapp werden, kann nur die Zentralbank Abhilfe schaffen. Denn nur sie ist befugt, zusätzliche Banknoten in Umlauf zu bringen. Um den Bargeldbedarf ihrer Kundschaft zu decken, muss die Geschäftsbank somit gegebenenfalls bei der Zentralbank einen Kredit aufnehmen. Es kommt zur Schöpfung von Zentralbankgeld. Das so beschaffte Guthaben an Zentralbankgeld kann sich die Geschäftsbank in Bargeld auszahlen lassen. So kommt das Bargeld in Umlauf: Von der Zentralbank zu den Geschäftsbanken und von diesen zu den Bankkunden.

Zentralbankgeld wird zudem zur Abwicklung des unbaren Zahlungsverkehrs benötigt: Überweist ein Kunde aus seinem Guthaben Geld an einen Kunden bei einer anderen Bank, führt dies in vielen Fällen dazu, dass die überweisende Bank Zentralbankgeld an die empfangende Bank übertragen muss. Das Zentralbankgeld wandert dann von einer Bank zur anderen.

Auch durch den Akt der Schöpfung von Zentralbankgeld wird niemand reicher: Die Aktiva und Passiva in den Bilanzen der Geschäftsbanken sowie der Zentralbank nehmen jeweils im Gleichschritt zu. Die Zentralbank erhält anschließend Zinsen, die die Geschäftsbanken für die Kredite zahlen müssen. Der Zinsertrag geht in den Gewinn der Zentralbank ein. Dieser Gewinn wird an den Staatshaushalt ausgeschüttet und kommt damit letztlich der Allgemeinheit zugute.

In normalen Zeiten versorgt das Eurosystem das Bankensystem über die wöchentlichen Refinanzierungsgeschäfte gerade mit so viel Zentralbankgeld, wie die Geschäftsbanken zur Abdeckung von Mindestreserve und Bargeldbedarf insgesamt benötigen. Es kommt dann allenfalls kurzfristig und in kleinerem Umfang dazu, dass im Bankensystem überschüssige Liquidität vorhanden ist. Benötigt eine Geschäftsbank kurzfristig Zentralbankgeld – beispielsweise weil ein Kunde einen großen Betrag an eine dritte Bank überwiesen hat –, tritt sie als Nachfrager an den sogenannten Geldmarkt. Normalerweise findet sie dann eine andere Bank, die gerade über einen Überschuss an Zentralbankgeld („Liquidität") verfügt und bereit ist, ihr den benötigten Betrag zu leihen. Sollte es im Bankensystem insgesamt kurzfristig zu einem Überschuss oder einer Knappheit an Zentralbankgeld kommen, stehen dem Eurosystem zur Bereinigung dieser Marktlage zusätzliche Instrumente zur Verfügung, beispielsweise Refinanzierungsgeschäfte mit eintägiger Laufzeit.

Nach dem Ausbruch der Finanzkrise im Sommer 2007 war der Geldmarkt zeitweise schwer gestört. Der ansonsten übliche Liquiditätsausgleich zwischen den Geschäftsbanken über den Geldmarkt fand nicht mehr statt. Denn wegen des allgemeinen Misstrauens scheuten sich viele Geschäftsbanken, überschüssige Liquidität an andere Banken auszuleihen. Andere Banken waren deshalb nicht in der Lage, ihren Bedarf an Zentralbankgeld abzudecken. Um der so bedingten „Liquiditätsnot" zu begegnen, stellte das Eurosystem dem Bankensystem über zusätzliche Refinanzierungsgeschäfte in großem Stil Zentralbankgeld zur Verfügung.

Der Bestand an Zentralbankgeld im Bankensystem überstieg dadurch den Bedarf, der sich aus Mindestreserve und Bargeldumlauf ergab. Dieser überschüssige Betrag, die sogenannte Überschussliquidität, wird von der Zentralbank nicht verzinst. Doch haben die Geschäftsbanken die Möglichkeit, überschüssiges Zentralbankgeld über Nacht auf einem besonderen Konto bei der Zentralbank anzulegen. Auf Guthaben in dieser „Einlagefazilität" zahlt die Zentralbank einen Zins – der allerdings vergleichsweise niedrig ist.

Die Vergabe von Krediten hat immer einen Bedarf an Zentralbankgeld zur Folge.

Die Geschäftsbanken können den Überschuss an Zentralbankgeld auch dazu nutzen, zusätzliche Kredite an Unternehmen und Haushalte zu vergeben. Wie bereits geschildert, ergibt sich aus der Vergabe zusätzlicher Kredite ein zusätzlicher Bedarf an Zentralbankgeld – der in dieser besonderen Situation großer Unsicherheit unter den Banken durch die bereits bestehende Überschussliquidität abgedeckt werden kann. Die überreichliche Liquiditätsversorgung entlastet eine Bank, die einen Kredit vergeben will, von der ansonsten üblichen Erwägung, wie viel Zentralbankgeld sie nach der Vergabe von Krediten benötigen wird, wie es zu beschaffen ist und zu welchen Kosten. Mithilfe des sogenannten Geldschöpfungsmultiplikators lässt sich abschätzen, wie groß das Potenzial für die zusätzliche Kreditvergabe ist.

Ein Beispiel verdeutlicht dies: Angenommen die gesamtwirtschaftliche Überschussreserve betrage 100 Milliarden Euro. Angenommen sei zweitens, dass die Geschäftsbanken bei der Zentralbank eine Mindestreserve in Zentralbankgeld halten müssen, die zwei Prozent der Einlagen ihrer Kunden entspricht. Angenommen sei drittens, dass Kunden von neugeschaffenem Giralgeld im Durchschnitt 20 Prozent als Bargeld abheben.

Mithilfe des Geldschöpfungsmultiplikators lässt sich berechnen, dass das Bankensystem insgesamt rund 463 Milliarden Euro an zusätzlichen Krediten vergeben könnte. Denn nach den Annahmen würden davon rund 92,6 Milliarden Euro als Bargeld abgehoben. Auf die erhöhten Guthaben von 370,4 Milliarden Euro müssten die Geschäftsbanken zusätzlich 7,4 Milliarden Euro an Mindestreserve bei der Zentralbank unterhalten.

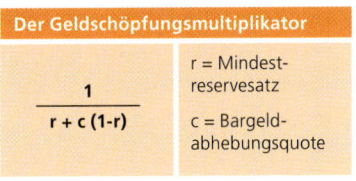

Der Geldschöpfungsmultiplikator

$$\frac{1}{r + c(1-r)}$$

r = Mindestreservesatz
c = Bargeldabhebungsquote

4.5 Ergänzung des Bankensystems

Das Bankensystem ist das Herzstück des deutschen Finanzsystems. Daneben spielen aber auch Kapitalsammelstellen wie Versicherungsunternehmen und Investmentfonds sowie die Wertpapiermärkte eine wichtige Rolle bei der Vermögensanlage und der Bereitstellung von Finanzierungsmitteln.

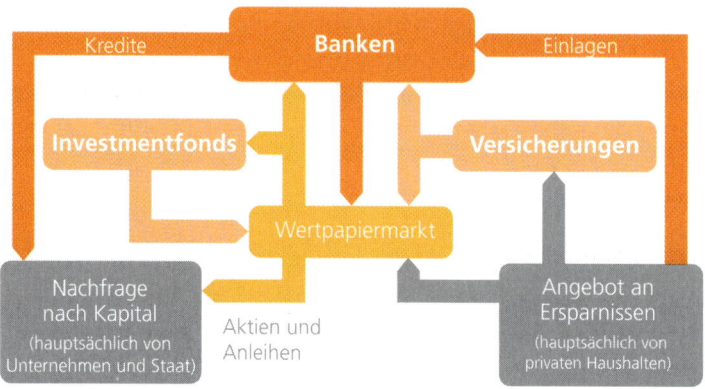

Versicherungen

Kapitalsammelstellen der besonderen Art sind die zahlreichen Unternehmen der privaten Versicherungswirtschaft. Vor allem die Lebens- und Rentenversicherungen konnten in den vergangenen Jahren mit dem wachsenden Gewicht der privaten Altersvorsorge ihre Marktstellung ausbauen. Von der privaten Versicherungswirtschaft ist die gesetzliche Sozialversicherung zu unterscheiden. Sie finanziert ihre Leistungen überwiegend aus den laufenden Beiträgen der Versicherten im sogenannten Umlageverfahren.

Investmentfonds

In großem Umfang legen die Sparer ihr Geld auch bei Investmentfonds an. Deren Grundidee ist es, auch „Kleinsparern" die Möglichkeit zu geben, Ersparnisse nach dem Prinzip der Risikostreuung am Kapitalmarkt, Geldmarkt oder Immobilienmarkt anzulegen. Wer sein Geld Investmentfonds zur Verfügung stellt, erhält dafür „Investmentzertifikate", also Wertpapiere, die den Anspruch auf einen bestimmten Teil des Fondsvermögens darstellen. Die bei einer Vielzahl von kleinen Geldbeträgen zusammenkommenden großen Summen kön-

Investmentfonds können deutlich breiter gestreut investieren, als es der einzelne Anleger könnte.

nen von professionellen „Fondsmanagern" breit gestreut in attraktiv erscheinende Anlagen investiert werden. Je nach dem Anlagegegenstand der Fonds und der Risikobereitschaft der Anleger stehen dafür u. a. Immobilienfonds, Aktienfonds, Rentenfonds oder Geldmarktfonds zur Verfügung. Letztere investieren ausschließlich in kurzfristige Anlagen und werden als Konkurrenzprodukt zu Bankeinlagen – vor allem Termineinlagen – angeboten.

Wertpapiermärkte

Auf den Wertpapiermärkten treffen Anleger und Kapitalnehmer aufeinander. Dabei kommen diese nicht persönlich zusammen, um Wertpapiere zu handeln. Vielmehr beauftragen sie Banken oder Wertpapierhäuser damit, für sie Wertpapiere zu kaufen oder zu verkaufen. Für den Anleger hat der Kauf von Wertpapieren den Vorteil, dass er sie – zumindest wenn sie an der Börse gehandelt werden – rasch wieder verkaufen und zu Bargeld machen kann. Wertpapiere können höhere Erträge als beispielsweise Bankeinlagen abwerfen, doch ist bei ihnen auch das Risiko höher, einen Verlust zu erleiden.

Die Kapitalbeschaffung über den Verkauf von Wertpapieren hat in Deutschland seit Anfang der 1980er Jahre und besonders im Zusammenhang mit der Finanzierung des Wiederaufbaus in Ostdeutschland beträchtlich an Bedeutung gewonnen. Im Vordergrund steht dabei die Ausgabe von Schuldverschreibungen bzw. Anleihen. Weil solche Papiere zumeist feste Zinszahlungen in bestimmten Abständen („Renten") vorsehen, werden sie auch als Rentenpapiere bezeichnet. Der Markt, auf dem diese Papiere gehandelt werden, wird Anleiheoder Rentenmarkt genannt. Vor allem der Staat hat seit Anfang der 1990er Jahre sehr stark auf die Kreditaufnahme über Schuldverschreibungen wie Bundesanleihen, Bundesobligationen oder Bundesschatzbriefe zurückgegriffen. Auch die deutschen Banken geben in großem Umfang eigene Schuldverschreibungen aus, um sich längerfristig zu refinanzieren. Eine besonders bekannte Form der Bankschuldverschreibungen sind die Hypothekenpfandbriefe, die der Refinanzierung von Immobilienkrediten dienen.

Der Wertpapiermarkt wird unterteilt in Aktien- und Rentenmärkte.

Auf dem Aktienmarkt werden Unternehmensanteile (Aktien) gehandelt. Aktiengesellschaften (AGs) beschaffen sich durch die Ausgabe von Aktien Eigenkapital. Der Aktienbesitzer erwirbt mit dem Kauf der Aktie einen Anteil am Unternehmen – und damit die Aussicht, an Gewinnen des Unternehmens beteiligt zu werden. Befürchtet der Anleger hingegen, dass „sein" Unternehmen Verluste erleiden wird, kann er die Aktien meist rasch über die Börse verkaufen – allerdings unter Umständen zu einem ungünstigen Kurs. Der Aktienmarkt ist für viele Unternehmen eine wichtige Finanzierungsquelle.

Das Wichtigste im Überblick:

- Das Bankensystem setzt sich aus der Zentralbank und den Geschäftsbanken zusammen. Geschäftsbanken sind Wirtschaftsunternehmen, die Dienstleistungen rund ums Geld anbieten.

- Banken sind die Mittler zwischen Kapitalgebern und Kapitalnehmern. Sie vergeben Kredite und nehmen Einlagen herein. Weitere Bankgeschäfte sind beispielsweise die Abwicklung des bargeldlosen Zahlungsverkehrs, die Übernahme von Bürgschaften sowie die Vermögensberatung und -verwaltung.

- Finanzdienstleistungsinstitute sind keine Banken. Sie bieten jedoch bankähnliche Geschäfte an (z. B. Anlageberatung).

- Die Bankendichte in Deutschland ist trotz vieler Fusionen im internationalen Vergleich immer noch hoch. Im deutschen Bankensektor überwiegt das Universalbankprinzip. Die Banken in Deutschland unterscheiden sich hinsichtlich ihrer Größe und Rechtsform.

- Für das Gedeihen einer Marktwirtschaft ist von zentraler Bedeutung, dass ihr Bankensystem effizient und stabil ist. Da mit der Geschäftstätigkeit der Banken, insbesondere der Kreditvergabe und dem Handel mit Wertpapieren, immer Risiken einhergehen, ist eine Bankenaufsicht notwendig.

- Die Bankenaufsicht greift in der Regel nicht direkt ein, sondern macht den Banken quantitative und qualitative Vorgaben. Das von vielen Ländern übernommene Regelwerk „Basel II" schreibt den Banken eine bestimmte Mindestausstattung an Eigenkapital vor. Diese Mindestausstattung wird aus den Risiken berechnet, die eine Bank eingegangen ist.

- In Deutschland existiert ein umfassender Einlagenschutz für Sicht-, Spar- und Termineinlagen von Nichtbanken. Neben der gesetzlichen Einlagensicherung sind die meisten Banken noch an eigenen Einlagensicherungssystemen beteiligt.

- Sowohl staatliche Zentralbanken als auch private Geschäftsbanken können Geld schaffen. Im Eurosystem entsteht Geld vor allem durch die Vergabe von Krediten.

- Durch die Veränderung des Leitzinses kann die Zentralbank die Kreditvergabe und damit die Geldschöpfung der Geschäftsbanken beeinflussen.

- Neben dem Bankensystem spielen auch Kapitalsammelstellen eine wichtige Rolle bei der Vermögensverwaltung und der Bereitstellung von Finanzierungsmitteln. Dazu zählen Versicherungen und Investmentfonds.

Kapitel 5

Das Eurosystem

5. Das Eurosystem

In Deutschland hatte bis Ende 1998 die Deutsche Bundesbank alleine dafür zu sorgen, dass der Wert des Geldes erhalten blieb. Der Gesetzgeber hatte ihr die Aufgabe übertragen, den Geldumlauf und die Kreditversorgung der Wirtschaft mit dem Ziel zu regeln, die Stabilität der Währung zu sichern. Mit dem Beginn der Europäischen Währungsunion und der Einführung des Euro Anfang 1999 ging diese Aufgabe auf das Eurosystem über.

5.1 Organisation des Eurosystems

Da noch nicht alle Mitgliedstaaten der Europäischen Union der Währungsunion beigetreten sind, wird zwischen dem Europäischen System der Zentralbanken (ESZB) und dem Eurosystem unterschieden.

Das ESZB setzt sich zusammen aus der Europäischen Zentralbank (EZB) mit Sitz in Frankfurt am Main und den nationalen Zentralbanken (NZBen) aller Mitgliedstaaten der Europäischen Union (EU). Dem ESZB gehören somit auch die Zentralbanken der EU-Länder an, die nicht Mitglied der Europäischen Währungsunion (EWU) sind, d. h. die den Euro als Währung noch nicht eingeführt haben.

Zur Abgrenzung dieses Sachverhalts wurde deshalb zusätzlich der Begriff „Eurosystem" eingeführt. Das Eurosystem umfasst die EZB und die nationalen Zentralbanken der Mitgliedstaaten, die den Euro als gemeinsame Währung bereits eingeführt haben. Derzeit sind dies 16 Staaten. Im EG-Vertrag von 1992 („Maastricht-Vertrag"), in dem die Errichtung der Europäischen Währungsunion geregelt wurde, kommt der Begriff Eurosystem nicht vor. Sofern alle Mitgliedstaaten den Vertrag über die Arbeitsweise der Europäischen Union („Lissabon-Vertrag") ratifizieren, wird der Begriff „Eurosystem" aber auch in europäisches Primärrecht einziehen.

Eurosystem: Europäische Zentralbank und nationale Zentralbanken der Euroländer.

Das Eurosystem

ESZB (Europäisches System der Zentralbanken)

Eurosystem

EZB
Europäische Zentralbank

Nationale Zentralbanken (NZBen) im Euro-Währungsgebiet:

- NZB Belgien
- NZB Deutschland
- NZB Finnland
- NZB Frankreich
- NZB Griechenland
- NZB Irland
- NZB Italien
- NZB Luxemburg
- NZB Malta
- NZB Niederlande
- NZB Österreich
- NZB Portugal
- NZB Slowakei
- NZB Slowenien
- NZB Spanien
- NZB Zypern

Zentralbanken der 11 EU-Länder, die den Euro noch nicht eingeführt haben:

- NZB Bulgarien
- NZB Dänemark
- NZB Estland
- NZB Großbritannien
- NZB Lettland
- NZB Litauen
- NZB Polen
- NZB Rumänien
- NZB Schweden
- NZB Tschechien
- NZB Ungarn

Die EZB ist die zentrale Einrichtung der EWU. Sie ging aus dem Europäischen Währungsinstitut (EWI) hervor, das bis zur Gründung der EZB im Juni 1998 die Vorarbeiten für die einheitliche europäische Geldpolitik koordinierte.

5.1.1 Organe des ESZB und des Eurosystems

Der EZB-Rat

Oberstes Entscheidungsorgan des Eurosystems ist der EZB-Rat. Ihm gehören der EZB-Präsident, der EZB-Vizepräsident, die vier weiteren Mitglieder des EZB-Direktoriums sowie die Präsidenten bzw. Gouverneure der nationalen Zentralbanken des Eurosystems an. Dementsprechend ist der Präsident der Deutschen Bundesbank Mitglied im EZB-Rat.

Dem EZB-Rat sind nicht nur die geldpolitischen, sondern auch nahezu alle anderen zentralen Entscheidungskompetenzen zugewiesen, insbesondere das Recht, Leitlinien und Entscheidungen zur Ausführung der dem Eurosystem übertragenen Aufgaben zu erlassen. Der EZB-Rat legt ferner die Geschäftsordnung und die Organisation der Europäischen Zentralbank und ihrer Beschlussorgane sowie die Beschäftigungsbedingungen für das Personal der EZB fest.

Der EZB-Rat ist das oberste Beschlussorgan des Eurosystems.

Der EZB-Rat tagt in der Regel alle 14 Tage. Die erste Sitzung im Monat beschäftigt sich meist ausschließlich mit der Geldpolitik. Jedes Mitglied des EZB-Rats hat prinzipiell gleiches Stimmrecht. Im Fall von Abstimmungen gibt bei Stimmengleichheit die Stimme des Präsidenten den Ausschlag. Die Stimmen der Vertreter großer Zentralbanken haben somit das gleiche Gewicht wie die Stimmen der kleinen. Sinn dieser Regelung ist es, dass sich jedes EZB-Ratsmitglied nicht als Vertreter seines Landes verstehen soll, sondern vielmehr in persönlicher Verantwortung steht, die Geldpolitik gesamteuropäisch mitzugestalten.

Der EZB-Rat legt die Geldpolitik im Euroraum fest.

Dies kann sich nicht an der Lage einzelner Länder orientieren, sondern muss sich an den stabilitätspolitischen Erfordernissen des gesamten Euroraums ausrichten.

Der EZB-Rat

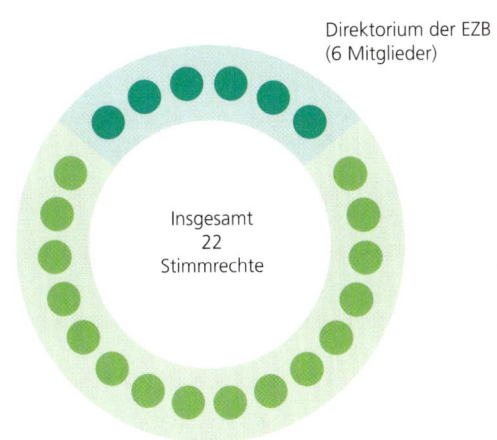

Direktorium der EZB (6 Mitglieder)

Insgesamt 22 Stimmrechte

16 Präsidenten der NZBen der Länder, die den Euro eingeführt haben

EZB-Direktorium

Das Direktorium der EZB führt die laufenden Geschäfte der Europäischen Zentralbank und bereitet die Sitzungen des EZB-Rats vor. Es ist für die einheitliche Durchführung der Geldpolitik im Eurosystem gemäß den Leitlinien des EZB-Rats verantwortlich.

Das Direktorium besteht aus dem Präsidenten, dem Vizepräsidenten und vier weiteren Mitgliedern. Sie werden auf Empfehlung des Rats der Wirtschafts- und Finanzminister (Ecofin-Rat) nach Anhörung des Europäischen Parlaments und des EZB-Rats einvernehmlich von den Staats- und Regierungschefs ernannt. Die Direktoriumsmitglieder sollen in Währungs- und Bankfragen anerkannte und erfahrene Persönlichkeiten sein. Der EZB-Präsident ist der Repräsentant und Sprecher des Eurosystems. Er steht im Mittelpunkt des öffentlichen Interesses. So erläutert er nach den geldpolitischen Sitzungen der Öffentlichkeit auf einer Pressekonferenz die Beschlüsse des EZB-Rats.

Erweiterter Rat

Solange nicht alle Staaten der Europäischen Union der Währungsunion angehören, gibt es neben dem EZB-Rat noch ein weiteres Beschlussorgan, den „Erweiterten Rat". Ihm gehören der EZB-Präsident, der EZB-Vizepräsident sowie die Präsidenten bzw. Gouverneure der nationalen Zentralbanken aller EU-Staaten an. Dies sind derzeit 27. Der Erweiterte Rat ist das Bindeglied zu den Zentralbanken der EU-Staaten, die nicht an der Währungsunion teilnehmen. Geldpolitische Befugnisse hat er nicht. Doch leistet der Erweiterte Rat in Fragen der Erweiterung der Währungsunion sowie der Harmonisierung der Statistiken wichtige Vorarbeiten. Der Erweiterte Rat kann als „Übergangsgremium" gesehen werden. Er wird aufgelöst, sobald alle EU-Länder den Euro als gemeinsame Währung eingeführt haben.

Erweiterter Rat

Präsident und Vizepräsident der EZB

29 Mitglieder

Präsidenten der NZBen aller EU-Länder (derzeit 27)

5.1.2 Die Deutsche Bundesbank im ESZB und im Eurosystem

Die Deutsche Bundesbank ist als Zentralbank der Bundesrepublik Deutschland neben den übrigen nationalen Zentralbanken Mitglied sowohl im ESZB als auch im Eurosystem. Ihr Präsident gehört dem EZB-Rat und dem Erweiterten Rat an, und zwar „ad personam". Dies bedeutet, dass er an den Ratssitzungen nicht als Vertreter der Bundesbank oder der Bundesregierung teilnimmt, sondern als unabhängiger Fachmann. Er ist somit an keinerlei Weisungen gebunden, insbesondere auch nicht an Weisungen der Bundesregierung, der EU-Kommission oder ähnlicher Institutionen. Da dies für alle Mitglieder des EZB-Rats gilt, ist dieses Gremium bei der Gestaltung der Geldpolitik „politisch unabhängig". Darin spiegelt sich die historische Erfahrung, dass die Politik gelegentlich in Versuchung gerät, Einfluss auf die Geldpolitik zu nehmen, um beispielsweise Wahlerfolge zu erzielen. Oft sind solche Einflussnahmen jedoch mit einer stabilitätsorientierten Geldpolitik nicht vereinbar.

Die Deutsche Bundesbank ist Teil des ESZB und des Eurosystems.

Kerngeschäftsfelder der Bundesbank

Deutsche Bundesbank: Stabilität sichern				
Bargeld	Finanz- und Währungssystem	Geldpolitik	Bankenaufsicht	Unbarer Zahlungsverkehr
Effiziente Bargeldversorgung und -infrastuktur	Stabiles Finanz- und Währungssystem	Preisstabilität im Euroraum	Funktionsfähigkeit der deutschen Kredit- und Finanzdienstleistungsinstitute	Sicherheit und Effizienz von Zahlungsverkehrs- und Abwicklungssystemen
Internationale Kooperation / Mitgliedschaft in internationalen Gremien				
Forschung / wirtschaftspolitische Analyse				

Die Bundesbank setzt die geldpolitischen Beschlüsse des EZB-Rats in Deutschland um, indem sie Banken zu den aktuellen Notenbankzinssätzen mit Zentralbankgeld versorgt. Auch gibt sie die Banknoten in Deutschland aus. Darüber hinaus ist sie an der Bankenaufsicht beteiligt, arbeitet für ein stabiles Finanz- und Währungssystem, sorgt für einen reibungslosen bargeldlosen Zahlungsverkehr und verwaltet die deutschen Währungsreserven. Als „Hausbank" des Staates bringt sie für ihn Münzen in Umlauf und übernimmt für die öffentlichen Haushalte im Geld- und Wertpapierverkehr Kontoführung und Abwicklung.

5.1.3 Erweiterung des Eurosystems

Seit Errichtung der Europäischen Währungsunion 1999 mit elf Staaten (Belgien, Deutschland, Finnland, Frankreich, Irland, Italien, Luxemburg, Niederlande, Österreich, Portugal, Spanien) traten mit Griechenland (2001), Slowenien (2007), Malta und Zypern (2008) sowie der Slowakei (2009) fünf weitere Staaten bei.

Die EU-Staaten, die den Euro noch nicht eingeführt haben, sind grundsätzlich verpflichtet, der Währungsunion beizutreten, sobald sie die im EG-Vertrag festgelegten Konvergenzkriterien erfüllen. Eine Ausnahme bilden Dänemark und Großbritannien, die eine Sonderstellung ausgehandelt haben („Opting-out-Klausel").

Voraussetzung für den Beitritt zur Währungsunion ist die Erfüllung der Konvergenzkriterien.

Sie können selbst entscheiden, ob sie der Währungsunion beitreten, sofern sie die Konvergenzkriterien erfüllen.

Konvergenzkriterien

Damit ein EU-Staat der Währungsunion beitreten kann, muss er bestimmte Voraussetzungen erfüllen. Zur Beurteilung der „Stabilitätsreife" potenzieller Teilnehmerländer sind im EG-Vertrag die „Konvergenzkriterien" festgelegt worden, nach denen entschieden wird, ob ein Land den Euro einführen kann.

Preisstabilität:

Die Inflationsrate darf nicht mehr als 1,5 Prozentpunkte über derjenigen der drei preisstabilsten Mitgliedsländer der Europäischen Union liegen.

Höhe der langfristigen Zinsen:

Die langfristigen Nominalzinssätze dürfen nicht mehr als zwei Prozentpunkte über den entsprechenden Zinssätzen der drei preisstabilsten Mitgliedsländer der Europäischen Union liegen.

Haushaltsdisziplin:

Das jährliche öffentliche Defizit sollte grundsätzlich nicht mehr als 3 %, der öffentliche Schuldenstand nicht mehr als 60 % des Bruttoinlandsprodukts betragen.

Wechselkursstabilität:

Der Beitrittskandidat muss mindestens zwei Jahre am „Wechselkursmechanismus II" teilgenommen haben. Dabei darf der Wechselkurs der eigenen Währung nicht starken Schwankungen gegenüber dem Euro ausgesetzt gewesen sein.

Zukünftige Abstimmungsregeln im EZB-Rat

Damit der EZB-Rat auch im Fall eines deutlich erweiterten Euro-Währungsgebiets noch in der Lage ist, Entscheidungen rasch und effizient zu treffen, wurden die Abstimmungsregeln im Jahr 2003 überarbeitet. Sobald die Anzahl der Euroländer 18 übersteigt, sind neben den Mitgliedern des Direktoriums der EZB maximal 15 Präsidenten nationaler Zentralbanken stimmberechtigt. Sie üben dann ihr Stimmrecht auf Basis

Rotationsprinzip im EZB-Rat bei 19-21 Mitgliedstaaten
(Beispiel hier mit 20 Mitgliedstaaten)

EZB-Direktorium:
6 dauerhafte Stimmrechte

Insgesamt
21 Stimmrechte

1. Gruppe:
die fünf „größten" Länder
mit 4 rotierenden
Stimmrechten

2. Gruppe:
die anderen Länder
mit 11 rotierenden Stimmrechten

Rotationsprinzip im EZB-Rat ab 22 Mitgliedstaaten
(Beispiel hier mit 27 Mitgliedstaaten)

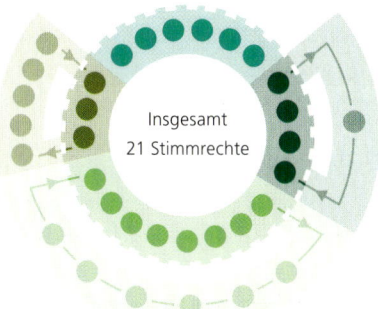

EZB-Direktorium:
6 dauerhafte Stimmrechte

3. Gruppe:
die „kleinsten" Länder
mit 3 rotierenden
Stimmrechten

Insgesamt
21 Stimmrechte

1. Gruppe:
die fünf „größten" Länder
mit 4 rotierenden
Stimmrechten

2. Gruppe:
die „mittleren" Länder (Hälfte aller Länder)
mit 8 rotierenden Stimmrechten

eines monatlichen Rotationsprinzips aus. Dafür werden die Euroländer aufgrund ihrer Wirtschaftskraft und der Größe ihres Finanzsektors in zwei Gruppen eingeteilt: in die fünf größten Länder und in die anderen. Die fünf größten Länder bilden so die erste Gruppe mit vier Stimmrechten. Alle anderen Länder bilden die zweite Gruppe und verfügen über elf Stimmrechte.

Sobald mehr als 18 Euroländer im EZB-Rat vertreten sind, „rotieren" die Stimmrechte.

Bei einer Erweiterung der EWU auf mehr als 21 Staaten werden drei Gruppen gebildet. Neben der ersten Gruppe der fünf größten Länder mit weiterhin vier Stimmrechten hat die zweite Gruppe dann acht Stimmrechte. Die Anzahl der in der zweiten Gruppe enthaltenen Länder beträgt die Hälfte aller Euroländer. Die dritte Gruppe bilden die restlichen kleinsten Länder mit insgesamt drei Stimmen.

Aufgrund dieser Regelungen werden nach künftigen Erweiterungen der Währungsunion einige NZB-Präsidenten zeitweise kein Stimmrecht haben. Davon unberührt werden sie aber weiterhin an den Sitzungen des EZB-Rats teilnehmen können und haben dort ein Mitspracherecht.

5.2 Aufgabe des Eurosystems: Preisstabilität sichern

Das vorrangige Ziel des Eurosystems ist nach dem EG-Vertrag („Maastricht-Vertrag"), die Preisstabilität zu gewährleisten. Soweit es ohne Beeinträchtigung dieses Ziels möglich ist, hat das Eurosystem die allgemeine Wirtschaftspolitik in der Gemeinschaft zu unterstützen. Es ist damit vorrangig dem Ziel der Preisstabilität verpflichtet. Der EZB-Rat als oberstes Entscheidungsorgan des Eurosystems hat diese gesetzliche Vorgabe durch eine weitergehende Definition präzisiert: „Preisstabilität wird definiert als Anstieg des Harmonisierten Verbraucherpreisindex (HVPI) für das Euro-Währungsgebiet von unter, aber nahe 2 % gegenüber dem Vorjahr." Der EZB-Rat entschloss sich zu dieser quantitativen Definition von Preisstabilität, um nicht nur die Geldpolitik des Eurosystems transparenter zu machen, sondern auch um einen klar

Vorrangiges Ziel des Eurosystems ist es, Preisstabilität zu gewährleisten.

nachvollziehbaren Maßstab zu geben, an dem die Preisstabilität gemessen werden kann. Außerdem stellt diese Definition eine Orientierungshilfe bei der Bildung von Erwartungen hinsichtlich der künftigen Preisentwicklung dar. Was die Definition konkret bedeutet, wird im Folgenden erläutert.

5.2.1 Preisstabilität

Beim vorrangigen Ziel des Eurosystems, Preisstabilität zu gewährleisten, geht es nicht um die Stabilität einzelner Preise. Im Gegenteil: Einzelne Preise müssen sich ändern können, um auf Angebot und Nachfrage reagieren zu können. Beim Ziel Preisstabilität steht vielmehr das Preisniveau im Mittelpunkt, d. h. der Durchschnitt aller Waren- und Dienstleistungspreise. Preisstabilität ist gewahrt, wenn das Preisniveau relativ stabil bleibt. Der Anstieg des Preisniveaus wird als Inflationsrate bezeichnet.

Preisstabilität: Das Preisniveau soll stabil bleiben.

Steigt das Preisniveau, sinkt der Geldwert bzw. die Kaufkraft des Geldes, weil man für eine Geldeinheit weniger Waren und Dienstleistungen als zuvor bekommt. Über einen längeren Zeitraum kann ein solcher Kauf-

Wertentwicklung bei verschiedenen Inflationsraten

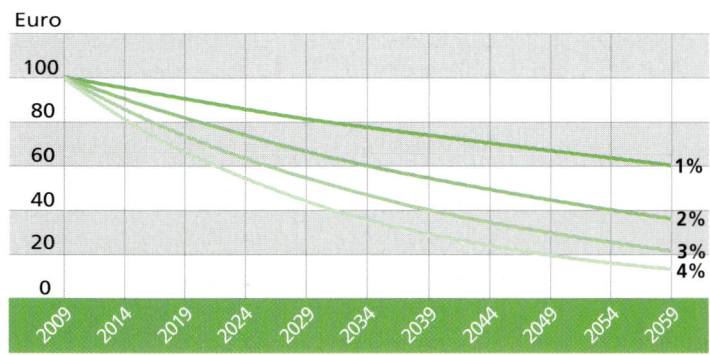

kraftverlust beträchtliche Ausmaße annehmen. Wie die Grafik zeigt, sind 100 Euro bei einer jährlichen Inflationsrate von beispielsweise einem Prozent in 50 Jahren real nur noch so viel wert wie 60 Euro heute. Bei einer Rate von vier Prozent erhält man nur noch Güter im heutigen Gegenwert von etwa 15 Euro.

5.2.2 Messung von Preisstabilität

Angesichts der Millionen Einzelpreise in unserer Wirtschaft wäre es weder möglich noch sinnvoll, jeden einzelnen Preis in die Ermittlung des Preisniveaus einzubeziehen. Andererseits kann man die Entwicklung einzelner Preise auch nicht mit der Entwicklung des gesamten Preisniveaus gleichsetzen. Bei der Messung des Preisniveaus wird deshalb ein Mittelweg gegangen, indem eine repräsentative Auswahl an Preisen betrachtet wird. Dazu wird ein repräsentativer „Warenkorb" ausgewählter Waren und Dienstleistungen zusammengestellt, der über einen längeren Zeitraum nicht verändert wird. Die Waren und Dienstleistungen werden darin unterschiedlich gewichtet. Die Preisveränderungen dieses Warenkorbs geben die Veränderung des Preisniveaus an. Auf diese Weise errechnet sich der Preisindex.

Änderungen des Preisniveaus werden mithilfe eines „Warenkorbs" ermittelt.

Beispielberechnung für einen Preisindex

Anhand eines vereinfachten Beispiels soll die Berechnung eines Preisindex gezeigt werden. Angenommen, ein repräsentativer Warenkorb der jährlichen Ausgaben eines Haushalts besteht aus 100 Tafeln Schokolade, 50 Flaschen Apfelsaft, 10 Kinobesuchen und einem Paar Schuhe, dann würde sich der Preisindex anhand dieses Warenkorbs wie in der Tabelle auf der gegenüberliegenden Seite errechnen.

Der Preis des Warenkorbs ergibt sich dadurch, dass man die Menge mit den jeweiligen Preisen multipliziert und diese Ergebnisse addiert. Da es bei sehr vielen Preisen in einem Warenkorb nicht mehr zweckmäßig ist, mit dessen Ausgabensumme zu arbeiten, werden die Veränderungen mithilfe des Preisindex angegeben. Dafür wird die Ausgabensumme des ersten Jahres (Basisjahr) auf 100 gesetzt (300 € ≙ 100). Dieser Wert dient als Bezugsgröße für die folgenden Jahre. Die Preissteigerungsrate (Inflationsrate) stellt die relative Preisänderung bezogen auf das Vorjahr dar. Wie aus dem Beispiel hervorgeht, kann der Preisindex auch steigen, wenn einzelne Preise fallen.

	Menge	Preise im Jahr 1	Preise im Jahr 2	Preise im Jahr 3	Preise im Jahr 4
		Basisjahr			
Tafel Schokolade	100	0,50 €	0,75 €	0,75 €	0,50 €
Flasche Apfelsaft	50	1,20 €	1,00 €	1,50 €	1,30 €
Kinobesuch	10	10,00 €	12,00 €	18,00 €	15,00 €
Paar Schuhe	1	90,00 €	115,00 €	120,00 €	113,00 €
Preis des Warenkorbs		300,00 €	360,00 €	450,00 €	378,00 €
Preisindex		100,00	120,00	150,00	126,00
Jährl. Preissteigerungsrate			20 %	25 %	-16 %

Verbraucherpreisindex

Nicht jeder „Warenkorb" ist für jede Fragestellung von gleichem Interesse. Für einen Privathaushalt sind die Preise anderer Waren und Dienstleistungen interessanter als für einen Bauherrn, einen Einzelhändler, einen Produzenten oder einen Importeur. Darum werden verschiedene „Warenkörbe" für die entsprechenden Preisindizes berechnet, um die Preisentwicklung in einer Volkswirtschaft umfassend darstellen zu können.

Der Verbraucherpreisindex für Deutschland (VPI) wird vom Statistischen Bundesamt auf der Basis der Verbraucherpreisstatistik und eines „Warenkorbs" ermittelt, der auf den typischen Ausgaben privater Haushalte für Waren und Dienstleistungen beruht. Der Verbraucherpreisindex für Deutschland misst über 300.000 Einzelpreise für Waren und Dienstleistungen, die für uns alle in unserer Eigenschaft als Endverbraucher besonders wichtig sind.

Die Zusammensetzung des „Warenkorbs" wird von Zeit zu Zeit den Konsumgewohnheiten angepasst.

Da sich Konsumgewohnheiten im Laufe der Zeit ändern, wird der „Warenkorb" in regelmäßigen Abständen aktualisiert. Zuletzt wurde der VPI Anfang 2008 auf das Basisjahr 2005 umgestellt. Bei der Konzeption des „Warenkorbs" ist nicht nur die Auswahl der repräsentativen Waren und Dienstleistungen zu treffen, sondern auch deren Gewichtung innerhalb des Warenkorbs festzulegen, das sogenannte Wägungsschema.

Gewichtung verschiedener Ausgabengruppen im VPI
(Basisjahr 2005)

- Einrichtungsgegenstände 5,6%
- Hotel, Gastronomie 4,4%
- Bildung 0,7%
- Freizeit, Unterhaltung und Kultur 11,6%
- Nachrichtenübermittlung 3,1%
- Verkehr 13,2%
- Gesundheit 4,0%
- Nahrungsmittel und alkoholfreie Getränke 10,4%
- Alkoholische Getränke, Tabakwaren 3,9%
- Bekleidung und Schuhe 4,9%
- Wohnung, Wasser, Energie 30,8%
- Andere Waren und Dienstleistungen 7,4%

Die Veränderung des Verbraucherpreisindex für Deutschland (Inflationsrate) wird monatlich vom Statistischen Bundesamt berechnet und in der Regel im Vorjahresvergleich angegeben. Eine Steigerungsrate von beispielsweise 1,9 % heißt also, dass das Preisniveau in diesem Monat in Deutschland um diesen Prozentsatz höher war als im gleichen Vorjahresmonat.

HVPI als Maßstab für Preisstabilität im Euro-Währungsgebiet

Das Eurosystem ist dazu verpflichtet, die Preisstabilität im gesamten Euroraum zu gewährleisten. Aus diesem Grund wird ein gemeinschaftlicher Preisindex benötigt, der die nationalen Ergebnisse in gewichteter Form zusammenführt. Ein solcher Preisindex muss hinreichend harmonisiert sein, d. h. die nationalen Indizes müssen nach einheitlichen Methoden berechnet werden, damit sie in einem Gesamtindex für den Euroraum zusammengeführt werden können. Diese Anforderung erfüllt der Harmonisierte Verbraucherpreisindex (HVPI). Dieser wird vom Statistischen Amt der Europäischen Union (Eurostat) auf der Basis nationaler Ergebnisse ermittelt und monatlich veröffentlicht.

Der HVPI ist der Maßstab für Preisstabilität im Euroraum.

Geldpolitische Zielsetzung „unter, aber nahe 2 %"

Nach der Definition des EZB-Rats soll die Preissteigerung (Inflationsrate) – gemessen anhand des HVPI – unter, aber nahe 2 % gegenüber dem Vorjahr liegen. Preisstabilität muss dabei nicht kurzfristig (z. B. für jeden Monat), sondern mittelfristig gewährleistet sein. Durch diese Zielsetzung wird auch klargestellt, dass sowohl eine länger andauernde Inflation von über 2 % als auch eine Rate deutlich unter 2 % oder gar eine Deflation – also ein Rückgang des allgemeinen Preisniveaus – mit dem Ziel Preisstabilität unvereinbar sind.

Auf den ersten Blick überrascht, dass der EZB-Rat eine leichte Preissteigerungsrate in seine Zielsetzung aufnimmt und nicht eine Preissteigerungsrate von null anstrebt. Eine leicht positive Preissteigerungsrate begegnet aber nicht nur eventuellen Messfehlern beim HVPI, sondern bietet auch eine „Sicherheitsmarge" gegen eine deflatorische Entwicklung. Deflation bedeutet einen anhaltenden Rückgang des Preisniveaus, der zu einem Konsumverzicht und Nachfrageausfall führt. Deflation schadet der Volkswirtschaft ebenso wie Inflation. Einer Deflation ist allerdings mit geldpolitischen Mitteln schwerer zu begegnen als einer Inflation. Daher sieht die Definition von Preisstabilität eine ausreichende Sicherheitsmarge zum Schutz gegen einen deflationären Preisverfall vor. Ein Preisniveauanstieg in den Euroländern von durchschnittlich knapp 2 % stellt sicher, dass auch Euroländer, in denen die Inflationsrate vom Durchschnitt etwas nach unten abweicht, nicht gleich in die Deflation rutschen.

Die Zielsetzung einer geringen Preissteigerungsrate begegnet einer deflatorischen Entwicklung.

Entwicklung der Inflationsraten im Euro-Währungsgebiet

In den meisten Jahren seit Einführung des Euro lagen die Inflationsraten im Euro-Währungsgebiet im Durchschnitt etwas über 2 %. Das Eurosystem hat damit das selbst gesteckte Ziel nicht ganz erreicht. Dennoch war der Euro in dieser Zeit im Durchschnitt stabiler als die D-Mark in den Jahrzehnten zuvor, als die Inflationsrate im Schnitt 2,8 % betrug.

Dabei wurde die Preisentwicklung im Eurogebiet in den letzten Jahren vor allem durch die starken Schwankungen der Energiepreise geprägt. Während stark steigende Energiepreise die Inflationsrate im Jahre 2008 nach oben trieben, ließ die durch die Wirtschaftskrise verursachte Verbilligung des Rohöls das Preisniveau im Jahr 2009 wieder sinken. Auch andere Schocks wie beispielsweise das Auftreten der Rinderseuche BSE und der damit verbundene Anstieg der Fleischpreise sowie ein kräftiger Anstieg vieler Lebensmittelpreise haben die europäische Preisentwicklung zeitweilig merklich beeinflusst.

Das Preisniveau wird von vielen Faktoren beeinflusst.

Inflationsrate im Euro-Währungsgebiet (Quartalsdurchschnitte)

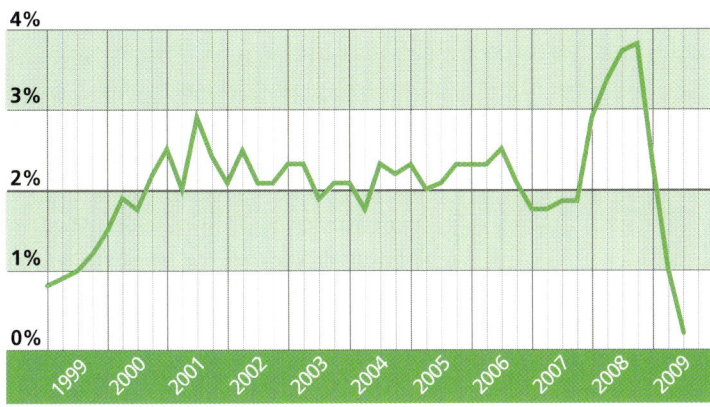

Quelle: EZB

5.2.3 Vorteile von Preisstabilität

Preisstabilität, d. h. stabiles Geld, ist auf längere Sicht eine grundlegende Voraussetzung für das reibungslose Funktionieren der Marktwirtschaft, für nachhaltiges Wirtschaftswachstum und hohe Beschäftigung. Spätestens die Erfahrungen der 1970er Jahre haben die zeitweise recht populäre Vorstellung aus der Welt geschafft, dass Wachstum und Beschäftigung durch Inflation dauerhaft gefördert werden könnten.

Herrscht Preisstabilität, sind Veränderungen der relativen Preise leicht erkennbar. Die Preisentwicklungen signalisieren dann unverfälscht, ob ein Gut knapper wird oder im Überfluss vorhanden ist. Das sind wichtige Informationen sowohl für die produzierenden Unternehmen als auch für die Verbraucher. Preisstabilität verbessert somit die Planungssicherheit. Das

Inflation zerstört die Aussagekraft von Preisen.

wiederum sorgt für gute Rahmenbedingungen für Investition und damit für die Schaffung von Arbeitsplätzen und Wirtschaftswachstum. Demgegenüber verzerrt Inflation die Preissignale und stört damit den Steuerungsmechanismus der Marktwirtschaft.

Zudem erhält Preisstabilität die Kaufkraft der Einkommen und verhindert die Entwertung von Sparguthaben. Bereits geringe jährliche Preissteigerungsraten schwächen den Geldwert auf mittlere und lange Frist sehr deutlich. Das spüren besonders die Sparer. Zwar steigen mit der Inflation auch die Zinsen. Doch kann man höhere Zinsen in der Regel nur bei der Neuanlage eines Geldbetrags erzielen. Liegt das Geld einmal zu einem fixen Nominalzins langfristig fest, hat der Sparer bei unerwartet hohen Preissteigerungsraten gleich doppelt das Nachsehen: Sowohl die laufende Zinszahlung als auch das angelegte Geld verlieren an Wert. Inflation kann damit für die Altersvorsorge geplante Ersparnisse entwerten – und damit den Anreiz nehmen, private Vorsorge zu leisten. Während Inflation die Sparer benachteiligt, begünstigt sie die Schuldner. Denn ihre nominalen Verbindlichkeiten verlieren real an Wert. Das kann zu einer „Flucht in die Sachwerte" führen, die volkswirtschaftlich nicht effizient ist. Insgesamt führt Inflation zu einer willkürlichen Umverteilung der Vermögen. Wie die Erfahrung lehrt, geht dies typischerweise zu Lasten der sozial Schwächeren.

Preisstabilität nützt letztlich jedem.

Benachteiligt von Inflation sind auch die Bezieher fester Einkommen (z. B. Gehalt, Rente, Kindergeld), da sie bei Inflation mit ihrem nominal fixen Einkommen weniger kaufen können. Auch die Steuerzahler können „Opfer" der Inflation sein, weil sie auf rein inflationsbedingte Einkommenszuwächse überproportional Steuern zahlen müssen („kalte Progression").

Inflation verdeckt oder mildert die sozialen Gegensätze nicht, sondern im Gegenteil: Sie verschärft sie sogar. Andauernde Inflation greift somit die Grundlagen der marktwirtschaftlichen Ordnung gleich von mehreren Seiten an.

5.3 Unabhängigkeit der Zentralbank unabdingbar

Für eine erfolgreiche Stabilitätspolitik braucht eine Zentralbank neben einem klaren Gesetzesauftrag auch ein hohes Maß an Unabhängigkeit von politischen Stellen. Sie muss frei über den Einsatz ihrer geldpolitischen Instrumente entscheiden können und darf nicht zu Maßnahmen gezwungen werden, die ihrem Auftrag zuwiderlaufen. Unabhängige Zentralbanken sind erfahrungsgemäß besser in der Lage, den Geldwert zu sichern, weil sie nicht den kurzfristigen Handlungszwängen und wahltaktischen Überlegungen von Regierungen unterliegen.

Deutschland musste im letzten Jahrhundert bittere Erfahrungen mit einer von den jeweiligen Regierungen abhängigen Zentralbank machen. Die Finanzierung des Ersten Weltkrieges sowie der Kriegsfolgekosten mit Hilfe der Notenbank endete 1923 in einer Hyperinflation und einer völligen Entwertung der Reichsmark. Auch nach dem Zweiten Weltkrieg stand einer riesigen Geldmenge ein nur geringes Güterangebot gegenüber. Dies machte eine umfassende Neuordnung des Geldwesens unausweichlich. Die Währungsreform von 1948 markierte mit der Einführung der Deutschen Mark einen neuen Abschnitt in der wechselvollen deutschen Währungsgeschichte. Damit sie ihren Stabilitätsauftrag ohne politischen Druck ausführen konnte, wurde der Deutschen Bundesbank ein hohes Maß an Unabhängigkeit verliehen. Damit war sie bei der Ausübung ihrer Befugnisse frei von Weisungen der Bundesregierung.

Die Erfahrung zeigt: Zentralbanken müssen unabhängig sein.

Unabhängigkeit des Eurosystems

Die im EG-Vertrag verankerte Unabhängigkeit des Eurosystems geht noch über die früheren Regelungen bezüglich der Unabhängigkeit der Bundesbank hinaus. Der EG-Vertrag und das Statut des ESZB können nicht durch ein einfaches nationales Gesetz geändert werden. Hierfür wäre die Zustimmung aller EU-Länder nötig. Die Unabhängigkeit beschränkt sich dabei nicht nur auf die Europäische Zentralbank. Auch die nationalen Zentralbanken müssen spätestens bei Eintritt in die Währungsunion in die Unabhängigkeit entlassen worden sein (rechtliche Konvergenz).

Die Unabhängigkeit des Eurosystems ist im EG-Vertrag in mehrfacher Hinsicht gewährleistet: institutionell, funktionell, finanziell und personell.

Das Eurosystem ist in mehrfacher Hinsicht unabhängig.

Sie ist institutionell durch ein umfassendes Verbot für nationale und supranationale Stellen gesichert, der Europäischen Zentralbank oder den nationalen Zentralbanken Weisungen zu erteilen, selbst der Versuch der Beeinflussung ist untersagt. Die funktionelle Unabhängigkeit des Eurosystems besteht in der alleinigen Verantwortung für die Wahl seiner Strategien und Maßnahmen, um Preisstabilität zu erreichen. Dazu gehört auch, dass diese Autonomie nicht durch eine irgendwie geartete Verpflichtung zur Kreditgewährung an den Staat unterlaufen wird. Der EG-Vertrag trägt dem Rechnung, indem er der Europäischen Zentralbank und den nationalen Zentralbanken die Vergabe von Krediten an die Europäische Union, die nationalen Regierungen und sonstige Einrichtungen des öffentlichen Rechts ebenso verbietet wie den unmittelbaren Erwerb von Schuldtiteln öffentlicher Stellen.

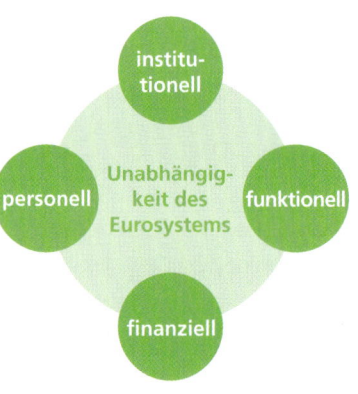

Das Eurosystem ist finanziell unabhängig. Die Zentralbanken können frei über ihre finanziellen Mittel verfügen. Eine Übertragung dieser Verantwortung auf nationale Regierungen oder Parlamente ist verboten. Die unabhängigen nationalen Zentralbanken sind zudem die alleinigen Kapitalzeichner der EZB. Zur personellen Unabhängigkeit trägt die lange Amtszeit der Organmitglieder sowie deren Schutz vor willkürlicher, vorzeitiger Amtsenthebung bei. So werden die Mitglieder des EZB-Direktoriums einmalig auf acht Jahre ernannt, wobei eine Wiederernennung nicht zulässig ist. Von der regulären Vertragsdauer von acht Jahren wurde lediglich bei der Gründung der EZB abgewichen, um zu vermeiden, dass nach acht Jahren alle Verträge gleichzeitig auslaufen. Die nationalen Zentralbankpräsidenten haben eine Amtszeit von mindestens fünf Jahren, können jedoch wiederernannt werden.

Unabhängigkeit bedingt Rechenschaftspflicht

Die Unabhängigkeit des Eurosystems entbindet es nicht von der Pflicht, der breiten Öffentlichkeit und politischen Gremien Rechenschaft über ihr Tun abzulegen. Wie im EG-Vertrag festgelegt, muss die EZB dem Europäischen Parlament, der Europäischen Kommission und dem Europäischen Rat über die Geld- und Währungspolitik sowie die übrigen Tätigkeiten des Eurosystems berichten.

Außerdem muss die EZB mindestens vierteljährlich einen Bericht über ihre Tätigkeiten veröffentlichen. Faktisch kommt sie dieser Verpflichtung durch ihren Monatsbericht nach. Abgesehen von dieser Verpflichtung zu Rechenschaft liegt es ohnehin im Interesse des Eurosystems, der Öffentlichkeit seine Ziele und Maßnahmen verständlich zu machen, um so Glaubwürdigkeit und Unterstützung zu gewinnen.

Die EZB informiert regelmäßig über ihre Tätigkeiten.

Äußere Währungspolitik

Im Bereich der äußeren Währungspolitik besteht hinsichtlich der funktionellen Unabhängigkeit eine Einschränkung: Nach dem EG-Vertrag kann der Rat der Wirtschafts- und Finanzminister (Ecofin-Rat) förmliche Vereinbarungen über ein Wechselkurssystem treffen, wenn er dabei zu einem mit dem Ziel der Preisstabilität im Einklang stehenden Konsens gelangt. Allerdings gibt es Hürden für diese Einschränkung der funktionellen Unabhängigkeit. So bedürfen entsprechende Beschlüsse einer vorherigen Empfehlung der EU-Kommission oder der EZB und müssen im Ecofin-Rat einstimmig getroffen werden. Zudem muss das Europäische Parlament angehört werden. Besteht kein förmliches Wechselkurssystem, kann der Ecofin-Rat allgemeine Orientierungen für die Wechselkurspolitik aufstellen. Dabei darf jedoch das vorrangige Ziel der Preisstabilität nicht gefährdet werden. Außerdem hat der Europäische Rat hierzu festgestellt, dass derartige Orientierungen nur unter außergewöhnlichen Umständen – beispielsweise im Falle eindeutiger Wechselkursverzerrungen – eingesetzt werden dürfen.

5.4 Der Weg von der D-Mark zum Euro

5.4.1 Erfolgsgeschichte D-Mark

Mit der Währungsreform vom 20. Juni 1948 wurde in den westlichen Besatzungszonen (einschließlich West-Berlin) das Geldwesen neu geordnet. Die Deutsche Mark (D-Mark) löste die wertlose Reichsmark ab. Dabei wurde ein Umtauschverhältnis von 100 Reichsmark zu 6,50 D-Mark festgelegt. Für Löhne und Gehälter, Renten und Pensionen, Leistungen der Sozialversicherungen sowie Mieten lag das Verhältnis allerdings bei 1:1. Das beseitigte zwar den zuvor bestehenden Geldüberhang, doch verloren viele Westdeutsche im Zuge dessen große Teile ihrer Ersparnisse. Von der Währungsreform unberührt blieb in Sachwerten angelegtes Vermögen.

Banknoten der Währungsreform (Ausgabe 1948)

Kurz zuvor war bereits ein zweistufiges Zentralbanksystem nach dem Vorbild des amerikanischen Federal Reserve Systems geschaffen worden. Am 26. Juli 1957 verabschiedete der Bundestag das Gesetz über die Deutsche Bundesbank. Darin wurde die Unabhängigkeit der Bundesbank festgeschrieben und der organisatorische Aufbau neu geregelt. Als wichtigste Aufgabe gab der Gesetzgeber der Bundesbank vor, den Geldumlauf und die Kreditversorgung der Wirtschaft mit dem Ziel zu regeln, Preisstabilität zu gewährleisten. Oberstes Ent-

Die Deutsche Bundesbank als Zentralbank Deutschlands wurde 1957 errichtet.

scheidungsgremium wurde der Zentralbankrat, der sich aus den Mitgliedern des Direktoriums der Bundesbank und den Präsidenten der Landeszentralbanken zusammensetzte. Diese Struktur stellte sicher, dass bei Entscheidungen über die Geldpolitik auch die Belange der Regionen berücksichtigt wurden.

Banknoten der Bundesrepublik Deutschland (Ausgabe ab 1961)

Auch in der sowjetisch besetzten Zone wurde 1948 als Reaktion auf die westliche Währungsreform das Geld- und Zentralbankwesen neu geordnet. Hierzu wurde die „Deutsche Zentralbank" gegründet, die für die Durchführung der Geld- und Kreditpolitik in der sozialistischen Planwirtschaft verantwortlich war. Sie gab die „Mark der Deutschen Zentralbank" aus, die ab 1968 als „Mark der DDR" bezeichnet wurde. Ab diesem Zeitpunkt trug die Deutsche Zentralbank auch den Namen „Staatsbank der DDR".

Banknoten der DDR

Der Staatsvertrag über die Schaffung einer „Währungs-, Wirtschafts- und Sozialunion" zwischen der Bundesrepublik Deutschland und der Deutschen Demokratischen Republik, der am 1. Juli 1990 in Kraft trat, beendete die über vierzig Jahre anhaltende Trennung des Geld- und Zentralbankwesens in Deutschland. Ab diesem Zeitpunkt war die Deutsche Bundesbank für die Geld- und Währungspolitik in ganz Deutschland verantwortlich.

Banknoten der Bundesrepublik Deutschland (Ausgabe ab 1991)

Weil sich durch die Übertragung der Geldpolitik auf das Eurosystem die Rahmenbedingungen grundlegend verändert hatten, musste auch die Organisation der Bundesbank angepasst werden. Die bisherigen Organe – Zentralbankrat, Direktorium und Vorstände der Landeszentralbanken – wurden im Jahr 2002 abgeschafft. Alleiniges Leitungs- und Entscheidungsorgan ist seitdem der Vorstand der Bundesbank mit Sitz in Frankfurt am Main, der aus dem Präsidenten, dem Vizepräsidenten sowie vier weiteren Mitgliedern besteht. In der Fläche ist die Bundesbank durch neun Hauptverwaltungen sowie zurzeit 47 Filialen vertreten.

Die konsequente Stabilitätspolitik der Deutschen Bundesbank machte die D-Mark zu einer der stabilsten Währungen der Welt.

Die Einführung der D-Mark und die Schaffung eines auf Geldwertstabilität ausgerichteten Zentralbanksystems im Jahre 1948 waren wesentliche Voraussetzungen dafür, dass es nach den kriegsbedingten Zerrüttungen in Westdeutschland in kurzer Zeit zu dem häufig bestaunten „Wirtschaftswunder" kam. Dabei genügte es aber nicht, einen einmaligen Währungsschnitt vorzunehmen. Vielmehr musste sich die Geldpolitik der Bank deutscher Länder und später der Deutschen Bundesbank stets aufs Neue bewähren. Der im internationalen Vergleich geringe Wertverlust der D-Mark und ihre Rolle als zweitwichtigste Währung der Welt waren das Ergebnis einer konsequenten Stabilitätspolitik. Für den Erfolg der Bundesbank war wesentlich, dass sie politisch unabhängig war. Bei der Schaffung der Europäischen Währungsunion stand diese wichtige Erfahrung Pate.

5.4.2 Europäische Währungsintegration

Mit der Unterzeichnung des EG-Vertrags („Maastricht-Vertrag") am 7. Februar 1992 bereitete die Politik bereits kurz nach der Überwindung der deutschen Teilung einer noch umfassenderen Veränderung im deutschen Geld- und Zentralbankwesen den Boden. Denn mit dem Vertrag verpflichteten sich die Partner, bis spätestens Anfang 1999 schrittweise eine Wirtschafts- und Währungsunion (WWU) zu verwirklichen.

Erste Vorschläge zu einer stufenweisen Verwirklichung einer Währungsunion in Europa gab es mit dem „Werner-Plan" – benannt nach dem damaligen luxemburgischen Premierminister Pierre Werner – bereits seit 1970. Angesichts des schwierigen wirtschaftlichen Umfeldes in den 1970er Jahren (Dollar-Verfall, Zusammenbruch des Systems von Bretton Woods und Ölpreisschock) wurden diese Pläne zunächst aber nicht weiter verfolgt. Allerdings wurde 1979 das Europäische Wechselkurssystem (EWS) aus der Taufe gehoben.

Die ersten Überlegungen zu einer europäischen Währungsunion erfolgten bereits 1970.

Mitte der 1980er Jahre griffen europäische Politiker die Überlegungen zu einer Wirtschafts- und Währungsunion wieder auf. Eine von den Staats- und Regierungschefs beauftragte Sachverständigengruppe um den damaligen EG-Kommissionspräsidenten Jacques Delors legte 1989 einen Bericht vor („Delors-Bericht"), der die Idee einer schrittweisen, dreistufigen Währungsintegration enthielt. Diese Vorschläge bildeten schließlich die Grundlage für die Beschlüsse von Maastricht. Die gemeinsame Währung sollte den Europäischen Binnenmarkt absichern und vollenden, der 1992 weitgehend verwirklicht worden war. Darüber hinaus sollte die gemeinsame Währung die Europäische Union auf dem Weg zu einer echten politischen Union weiter voranbringen. Dieser Prozess hatte im Jahre 1957 mit der Unterzeichnung der Römischen Verträge begonnen und sich später über die Zollunion und das EWS fortgesetzt.

5.4.3 Stufenplan zur Errichtung der Wirtschafts- und Währungsunion

Die Staats- und Regierungschefs der Europäischen Union hatten sich Ende 1989 darauf geeinigt, mit der ersten Stufe der WWU bereits am 1. Juli 1990 zu beginnen. In dieser Phase ging es darum, die nationale Geld- und Fiskalpolitik stärker auf die Erfordernisse der Preisstabilität und Haushaltsdisziplin auszurichten. Dazu sollten auch Maßnahmen beitragen, die die Unabhängigkeit der Zentralbanken von den Regierungen stärkten. Darüber hinaus hoben die teilnehmenden Staaten alle Kapitalverkehrskontrollen auf, um einen uneingeschränkten Kapitalverkehr zu gewährleisten.

Zu Beginn der zweiten Stufe der WWU am 1. Januar 1994 wurde das Europäische Währungsinstitut (EWI) als Vorgängerinstitut der EZB mit Sitz in Frankfurt am Main gegründet. Seine Aufgaben bestanden in der regulatorischen, organisatorischen und logistischen Vorbereitung der Währungsunion. Gleichzeitig sollte das EWI die geldpolitische Koordination im Hinblick auf die kommende Währungsunion verbessern. Bis zum Beginn der dritten Stufe der WWU am 1. Januar 1999 verblieb die Verantwortung für die Geldpolitik jedoch bei den nationalen Zentralbanken.

Für die Währungsunion qualifizierten sich anfangs elf Länder.

Auf Basis der Konvergenzkriterien ließ der Rat in der Zusammensetzung der Staats- und Regierungschefs im Mai 1998 elf beitrittswillige Länder zur dritten Stufe der WWU zu. Sie hatten allesamt in den Jahren zuvor Stabilitätserfolge erzielt. Allerdings wiesen mehrere dieser Länder 1997 deutlich höhere Schuldenstände als 60 % des Bruttoinlandsprodukts auf, so auch Deutschland mit 61,3 %. Den meisten Ländern war es jedoch gelungen, einen Trend hin zu niedrigeren Schuldenquoten einzuleiten. Die Staats- und Regierungschefs nominierten zudem die Mitglieder des Direktoriums der EZB. Damit konnten die EZB und das ESZB ihre Arbeit am 1. Juni 1998 aufnehmen.

Die drei Stufen der Wirtschafts- und Währungsunion (WWU)

Erste Stufe 1. Juli 1990	Zweite Stufe 1. Januar 1994	Dritte Stufe 1. Januar 1999
	Errichtung des EWI	Unwiderrufliche Festlegung der Umrechnungskurse
Verstärkte Zusammenarbeit der Zentralbanken	Verbot der Gewährung von Zentralbankkrediten an öffentliche Stellen	Einführung des Euro
Uneingeschränkter Kapitalverkehr	Koordinierung der Geldpolitik und Stärkung der wirtschaftlichen Konvergenz	Inkrafttreten des Stabilitäts- und Wachstumspakts
Verbesserung der wirtschaftlichen Konvergenz	Prozess hin zur Unabhängigkeit der Zentralbanken	Einrichtung des Wechselkursmechanismus II
		Durchführung einer einheitlichen Geldpolitik durch das Eurosystem

Zu Beginn der dritten Stufe am 1. Januar 1999 trat die Währungsunion in Kraft. Der Euro trat in den elf teilnehmenden Ländern an die Stelle der bisherigen nationalen Währungen. Zunächst gab es den Euro drei Jahre lang nur als Buchgeld („Stufe 3a").

Die Einführung des Euro war keine Währungsreform, sondern eine Währungsumstellung. Das heißt, dass alle Geldbeträge zu einem einheitlichen Kurs in Euro umgerechnet wurden. Dadurch änderten sich nur die Zahlen und die Währungsbezeichnung, während der Wert unverändert blieb, da alle Geldwerte (Vermögen, Schulden, laufende Zahlungen, Einkommen, Preise) im selben Verhältnis umgestellt wurden. Auch wenn es den Euro zunächst nur als Buchgeld gab, wurden viele Preise schon doppelt ausgezeichnet – in der traditionellen Währung (z. B. D-Mark) sowie in Euro –, sodass sich die Verbraucher im Vorfeld der Euro-Bargeldeinführung an die neuen Währungsrelationen gewöhnen konnten. An den Finanzmärkten notierten die Händler die Kurse bereits seit Anfang 1999 überwiegend in Euro. Um die Entwicklung der Finanzmärkte in der neuen Währung zu fördern, gaben alle EWU-Teilnehmerstaaten seit Anfang 1999 ihre Staatsschuldtitel nur noch in Euro heraus. Bereits umlaufende Staatsanleihen wurden auf Euro umgestellt. Alle inländischen Zahlungsverkehrssysteme wurden nur noch in Euro betrieben.

Die Einführung des Euro war eine Währungsumstellung, keine Währungsreform.

Für die D-Mark betrug der Umstellungskurs 1,95583. Ein Euro war damit ungefähr eine Mark und 96 Pfennige wert. Nach der Umstellung auf den Euro war die D-Mark keine eigenständige Währung mehr, sondern nur noch eine Untereinheit des Euro.

Vom 1. Januar 2002 an wurde der Euro in allen zum Euro-Gebiet gehörenden Staaten auch als Bargeld eingeführt („Stufe 3b"). In der Währungsunion sind seither die auf Euro und Cent lautenden Münzen und Banknoten gesetzliches Zahlungsmittel. Gleichzeitig verloren die traditionellen Währungen diesen Status. In Deutschland galt dies für die auf Mark und Pfennig lautenden Banknoten und Münzen. Die Filialen der Bundesbank tauschen nach wie vor D-Mark-Bargeld kostenlos und zeitlich unbefristet zum festgelegten Umrechnungskurs in Euro um (1 Euro = 1,95583 D-Mark) .

5.4.4 Vorteile der Währungsunion

Die Errichtung einer Währungsunion in Europa stellt ein beispielloses historisches Ereignis dar. Die Vorteile eines solchen Schritts liegen auf der Hand: Mit der Einführung einer einheitlichen Währung entfallen Wechselkursschwankungen und die damit verbundenen Kurssicherungskosten. Das schafft Planungssicherheit, reduziert Kosten und führt zu mehr Wettbewerb und Wachstum in Europa. Die Anfälligkeit gegenüber weltweiten Störungen an den Devisenmärkten wird geringer. Ebenso fördert das größere Währungsgebiet die verstärkte Nutzung der Kapitalmärkte und trägt so zu günstigen Finanzierungskosten bei. Dies wiederum erleichtert Investitionen.

Wechselkursschwankungen entfallen bei einer gemeinsamen Währung.

Die Vorteile des größeren Währungsraums stellen sich aber nur dann ein, wenn die gemeinsame Währung in ihrem Wert stabil ist. Nur dann bleiben die Zinsen niedrig und der Außenwert der Währung gegenüber anderen Währungen fest. Und nur dann wird der Binnenmarkt durch die gemeinsame Geldpolitik tatsächlich gefestigt. Die Teilnahme an einer Währungsunion verlangt ferner, dass sich die Wirtschafts-, Finanz- und Lohnpolitik flexibel an die veränderten Rahmenbedingungen anpasst. Fehlentwicklungen in einzelnen Staaten, beispielsweise ein zu starker Kostenanstieg oder ein konjunkturelles Nachhinken, lassen sich innerhalb einer Währungsunion nicht mehr durch Wechselkursänderungen korrigieren.

Das Wichtigste im Überblick

- Solange noch nicht alle Staaten der Europäischen Union Mitglieder der Währungsunion sind, ist das Eurosystem vom Europäischen System der Zentralbanken (ESZB) zu unterscheiden.

- Das ESZB umfasst neben der Europäischen Zentralbank die nationalen Zentralbanken aller EU-Staaten. Das Eurosystem besteht demgegenüber aus der EZB und den nationalen Zentralbanken der Staaten, die den Euro eingeführt haben.

- Der EZB-Rat ist oberstes Beschlussorgan des Eurosystems. Er setzt sich aus dem Direktorium der EZB sowie den Präsidenten bzw. Gouverneuren der nationalen Zentralbanken der Euro-Staaten zusammen. Der EZB-Rat entscheidet über die Geldpolitik im Euroraum.

- Die Deutsche Bundesbank ist Teil des ESZB und des Eurosystems. Ihr Präsident ist Mitglied des EZB-Rats und des Erweiterten Rats.

- Die Aufnahme der EU-Staaten in die Währungsunion setzt voraus, dass sie die vier Konvergenzkriterien (Preisstabilität, Haushaltsdisziplin, Höhe der langfristigen Zinsen, Wechselkursstabilität) erfüllen. Darüber hinaus müssen ihre Zentralbanken unabhängig sein.

- Vorrangiges Ziel des Eurosystems ist es, Preisstabilität im Euroraum zu bewahren. Das hat der EZB-Rat präzisiert, indem er Preisstabilität als „Anstieg des HVPI von unter, aber nahe 2 % gegenüber dem Vorjahr" definiert. Der HVPI ist der Preisindex für den Euroraum, der die Entwicklung des Preisniveaus anzeigt.

- Preisstabilität verhindert den Wertverfall von Sparvermögen und Kaufkraftverlust von festen Einkommen. Inflation benachteiligt Sparer und Anleger, während sie Schuldner begünstigt. Sowohl Inflation als auch Deflation verzerren die Aussagekraft der Preise über die Knappheit wirtschaftlicher Güter und beeinträchtigen damit das Wirtschaftswachstum.

- Eine erfolgreiche stabilitätsorientierte Geldpolitik braucht erfahrungsgemäß eine unabhängige Zentralbank. Das Eurosystem ist in mehrfacher Hinsicht unabhängig: institutionell, funktionell, finanziell und personell.

- Nach dem Zweiten Weltkrieg wurde mit der Währungsreform 1948 die D-Mark eingeführt. Aufgrund einer konsequenten Stabilitätspolitik war die D-Mark eine vergleichsweise stabile Währung.

- Die Verwirklichung der europäischen Wirtschafts- und Währungsunion vollzog sich in drei Stufen. Innerhalb der dritten Stufe wurde der Euro 1999 zunächst als Buchgeld in elf Ländern eingeführt, 2002 folgte dann die Umstellung auf Euro-Bargeld.

- Die Währungsunion stellt ein besonderes historisches Ereignis dar. Dabei handelte es sich bei ihr nicht wie im Jahr 1948 um eine Währungsreform, sondern um eine Währungsumstellung. Dabei wurden alle Beträge mit dem gleichen Faktor umgerechnet (1 Euro = 1,95583 D-Mark). Der Euro hat sich seit seiner Einführung als noch etwas stabiler erwiesen als seinerzeit die D-Mark.

Kapitel 6

Die Geldpolitik des Eurosystems

6. Die Geldpolitik des Eurosystems

Ziel der Geldpolitik des Eurosystems ist die Wahrung der Preisstabilität. Allerdings kann das Eurosystem das Preisniveau nicht direkt steuern, sondern seine geldpolitischen Maßnahmen setzen am Bankensystem an und wirken dann über verschiedene Kanäle auf das Preisniveau. Dieser Übertragungsprozess benötigt Zeit. Entscheidend dabei ist, wie private Haushalte, Unternehmen und der Staat erfahrungsgemäß handeln, wenn die Zentralbank eine geldpolitische Maßnahme trifft („Übertragung geldpolitischer Impulse").

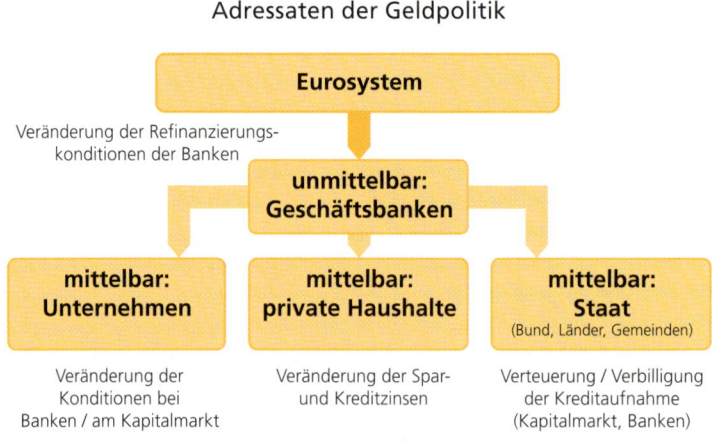

Die geldpolitischen Entscheidungen trifft die Zentralbank auf Grundlage einer geldpolitischen Strategie, mit deren Hilfe sie geldpolitischen Handlungsbedarf erkennt und aus der sich die notwendige geldpolitische Reaktion ergibt. Dabei muss die Strategie vorausschauend sein. Sie kann sich nicht an der aktuellen Preisentwicklung orientieren, da diese das geldpolitische Handeln der Vergangenheit widerspiegelt. Vielmehr muss die Zentralbank ihre Geldpolitik an solchen (Früh-)Indikatoren ausrichten, die Gefahren für die Preisstabilität frühzeitig anzeigen.

6.1 Die Übertragung geldpolitischer Impulse

Ausgangspunkt für die Geldpolitik: Bedarf an Zentralbankgeld

Ansatzpunkt der Geldpolitik ist der Bedarf der Banken an Geld von der Zentralbank, dem Zentralbankgeld. Dieser Bedarf ergibt sich zum einen daraus, dass die Bankkunden Zentralbankgeld in Form von Bargeld nachfragen. Zum anderen verpflichtet das Eurosystem die Geschäftsbanken zur Haltung von Mindestreserven in Zentralbankgeld. Demnach muss eine Geschäftsbank auf ihrem Konto bei der Zentralbank im Durchschnitt einer Reserveperiode ein bestimmtes Guthaben halten, das sich aus der Höhe ihrer Kundeneinlagen ableitet. Zudem benötigen Geschäftsbanken Zentralbankgeld für die Abwicklung des bargeldlosen Zahlungsverkehrs.

Um den Zentralbankgeldbedarf zu befriedigen, gibt das Eurosystem den Geschäftsbanken üblicherweise Kredite, die es auf deren Zentralbankkonto gutschreibt. Diese Guthaben werden zusammen mit dem umlaufenden Bargeld als Zentralbankgeld bezeichnet. Der Name weist darauf hin, dass dieses Geld nur von der Zentralbank geschaffen werden kann. Dieses Monopol ist der Hebel, mit dem das Eurosystem auf die Geschäftstätigkeit der Banken Einfluss nimmt. Dies hat Auswirkungen auf die Giralgeldschöpfung der Banken und deren Konditionen für Kredit- und Einlagenzinsen.

Rolle des Geldmarkts

Banken brauchen also ständig Zentralbankgeld. Zwar haben sie die Möglichkeit, sich Zentralbankgeld bei anderen Banken zu besorgen, die überschüssige Liquidität, d. h. einen Überschuss an Zentralbankgeld, haben. Über die gesamte Volkswirtschaft hinweg ist aber die Zentralbank der einzige Akteur, der zusätzliches Zentralbankgeld bereitstellen kann. Man nennt den Markt, der dem kurzfristigen Ausgleich von Liquiditätsüberschüssen und -defiziten im Bankensystem dient, den Geldmarkt. Er wird nicht an einem bestimmten Ort abgehalten. Vielmehr werden Zentralbankguthaben telefonisch bzw. elektronisch zwischen den Banken gehandelt. Je nach Fristigkeit unterscheidet man Märkte beispielsweise für Tagesgeld, Monatsgeld und Dreimonatsgeld.

Eine zentrale Rolle spielt der Tagesgeldmarkt. Aufgrund der besonderen Bedeutung der Zentralbank für die Refinanzierung der Banken richten sich die Zinssätze am Geldmarkt in hohem Maße nach den Bedingungen, zu denen die Zentralbank den Banken Zentralbankguthaben anbietet. Je teurer das Zentralbankgeld bei der Zentralbank zu haben ist, desto höhere Zinsen müssen dafür auch am Geldmarkt entrichtet werden. Je zinsgünstiger das Zentralbankgeld vom Eurosystem angeboten wird, desto billiger ist es am gesamten Geldmarkt zu bekommen. Da sich die Zinssätze, die auf dem Geldmarkt herrschen und die die Geschäftsbanken ihren Kunden anbieten, nach den Zinssätzen der Zentralbank richten, werden Letztere allgemein als „Leitzinsen" bezeichnet.

Leitzinsen beeinflussen die Zinsen am Geldmarkt und darüber hinaus die allgemeine Zinsentwicklung.

Kurzfristige Auswirkungen geldpolitischer Impulse

Erhöht die Zentralbank die Leitzinsen, müssen die Banken mehr für das Zentralbankgeld zahlen. Dies geben sie in Form von steigenden Kreditzinsen an ihre Kunden weiter. Die kürzerfristigen Bankzinsen folgen deshalb in der Regel den Geldmarktsätzen vergleichsweise eng. Oft verschiebt sich mit den höheren kurzfristigen Zinsen die gesamte Zinsstruktur nach oben, d. h., auch die längerfristigen Zinsen steigen.

Längerfristige Auswirkungen

Der Zusammenhang der Leitzinsen mit den langfristigen Zinsen, d. h. den Kapitalmarktzinsen, ist nicht so eng wie mit den Geldmarktzinsen. Denn die langfristigen Zinsen werden von vielen weiteren Faktoren beeinflusst. Wenn beispielsweise die Konjunktur boomt und die Ertragserwartungen der Investoren hoch sind, fragen diese verstärkt Finanzierungsmittel nach, um neue Investitionen zu finanzieren. Dies führt zu steigenden längerfristigen Zinsen. Auch höhere Inflationserwartungen führen für sich genommen zu höheren Zinsen. Denn die Anleger verlangen einen höheren Ausgleich für den realen Wertverlust, der mit der langfristigen Geldanlage verbunden ist. Zudem ist der Kapitalmarkt ein globalisierter Markt. Zinsausschläge im Ausland können deshalb von international anlegenden Investoren schnell auf den Euro-Kapitalmarkt übertragen werden, wenngleich dort langfristig die nationalen Wachstums- und Inflationsperspektiven dominieren.

Einfluss der langfristigen Zinsen

Sind Kaufentscheidungen von Haushalten und Unternehmen mit einer Kreditaufnahme verbunden, dann handelt es sich überwiegend um längerfristige Ausgaben wie beispielsweise der Kauf eines Autos oder einer Immobilie, die Anschaffung von Maschinen oder der Bau einer Fabrik. Für diese Entscheidungen sind weniger die kurzfristigen als die langfristigen Zinssätze ausschlaggebend. Höhere langfristige Zinsen dämpfen die Kreditnachfrage und deshalb die gesamtwirtschaftliche Nachfrage. Mögliche Inflationsgefahren aus einer zu hohen gesamtwirtschaftlichen Nachfrage können daher mit höheren Zinssätzen reduziert werden, indem sie die Kreditfinanzierung verteuern. Zudem regen höhere Zinsen die Geldkapitalbildung bei den Banken an. Wenn die Zinsen für längerfristige Anlagen steigen, lohnt es sich, mehr zu sparen und die Ersparnisse für längere Zeit anzulegen. Auch aus diesem Grund dürfte die Nachfrage nach Waren und Dienstleistungen zurückgehen. Die auf diese Weise gedämpfte Nachfrage begrenzt den Spielraum der Unternehmen, die Preise heraufzusetzen und verringert so die

Die langfristigen Zinsen haben Einfluss auf Konsum und Investitionen und damit auch auf das Preisniveau.

Inflationsgefahren. Umgekehrt läuft der Vorgang bei fallenden Zinsen ab: Die Neigung der Anleger, Mittel längerfristig bei Banken anzulegen, nimmt ab. Die Verbraucher steigern ihre Nachfrage nach Konsumgütern. Gleichzeitig wird es für Unternehmen und Haushalte billiger, Kredite aufzunehmen. Das regt die Investitionstätigkeit an, erhöht die Nachfrage nach Investitions- und langlebigen Konsumgütern und hat damit Einfluss auf das Preisniveau.

Die Transmission geldpolitischer Impulse
(Schematische und stark vereinfachte Darstellung)

Änderung der Leitzinsen durch die Zentralbank:	↓ Senkung	↑ Erhöhung
Refinanzierung der Banken:	↓ günstiger	↑ teurer
Zinsen für die Kunden:	↓ sinken	↑ steigen
Kreditnachfrage durch Nichtbanken:	↑ steigt	↓ sinkt
Investitions- und Konsumgüternachfrage im Inland: (Annahme: gleichbleibendes Angebot)	↑ steigt	↓ sinkt
Preise (Preisniveau):	↑ steigen	↓ sinken

Wechselkurseinflüsse

Die Geldpolitik wirkt aber nicht nur über diesen Zinsmechanismus, sondern auch über andere Faktoren. Eine wichtige Größe ist in diesem Zusammenhang der Wechselkurs. Steigen im Inland beispielsweise die Zinsen, so wird eine Geldanlage am heimischen Kapitalmarkt tendenziell attraktiver, sowohl für inländische als auch für ausländische Anleger. Dadurch entsteht eine höhere Nachfrage nach inländischer Währung, die zu einer Aufwertung der eigenen Währung führt. Umgekehrt verläuft der Prozess, wenn die Zinsen im Inland im Vergleich zu ausländischen Plätzen sinken.

Solche Wechselkursänderungen wiederum haben Auswirkungen auf die Gütermärkte und das Preisniveau. Gewinnt beispielsweise der Euro gegenüber einer ausländischen Währung an Wert („Aufwertung des Euro"), werden ausländische Produkte für Käufer im Euroraum tendenziell günstiger. Die vom Euroraum aus dem Ausland eingeführten Güter verbilligen sich – was in der Tendenz das allgemeine Preisniveau sinken lässt. Gleichzeitig verteuern sich die Ausfuhren aus dem Euroraum in andere Länder. Die ausländischen Nachfrager müssen schließlich, in ausländischer Währung gerechnet, mehr für die Güter aus dem Euroraum bezahlen. Die Nachfrage nach solchen Gütern nimmt ab. Auch dies dämpft den Preisanstieg im Euroraum, da die Unternehmen versuchen werden, durch Senkung ihrer Preise zusätzliche Nachfrage nach ihren Gütern zu erzeugen.

Umgekehrt ist der Ablauf bei einer Abwertung des Euro: Aus Sicht des Eurogebiets verteuern sich die Einfuhren, während sich die preisliche Wettbewerbsfähigkeit des Euroraums und damit die Absatzmöglichkeit für die Ausfuhren verbessert. Die Folge: Das Preisniveau im Euroraum wird tendenziell steigen.

Folgen von Wechselkursveränderungen auf die Verbraucherpreise

(Schematische und stark vereinfachte Darstellung)

	↑ Aufwertung	↓ Abwertung
Importe:	↓ günstiger	↑ teurer
Exporte:	↑ teurer	↓ günstiger
Güternachfrage im Inland: (Annahme: gleichbleibendes Angebot)	↓ sinkt	↑ steigt
Preise (Preisniveau)**:**	↓ sinken	↑ steigen

Die Wirkung der Geldpolitik ist nicht immer klar vorhersehbar

Der Übertragungsprozess geldpolitischer Impulse ist unsicher. Denn wie aufgezeigt gibt es mehrere Wirkungsketten, die gleichzeitig ablaufen und sich unter Umständen gegenseitig verstärken oder aber dämpfen. Manche dieser Prozesse laufen sehr schnell ab, beispielsweise reagieren die Finanzmärkte oft rasch und heftig auf Änderungen des Leitzinses. Demgegenüber dauert es meist einige Zeit, bis Banken eine Senkung des Leitzinses an ihre Kunden weitergeben. Wie schnell sich die gesamtwirtschaftliche Nachfrage und die Preise verändern, hängt zudem nicht nur von der Höhe der Leitzinsen, sondern auch von vielen anderen Faktoren ab, wie etwa der Entwicklung der Weltwirtschaft oder der Intensität des Wettbewerbs. Auch neigen die Banken in Abschwungphasen dazu, die Kreditvergabe einzuschränken. Denn angesichts einer schlechteren Konjunkturlage kann ihnen die Gefahr eines Kreditausfalls zu hoch erscheinen. Einigen Kreditnehmern bleibt dann der Zugang zu Fremdmitteln verwehrt – es kann zu einer „Kreditklemme" kommen.

Eine Zentralbank muss deshalb die langen und variablen Wirkungsverzögerungen der Geldpolitik stets im Blick behalten. Dies gilt besonders für das Eurosystem. Hier sind die Übertragungswege aufgrund der unterschiedlichen Finanzierungsgewohnheiten, Konjunkturzyklen und Wirtschaftsstrukturen in den einzelnen Euroländern uneinheitlich und unübersichtlich.

Inflationserwartungen

Eine weitere aus geldpolitischer Perspektive zentrale Größe sind die Inflationserwartungen. Erwarten die Menschen, dass die Inflation auf absehbare Zeit niedrig bleiben wird, schafft dies günstige Rahmenbedingungen für die Lohnverhandlungen. Haben die Gewerkschaften hingegen Anlass zu der Befürchtung, dass die Inflation zunimmt, werden sie versuchen, dem drohenden Kaufkraftverlust durch einen hohen Lohnabschluss vorzubeugen. Die Unternehmen wiederum werden versuchen, die erhöhten Lohnkosten auf die Preise ihrer Güter und Dienstleistungen zu überwälzen. So kann eine Lohn-Preis-Spirale entstehen. Sie ist, erst einmal in Gang gekommen, nur noch schwer zu stoppen. Die Geldpolitik tut deshalb gut daran, durch eine überzeugende Stabilitätspolitik Vertrauen zu schaffen und so zu niedrigen Inflationserwartungen beizutragen.

Eine überzeugende Geldpolitik führt zu niedrigen Inflationserwartungen.

Ähnlich beeinflussen die Inflationserwartungen das Verhalten der Anleger an den Finanzmärkten: Erwarten sie einen Anstieg der Inflation im Inland, werden sie in der Tendenz Kapital in preisstabilere Länder umschichten. Diese Kapitalexporte drücken den Wechselkurs – was die heimische Währung unter Abwertungsdruck bringt. Wie aufgezeigt, lässt dies in der Tendenz die Preise steigen, treibt die Inflation also an. Umgekehrt helfen niedrige Inflationserwartungen, den Außenwert der eigenen Währung stabil zu halten und die Gefahr eines abwertungsbedingten Anstiegs des Preisniveaus zu begrenzen. Sie wirken darüber hinaus in Richtung auf niedrige langfristige Zinsen.

6.2 Geldpolitische Strategie des Eurosystems

Auf kürzere Sicht wird die Preisentwicklung von mehreren Faktoren bestimmt. Beispielsweise kann das Preisniveau steigen, weil die Nachfrage nach Gütern das Angebot übersteigt. Die Ursache einer starken Nachfrageausweitung kann darin begründet liegen, dass die inländischen Unternehmen in großem Umfang investieren oder die heimischen Verbraucher deutlich mehr konsumieren, weil sie die Zukunftsaussichten günstiger einschätzen. Auch der Staat oder das Ausland können mit einer zusätzlichen Nachfrage Preissteigerungen auslösen.

Grundlage der Geldpolitik ist die Analyse von Faktoren, die Einfluss auf die Preisentwicklung haben.

Daneben gibt es auch angebotsseitige Ursachen für einen unerwünscht starken Anstieg des Preisniveaus. So können beispielsweise starke Lohnsteigerungen oder die Verteuerung von Rohstoffen die Kosten der Unternehmen nach oben treiben. Die Unternehmen können daraufhin versuchen, die erhöhten Kosten auf die Preise zu überwälzen. Die Zentralbanken beobachten und analysieren die Entwicklungen in der Wirtschaft daher sehr intensiv.

Zwei-Säulen-Strategie des Eurosystems

Das Eurosystem stützt sich bei seinen geldpolitischen Entscheidungen auf eine umfassende Analyse von Indikatoren, die auf Risiken für die Preisstabilität hinweisen. Dieser Analyse liegen zwei einander ergänzende Ansätze zugrunde: Bei der „wirtschaftlichen Analyse" macht sich das Eurosystem anhand einer Fülle von gesamtwirtschaftlichen und finanziellen Indikatoren ein umfassendes Bild über die kurz- und mittelfristigen Inflationsaussichten. Bei der „monetären Analyse" steht die Entwicklung der Geldmenge und der Kredite im Mittelpunkt der Beobachtung. Sie basiert auf der Erkenntnis, dass Inflation längerfristig mit einer entsprechenden Ausweitung der Geldmenge einhergehen muss.

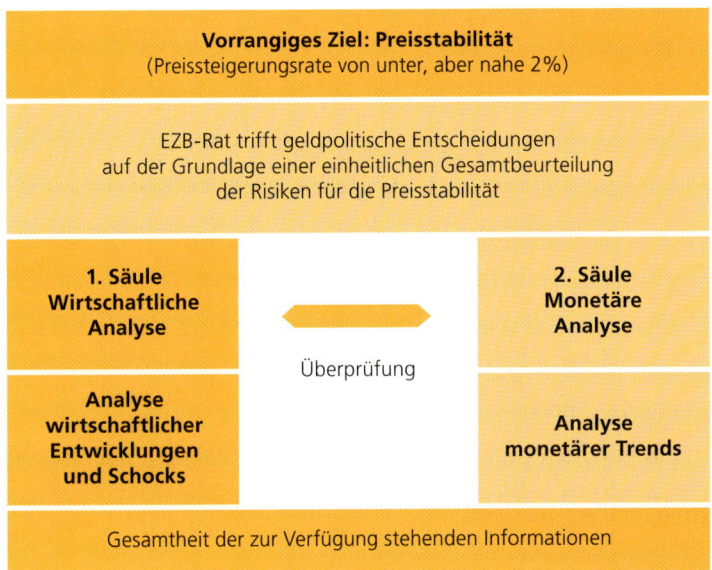

Wirtschaftliche Analyse

Zu den Faktoren, von denen Gefahren für die Preisstabilität in näherer Zukunft ausgehen können, zählen beispielsweise die konjunkturelle Entwicklung (Nachfragedruck), die binnenwirtschaftliche Kostensituation (Löhne und Lohnverhandlungen) und die außenwirtschaftliche Lage (Wechselkurs, Rohstoff-, insbesondere Ölpreise). Ferner liefern Finanzmarktpreise und Preise für Vermögenswerte (z. B. Entwicklung im Immobiliensektor) Anhaltspunkte über die Inflationserwartungen der Wirtschaft. Diese breit angelegte Analyse der Preisaussichten und der Risiken für die Preisstabilität trägt den vielschichtigen kürzerfristigen Inflationsursachen im Euroraum Rechnung.

Die wirtschaftliche Analyse betrachtet vor allem kurz- bis mittelfristige Risiken für die Preisstabilität.

Um seine Entscheidungen transparenter zu machen, veröffentlicht das Eurosystem zweimal im Jahr, im Juni und im Dezember, eine gesamtwirtschaftliche „Projektion". Diese liefert eine quantitative Einschätzung der Wachstums- und Preisperspektiven auf Basis einer Reihe von Annahmen, wie beispielsweise der vom Markt erwarteten zukünftigen Zentralbankzinsen, der Entwicklung des Wechselkurses und des Ölpreises. Die Projektionen werden zweimal jährlich aktualisiert, im März und September. Die Projektionen des Eurosystems sind, wie alle wirtschaftlichen Prognosen, mit beträchtlicher Unsicherheit behaftet, da sich viele der Grundannahmen – z. B. Ölpreise und Wechselkurse – rasch ändern können. Deshalb können die Projektionen keine alleinige Richtschnur für die Geldpolitik darstellen. Sie liefern jedoch wichtige Anhaltspunkte für die künftige Wirtschafts- und Preisentwicklung im Euroraum.

Monetäre Analyse

Auf mittel- bis langfristige Sicht gibt es zwischen Geldmengenwachstum und Inflation eine enge Beziehung. Auf Dauer kann es nur dann zu Inflation kommen, wenn der Anstieg der Preise durch eine entsprechende Geldvermehrung finanziert wird. Dieser Zusammenhang eröffnet der Geldpolitik Analysemöglichkeiten, die über den kurzfristigen Betrachtungszeitraum der wirtschaftlichen Analyse hinausgehen. Das Eurosystem beobachtet daher laufend den Zusammenhang zwischen der Geldmengen- und der Preisentwicklung im Euro-Währungsgebiet. Insbesondere die trendmäßige Entwicklung der Geldmenge M3 besitzt gute Prognoseeigenschaften, wenn man ihre längerfristige Entwicklung betrachtet. Die Ergebnisse der Analysen fließen beispielsweise in monetäre Inflationsprognosen ein.

Die monetäre Analyse betrachtet den Zusammehang zwischen Geldmengenwachstum und Preisentwicklung.

Die Geldmengenentwicklung kann kurzfristig durch Faktoren beeinflusst werden, die ihre Aussagekraft als Indikator für die kommende Inflationsentwicklung beeinträchtigen. Beispielsweise können steuerliche Maßnahmen Veränderungen bei der Geldhaltung von privaten Haushalten oder Unternehmen verursachen und zu Portfolioumschichtungen führen. Die dadurch hervorgerufenen Geldmengenbewegungen sagen dann nur wenig über die künftige Preisentwicklung aus. Das

Eurosystem untersucht deshalb neben dem M3-Wachstum auch die Entwicklung der Geldmengen M1 und M2, ferner die Gegenposten der Geldmenge, dabei insbesondere die Entwicklung der Kredite, sowie weitere Faktoren, die Tendenzen zur Preissteigerung oder -senkung auslösen können.

Die Ergebnisse der wirtschaftlichen und der monetären Analyse werden wechselseitig gegengeprüft.

Die eher längerfristig angelegte monetäre Analyse dient dem EZB-Rat auch zur Überprüfung der durch die wirtschaftliche Analyse gewonnenen Einschätzung über künftige Inflationsrisiken. Diese Gegenprüfung verringert die Gefahr, dass die Geldpolitik relevante Informationen für die Bewertung künftiger Preisgefahren übersieht.

6.3 Die geldpolitischen Instrumente des Eurosystems

Das Eurosystem greift nicht direkt in die Kreditpolitik der Banken ein. Es nimmt vielmehr indirekt Einfluss, da die Banken Zentralbankgeld benötigen, sich also bei ihm refinanzieren müssen. Üblicherweise kommen die Banken an Zentralbankgeld, indem sie bei der Zentralbank einen mit Wertpapieren besicherten Kredit aufnehmen. Dazu müssen sie ein Konto und ein Depot bei der nationalen Zentralbank (in Deutschland bei der Bundesbank) unterhalten, auf dem der gewährte Kreditbetrag gutgeschrieben und die verpfändeten Kreditsicherheiten verwahrt werden.

Die geldpolitischen Instrumente des Eurosystems sind Offenmarktgeschäfte, ständige Fazilitäten und die Mindestreserve.

Für die Refinanzierung der Banken gelten die vom Eurosystem festgelegten Bedingungen und Zinssätze. Auf diese Weise kann das Eurosystem die Kreditvergabe der Geschäftsbanken beeinflussen. Beispielsweise dürfte eine Anhebung des Leitzinses die Banken veranlassen, ihre Darlehenszinsen zu erhöhen. In der Tendenz wird dies die Kreditnachfrage der Unternehmen und Haushalte dämpfen – und somit auch das Kredit- und Geldmengenwachstum. Um seine Ziele zu erreichen, steht dem Eurosystem eine Reihe geldpolitischer Instrumente zur Verfügung. Es führt Offenmarktgeschäfte durch, bietet ständige Fazilitäten an und verlangt, dass die Geschäftsbanken Mindestreserven bei ihm unterhalten.

Geldpolitische Operationen

Geldpolitische Geschäfte	Transaktionsart		Laufzeit	Rhythmus	Verfahren
	Liquiditätsbereitstellung	Liquiditätsabschöpfung			
Offenmarktgeschäfte					
Hauptrefinanzierungsgeschäfte	Befristete Transaktionen	–	eine Woche	wöchentlich	Standardtender
Längerfristige Refinanzierungsgeschäfte	Befristete Transaktionen	–	drei Monate	monatlich	Standardtender
Feinsteuerungsoperationen	l Devisenswaps l Befristete Transaktionen	l Devisenswaps l Hereinnahme von Termineinlagen l Befristete Transaktionen	nicht standardisiert	unregelmäßig	l Schnelltender l Bilaterale Geschäfte
Strukturelle Operationen	Befristete Transaktionen	Emission von Schuldverschreibungen	standardisiert / nicht standardisiert	regelmäßig und unregelmäßig	Standardtender
	Endgültige Käufe	Endgültige Verkäufe	–	unregelmäßig	Bilaterale Geschäfte
Ständige Fazilitäten					
Spitzenrefinanzierungsfazilität	Befristete Transaktionen	–	über Nacht		Inanspruchnahme auf Initiative der Geschäftspartner
Einlagefazilität	–	Einlagenannahme	über Nacht		Inanspruchnahme auf Initiative der Geschäftspartner

Notenbankfähige Sicherheiten

Das Eurosystem gewährt einer Geschäftsbank nur dann einen Kredit, wenn diese ausreichend Sicherheiten stellen kann. Hierdurch soll das Eurosystem gegen Verluste aus seinen geldpolitischen Geschäften geschützt werden. Das Eurosystem akzeptiert ein breites Spektrum von Sicherheiten, sowohl marktfähige Sicherheiten wie beispielsweise Anleihen als auch nicht marktfähige Sicherheiten wie etwa Kreditforderungen. Um auch während der jüngsten Finanzmarktkrise die Banken mit ausreichend Liquidität versorgen zu können, hat das Eurosystem die Liste der notenbankfähigen Sicherheiten zeitlich befristet ausgeweitet.

6.3.1 Offenmarktgeschäfte

Im Zentrum der geldpolitischen Operationen des Eurosystems stehen die Offenmarktgeschäfte. Sie umfassen besicherte Kredite sowie den Kauf oder Verkauf von Wertpapieren durch die Zentralbank „am offenen Markt", an dem alle zugelassenen Geschäftspartner des Eurosystems beteiligt sind. Dabei kann die Zentralbank Wertpapiere endgültig („outright") oder nur für eine bestimmte Zeit ankaufen bzw. verkaufen („befristete Transaktion"). Bei einer befristeten Transaktion muss sich beispielsweise eine verkaufende Bank verpflichten, die Papiere nach einer bestimmten Zeit (z. B. nach einer Woche) wieder zurückzukaufen. Solch ein Offenmarktgeschäft mit Rückkaufvereinbarung nennt man Pensionsgeschäft, auf Englisch: repurchase agreement oder kurz Repo. Ökonomisch entspricht ein Pensionsgeschäft einem mit Wertpapieren besicherten Kredit. Gegenüber dem endgültigen Ankauf von Wertpapieren hat ein Wertpapierpensionsgeschäft den Vorteil, dass den Banken das Zentralbankgeld nur für die Laufzeit des Geschäfts zur Verfügung gestellt wird. Dies ermöglicht der Zentralbank, das Volumen der Liquiditätsbereitstellung flexibel nach ihren eigenen Vorstellungen zu steuern. Außerdem haben Wertpapierpensionsgeschäfte keinen Einfluss auf die Wertpapierkurse, im Gegensatz zu endgültigen An- und Verkäufen. Endgültige Käufe von Wertpapieren wurden bisher vom Eurosystem ausschließlich als geldpolitische Sondermaßnahme in Reaktion auf die Finanzmarktturbulenzen getätigt.

Hauptrefinanzierungsgeschäfte

Das Eurosystem stellt Zentralbankgeld vornehmlich über befristete Geschäfte zur Verfügung. Dabei handelt es sich entweder um Wertpapierpensionsgeschäfte oder – wie im Fall Deutschlands – um eine besicherte Kreditvergabe der Zentralbank an die Banken. Hierbei nimmt die Zentralbank notenbankfähige Sicherheiten als Pfand herein, anstatt sie anzukaufen. Mit Hilfe der befristeten Transaktionen steuert das Eurosystem die Zinsen und die Liquidität am Geldmarkt und gibt Signale über seinen geldpolitischen Kurs. Bis zum Ausbruch der Finanzkrise standen die wöchentlich im Ausschreibungsverfahren durchgeführten siebentägigen Hauptrefinanzierungsgeschäfte im Mittelpunkt. Seither überwiegt der Anteil der längerfristigen Geschäfte.

Längerfristige Refinanzierungsgeschäfte

Die längerfristigen Refinanzierungsgeschäfte dienen dazu, dem Bankensystem – wie der Name schon sagt – längerfristig Zentralbankgeld zur Verfügung zu stellen. Dabei wird den Banken monatlich „Basisliquidität" für einen Zeitraum von drei Monaten bereitgestellt. Im Zuge der Finanzkrise hat das Eurosystem die Häufigkeit und Laufzeit der längerfristigen Liquiditätsbereitstellung deutlich ausgeweitet. So werden zeitlich befristet nun auch Operationen mit einer Laufzeit von sechs bzw. zwölf Monaten durchgeführt. Zusätzlich werden Refinanzierungsgeschäfte angeboten, die jeweils die Laufzeit einer Mindestreserveperiode abdecken.

Feinsteuerungsoperationen

Feinsteuerungsoperationen setzt das Eurosystem von Fall zu Fall ein, um die Auswirkungen unerwarteter Liquiditätsschwankungen auf die Zinssätze auszugleichen. Feinsteuerungsmaßnahmen können liquiditätsabschöpfend oder liquiditätszuführend sein. Eine Feinsteuerung mit dem Ziel der Liquiditätsbereitstellung ist letztendlich eine sehr kurzfristige Kreditvergabe, während das Eurosystem den Geschäftsbanken zur Abschöpfung von Liquidität die Hereinnahme von Termineinlagen anbietet. Bei Devisenswapgeschäften übernimmt das Eurosystem von den Banken für kurze Zeit Devisen gegen Zentralbankguthaben, die von den

Banken nach Ablauf dieser Zeit wieder zurückgenommen werden müssen. Auch kann das Eurosystem Devisen für einen befristeten Zeitraum verkaufen und so Liquidität zeitweise abschöpfen.

Strukturelle Operationen

Die strukturellen Operationen dienen dazu, die Liquiditätsposition des Bankensystems gegenüber dem Eurosystem langfristig zu beeinflussen. Sie werden beispielsweise eingesetzt, wenn das Liquiditätsdefizit der Banken aus Sicht des Eurosystems so gering ist, dass die Banken ihren Zentralbankgeldbedarf nicht durch Refinanzierungsgeschäfte mit dem Eurosystem decken müssen. Die geldpolitischen Instrumente können dann nicht „greifen". Durch die Ausgabe von Schuldverschreibungen kann das Liquiditätsdefizit aber beispielsweise erhöht werden, sodass die Banken sich wieder bei der Zentralbank refinanzieren müssen.

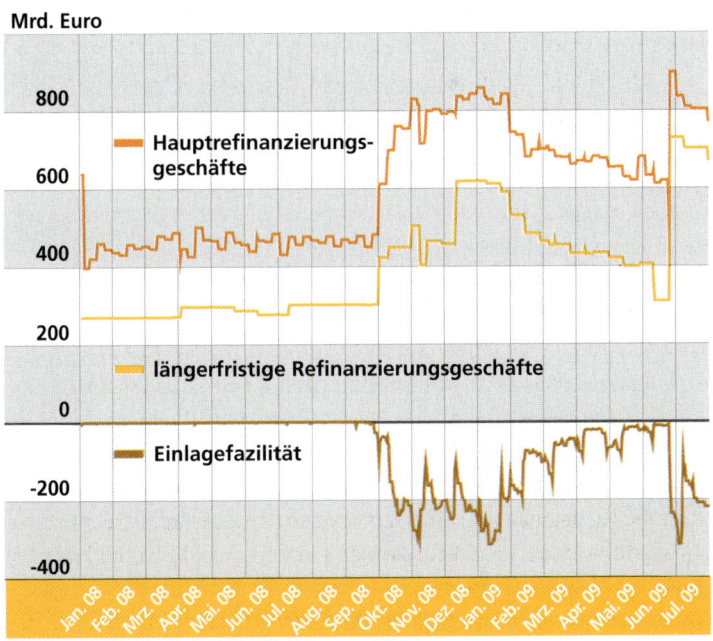

Volumen der Offenmarktgeschäfte und Inanspruchnahme der Einlagefazilität

Verfahrensweise bei Tendergeschäften

Die offenmarktpolitischen Transaktionen des Eurosystems können grundsätzlich als „Tender" (Versteigerungsverfahren) oder als bilaterale Geschäfte (Direktabschluss ohne Tender) erfolgen. Bei der Durchführung der Tender gibt es zwei Varianten: Am Standardtender können alle zugelassenen Geschäftspartner des Eurosystems teilnehmen. Laufzeit und Geschäftsabwicklung – von der Ankündigung bis zur Gutschrift in der Regel drei Tage – sind standardisiert. Bei Schnelltendern kann der Teilnehmerkreis auf bestimmte Institute begrenzt werden. Sie werden innerhalb von nur 90 Minuten nach Ankündigung des Geschäfts durchgeführt und am gleichen Tag abgewickelt.

Das Tenderverfahren ist quasi eine Versteigerung, bei der Gebote abgegeben werden müssen.

Bezüglich des Verfahrens des Tenders wird zwischen dem Mengentender und dem Zinstender unterschieden. Bei beiden Verfahren geben die Banken ihre Gebote zu einem festgelegten Zeitpunkt ab – sie wissen nicht, ob und in welcher Höhe andere Banken ebenfalls Gebote abgeben.

Beim Mengentender legt das Eurosystem den Zins von vornherein fest. Die Banken nennen in ihren Geboten lediglich die Menge an Liquidität, die sie zu diesem Zins erhalten möchten. Übersteigt die Summe der Gebote das von der EZB beabsichtigte Gesamtzuteilungsvolumen, werden die Einzelgebote anteilig bedient.

Beim Zinstender müssen die Banken nicht nur Gebote über die gewünschte Menge abgeben, sondern auch den Zins nennen, den sie zu zahlen bereit sind. Bietet eine Bank zu niedrige Zinsen, läuft sie Gefahr, bei der Zuteilung nicht berücksichtigt zu werden. Umgekehrt hat sie bei einem hohen Zinsgebot gute Chancen, den gesamten gewünschten Betrag zu erhalten, da das Eurosystem bei der Zuteilung der Liquidität erst das höchste Gebot bedient und dann sukzessive die nächsthöheren. Gebote zu dem letzten noch zum Zuge kommenden Zins werden auch hier gegebenenfalls nur anteilig bedient. Beim Zinstender erfolgt die Zuteilung entweder zu einem einheitlichen Satz (holländisches Verfahren) oder zu den individuellen Bietungssätzen der Banken (amerikanisches Verfahren), wobei die EZB jeweils – wie beim Mengentender – das Gesamtvolumen der bereitgestellten Liquidität bestimmt. Bis zum Herbst 2008 setzte das Eurosystem beim Hauptrefinanzierungsgeschäft üblicherweise den Zinstender mit einem Mindestbietungssatz ein, um damit seine geldpolitischen Absichten zu signalisieren und diese am Markt umzusetzen.

Beim Zinstender muss das Gebot neben der Menge auch den Zins enthalten.

Um den Auswirkungen der Finanzmarktturbulenzen zu begegnen, beschloss der EZB-Rat im Oktober 2008, dass die Refinanzierungsgeschäfte für einen befristeten Zeitraum grundsätzlich als Mengentender mit voller Zuteilung abgewickelt werden. Bei diesem Verfahren wird das Zuteilungsvolumen demnach nicht wie bisher durch die Zuteilungsentscheidung der EZB bestimmt, sondern allein durch die Nachfrage der teilnehmenden Banken nach Liquidität.

6.3.2 Ständige Fazilitäten

Neben den Offenmarktgeschäften bietet das Eurosystem den Banken zwei sogenannte ständige Fazilitäten an: die Spitzenrefinanzierungsfazilität und die Einlagefazilität. Sie dienen der Bereitstellung bzw. Abschöpfung von Liquidität bis zum nächsten Geschäftstag und werden auf Initiative der Banken bei den nationalen Zentralbanken in Anspruch genommen. Die geldpolitische Funktion der ständigen Fazilitäten besteht vor allem darin, dem Zins für Tagesgeld eine Ober- bzw. Untergrenze zu setzen.

Spitzenrefinanzierungsfazilität

Bei der Spitzenrefinanzierungsfazilität können Banken „über Nacht" auf eigene Initiative besicherte Kredite bei der Zentralbank aufnehmen, um einen kurzfristigen Liquiditätsbedarf auszugleichen. Am nächsten Tag müssen sie den Kredit wieder zurückzahlen. Der Zinssatz für die Spitzenrefinanzierungsfazilität ist höher als der Satz im Hauptrefinanzierungsgeschäft. Er bildet im Allgemeinen die Obergrenze für den Tagesgeldzins, da keine Bank, die über ausreichende Sicherheiten verfügt, einer anderen Bank für einen Übernachtkredit einen höheren Zins zahlen wird, als sie bei der Zentralbank für einen Übernachtkredit zahlen muss.

Der Zinssatz der Spitzenrefinanzierungsfazilität ist die Obergrenze ...

Einlagefazilität

Im Rahmen der Einlagefazilität können die Banken überschüssige Zentralbankguthaben bis zum nächsten Geschäftstag bei den nationalen Zentralbanken zu einem festen Zins anlegen. Dieser Zins ist niedriger als der Satz für das Hauptrefinanzierungsgeschäft. Er bildet im Allgemeinen die Untergrenze des Tagesgeldzinses und verhindert somit ein starkes Absacken dieses Zinses nach unten. Keine Bank wird bei der Geldausleihe an andere Banken einen niedrigeren Zins akzeptieren, als sie für eine vollständig ausfallsichere Anlage bei der Zentralbank erhalten kann. Da die für die ständigen Fazilitäten geltenden Zinssätze in der Regel ungünstiger sind als die entsprechenden Marktsätze, besteht für die Banken in normalen Zeiten kein Anreiz, diese Fazilitäten übermäßig zu nutzen.

... und der Zinssatz der Einlagefazilität die Untergrenze der Geldmarktzinsen.

Geldmarktsteuerung des Eurosystems

Die Zinssätze am Geldmarkt bewegen sich innerhalb eines Korridors, der durch die Zinsen für die Spitzen- und die Einlagefazilität begrenzt ist. Innerhalb dieses Korridors orientieren sie sich, bei ausgeglichener Liquiditätslage, üblicherweise eng am Satz für das Hauptrefinanzierungsgeschäft. Dieser Zusammenhang ermöglicht es dem Eurosystem, die kurzfristigen Geldmarktsätze zu steuern. Es ist in der Lage, die Zinsentwicklung am Tagesgeldmarkt (EONIA) zu verstetigen und die Geldmarktzinsen flexibel zu beeinflussen.

Nach Ausbruch der Finanzmarktkrise funktionierten die Geldmärkte nicht mehr so reibungslos wie zuvor, was insbesondere durch einen Vertrauensverlust der Banken untereinander bedingt war. Die Banken zögerten, sich gegenseitig – wie vor der Finanzkrise üblich – Geld auszuleihen, sodass der Liquiditätsausgleich über den Geldmarkt weitgehend versagte. Um sicherzustellen, dass durch diese Entwicklung keine Bank in Liquiditätsnot geriet, ging das Eurosystem bei seinen Offenmarktgeschäften zum Mengentender mit Vollzuteilung über. Dies wiederum führte zu größeren Liquiditätsüberschüssen im Gesamtsystem. Die einzelnen Banken „parken" seither Überschüsse in der Einlagefazilität, da das Eurosystem Überschussguthaben auf den normalen Zentralbankkonten nicht verzinst.

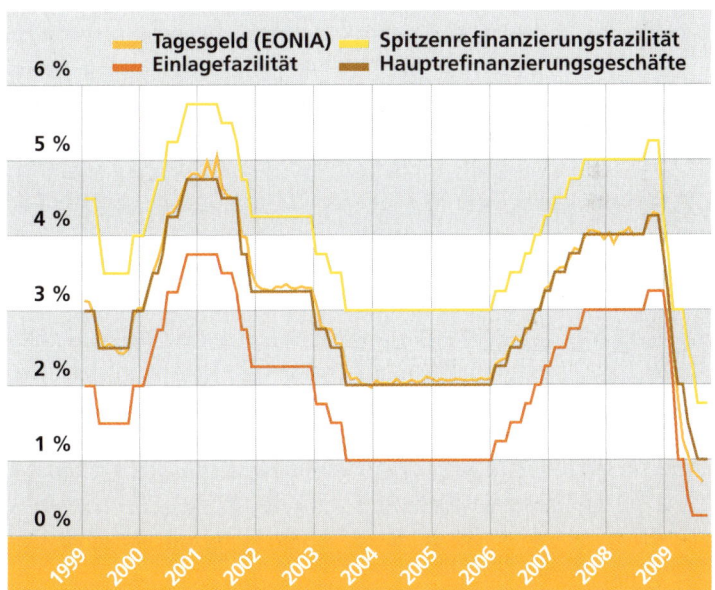

Zentralbankzinsen und Tagesgeldzinsen

6.3.3 Mindestreserve

Die Mindestreserve ist ein weiterer zentraler Bestandteil des geldpolitischen Handlungsrahmens des Eurosystems. Sie dient in erster Linie dazu, die Geldmarktzinsen zu stabilisieren und eine strukturelle Liquiditätslücke des Bankensystems herbeizuführen oder zu vergrößern.

> *Die Banken sind verpflichtet, Mindestguthaben bei der Zentralbank zu halten.*

Die Mindestreserve verpflichtet die Banken dazu, ein bestimmtes Mindestguthaben auf ihrem Girokonto bei der Zentralbank zu halten. Die Höhe der Mindestreserve ergibt sich aus den kurzfristigen Kundeneinlagen sowie dem Mindestreservesatz, der darauf erhoben wird. Zu den kurzfristigen Kundeneinlagen zählen täglich fällige Einlagen, Einlagen mit einer vereinbarten Laufzeit bzw. Kündigungsfrist von bis zu zwei Jahren, Schuldverschreibungen mit vereinbarter Laufzeit von bis zu zwei Jahren und Geldmarktpapiere. Auf diese reservepflichtigen Verbindlichkeiten sind derzeit zwei Prozent als Guthaben bei der Zentralbank zu unterhalten. Die Erfüllungsperiode beginnt jeweils nach der geldpolitischen Sitzung des EZB-Rats und dauert typischerweise vom zweiten Mittwoch eines Monats bis zum zweiten Dienstag des folgenden Monats.

Die Banken müssen die vorgeschriebene Mindestreserve aber nicht an jedem Tag in voller Höhe als Guthaben auf ihrem Zentralbankkonto haben, sondern nur im Durchschnitt über die gesamte Mindestreserveperiode. Das verschafft den Banken Flexibilität, da das Reserveguthaben wie ein Puffer wirkt. Fließt einer Bank durch den Zahlungsverkehr ihrer Kundschaft beispielsweise an einem Tag Zentralbankgeld ab, mindert das zunächst einmal nur das bestehende Reserveguthaben.

> *Reserveguthaben können flexibel genutzt werden und tragen zur Stabilisierung der Geldmarktzinsen bei.*

Der Bank steht es dann frei, das Reserveguthaben durch Kreditaufnahme am Geldmarkt noch am gleichen Tag wieder zu erhöhen – oder aber abzuwarten, ob ihr an den folgenden Tagen mehr Zentralbankgeld zum Ausgleich zufließt. Dies ist ein wichtiger Mechanismus, über den die Durchschnittserfüllung der Mindestreserve zu einer Stabilisierung der Geldmarktzinsen beiträgt:

An Tagen, an denen die Liquidität knapp ist, nimmt die Geschäftsbank niedrige Mindestreserveguthaben hin und treibt den Geldmarktzins nicht durch die Suche nach Liquidität nach oben. An Tagen, an denen die Liquidität am Geldmarkt reichlich ist, hält die Bank höhere Reserveguthaben und wirkt damit einem Verfall des Geldmarktzinses entgegen. Sie muss freilich sicherstellen, dass sie am letzten Tag der Mindestreserveperiode das Mindestreservesoll im Durchschnitt erfüllt hat.

Die Mindestreserve wird vom Eurosystem zum durchschnittlichen Hauptrefinanzierungssatz verzinst. Die Banken haben somit keine Zinsverluste und keine Wettbewerbsnachteile gegenüber anderen Banken außerhalb des Euro-Währungsgebiets, die keine oder eine geringere Mindestreserve unterhalten müssen. Hält eine Bank über die Mindestreserveperiode im Durchschnitt ein höheres Guthaben auf ihrem Zentralbankkonto als ihr Mindestreservesoll beträgt, wird dieses „Überschussguthaben" nicht verzinst. Das gibt den Banken einen Anreiz, überschüssige Liquidität über den Geldmarkt an andere Banken auszuleihen.

Die nationalen Zentralbanken führen die Geldpolitik durch

Während geldpolitische Entscheidungen ausschließlich im EZB-Rat getroffen werden, liegt die operative Durchführung der Geldpolitik weitestgehend bei den nationalen Zentralbanken. Bei ihnen unterhalten die Geschäftsbanken ihre Zentralbankkonten und die Mindestreserve. Die Offenmarktgeschäfte werden ebenso von den nationalen Zentralbanken abgewickelt wie auch die ständigen Fazilitäten. Lediglich in Ausnahmefällen darf die EZB Geldmarktgeschäfte mit ausgewählten Geschäftspartnern bilateral abwickeln. Auf diese Weise können die operativen Erfahrungen der nationalen Zentralbanken sowie die dort bestehende technische und organisatorische Infrastruktur optimal genutzt werden.

6.4 Ein Zahlungsverkehrssystem für die einheitliche Geldpolitik

Eine einheitliche Geldpolitik erfordert einen einheitlichen Geldmarktsatz in allen Mitgliedsländern. Voraussetzung hierfür ist, dass der Zinsausgleich (Arbitrage) zwischen den einzelnen Märkten reibungslos funktioniert. Das Geld fließt also dahin, wo die Zinsen höher sind, damit sich Zinsunterschiede rasch verringern. Um diesen Liquiditäts- und Zinsausgleich sicherzustellen, führte das Europäische System der Zentralbanken Anfang 1999 ein europaweites, integriertes Zahlungsverkehrssystem ein, bei dem Liquidität innerhalb des Euroraums sicher und schnell von einem Zahlungsverkehrsteilnehmer zum anderen transferiert werden kann. Dieses System hieß TARGET (Trans-European Automated Real-time Gross settlement Express Transfer system) und war ein Verbund dezentral betriebener Zahlungsverkehrssysteme der nationalen Zentralbanken.

Zwischen November 2007 und Mai 2008 wurde das bisherige TARGET-System schrittweise durch ein neues europäisches Zahlungsverkehrssystem – TARGET2 – abgelöst, das die Bundesbank zusammen mit den Zentralbanken Frankreichs und Italiens entwickelt hat und betreibt. TARGET2 basiert auf einer einheitlichen technischen Plattform und bietet allen Teilnehmern harmonisierte Leistungen zu einheitlichen Preisen bei nationalen wie grenzüberschreitenden Zahlungen an. Nach einer Übergangsphase ist ab 2011 die Nutzung des neuen Systems für die Verrechnung der Offenmarktgeschäfte zwingend vorgeschrieben. TARGET2 gewährleistet eine reibungslose Umsetzung der Geldpolitik. Das System ermöglicht den Banken ein effizientes Liquiditätsmanagement und fördert zudem die Finanzintegration in Europa. Denn über das System werden neben Interbanken- auch Kundenzahlungen abgewickelt. So wurden im Jahr 2008 pro Tag durchschnittlich rund 370.000 Zahlungen im Wert von 2.600 Milliarden Euro über TARGET2 abgewickelt. Zum Vergleich: Dieser Betrag entspricht in etwa dem nominalen Bruttoinlandsprodukt Deutschlands innerhalb eines Jahres. Darüber hinaus ist mit rund 1.000

TARGET2 gewährleistet als Zahlungsverkehrssystem die reibungslose Umsetzung der Geldpolitik.

direkt und 54.000 indirekt teilnehmenden Banken (einschließlich Zweigstellen und Tochtergesellschaften) eine sehr hohe Erreichbarkeit der Teilnehmer gegeben.

6.5 Grenzen der Geldpolitik

Mit dem Statut des Europäischen Systems der Zentralbanken sind wichtige Rahmenbedingungen für einen stabilen Euro geschaffen worden. Das Eurosystem ist ausdrücklich der Preisstabilität verpflichtet. Es ist unabhängig von politischen Weisungen und darf keine öffentlichen Haushaltsdefizite finanzieren.

Die vielfältigen Ursachen inflationärer Prozesse bedingen, dass eine stabilitätsorientierte Geldpolitik durch eine gleichgerichtete Wirtschafts-, Finanz- und Lohnpolitik ergänzt wird. Nur dann kann Preisstabilität ohne übermäßig hohe Reibungsverluste gewährleistet werden. Der Stabilitätskurs des Eurosystems bedarf also der breiten Unterstützung durch die übrigen wirtschaftspolitischen Akteure. Dazu gehört beispielsweise der Verzicht auf förmliche Wechselkursabkommen, die der EU-Ministerrat zwar grundsätzlich abschließen kann, die aber die geldpolitische Autonomie der Zentralbanken deutlich einschränken würden.

Tarifpartner mit besonderer Stabilitätsverantwortung

Eine besondere Verantwortung kommt den Tarifvertragsparteien bei ihrer Lohnpolitik zu. Denn übermäßige Lohnsteigerungen können schnell zu Preissteigerungen führen, wenn die Unternehmen diese höheren Lohnkosten über ihre Produktpreise weitergeben. Gegen diese Preissteigerungstendenzen kann die Geldpolitik kurzfristig nur wenig ausrichten. Besonders fatal ist dies vor allem dann, wenn diese Preiserhöhungen ihrerseits wieder zu höheren Lohnabschlüssen führen, weil die Arbeitnehmer einen Inflationsausgleich durchsetzen. Um solch eine Lohn-Preis-Lohn-Spirale zu stoppen, bedarf es in der Regel

Eine Lohn-Preis-Lohn-Spirale muss frühzeitig gestoppt werden.

drastischer geldpolitischer Maßnahmen, die nicht ohne negative Auswirkungen auf das gesamtwirtschaftliche Wachstum und die Beschäftigung bleiben werden.

In Deutschland hat die Bevölkerung – nicht zuletzt aufgrund der Erfahrungen einer zweimaligen Zerrüttung des Geldwesens – schon seit Langem sehr empfindlich auf Preissteigerungen reagiert. Mittlerweile hat sich aber in allen Staaten des Eurosystems ein weitgehender Stabilitätskonsens herausgebildet, der das Lohnwachstum dämpft. Dazu dürfte auch beigetragen haben, dass neben der voranschreitenden Globalisierung und der wachsenden Konkurrenz durch Billiglohnländer der Eintritt in die Europäische Währungsunion die Rahmenbedingungen für die Lohnpolitik verändert hat. „Zu hohe" Lohnabschlüsse lassen sich nicht mehr über eine Abwertung der eigenen Währung ausgleichen. Sie schlagen sich deshalb deutlich stärker als früher in einem Verlust an internationaler Wettbewerbsfähigkeit und in regionaler Unterbeschäftigung nieder. Umgekehrt besteht bei „niedrigen" Lohnabschlüssen weniger die Gefahr, dass diese durch eine nachfolgende Aufwertung der eigenen Währung „entwertet" werden. Der Wettbewerb zwischen den nationalen Arbeitsmärkten hat deshalb deutlich zugenommen.

Zu hohe Lohnabschlüsse verringern die Wettbewerbsfähigkeit.

Stabilitätsorientierte Finanzpolitik notwendig

Die Geldpolitik muss darüber hinaus von einer stabilitätsorientierten Finanzpolitik begleitet werden. Der Staat tätigt einen großen Teil der gesamtwirtschaftlichen Ausgaben. Er hat zudem über seine Ausgaben- und Steuerpolitik die Möglichkeit des direkten Zugriffs auf die Einkommen und Ausgaben der privaten Haushalte und Unternehmen. Zudem kann beispielsweise die Erhöhung der Mehrwertsteuer einen zumindest kurzfristig inflationär wirkenden Preisschub auslösen und damit der Stabilitätspolitik des Eurosystems in die Quere kommen. Die Geldpolitik hingegen kann die Staatsausgaben und die privaten Verbrauchsausgaben nur mittelbar beeinflussen.

Haushaltsdefizite und Gesamtschuldenstand in den Euroländern
in Prozent des Bruttoinlandsprodukts

Land	Haushalts-defizit 2007	Schulden-stand 2007	Haushalts-defizit 2008	Schulden-stand 2008
Belgien	− 0,2	84,2	− 1,2	89,8
Deutschland	− 0,2	65,0	0,0	65,9
Finnland	+ 5,2	35,2	+ 4,5	34,1
Frankreich	− 2,7	63,8	− 3,4	67,4
Griechenland	− 3,7	95,6	− 7,7	99,2
Irland	+ 0,3	25,1	− 7,2	44,1
Italien	− 1,5	103,5	− 2,7	105,8
Luxemburg	+ 3,7	6,6	+ 2,5	13,5
Malta	−2,2	62,0	− 4,7	63,8
Niederlande	+ 0,2	45,5	+ 0,7	58,2
Österreich	− 0,6	59,5	− 0,4	62,6
Portugal	− 2,6	63,6	− 2,7	66,3
Slowakei	− 1,9	29,3	− 2,3	27,7
Slowenien	0,0	23,3	− 1,8	22,5
Spanien	+ 1,9	36,1	− 4,1	39,7
Zypern	+ 3,4	58,3	+ 0,9	48,4
Euroraum	− 0,6	65,9	−2,0	69,3

Quelle: EZB, Monatsbericht

In Deutschland übte der Staat in den vergangenen Jahrzehnten einen recht unterschiedlichen Einfluss auf die Nachfrage- und damit auf die Preisentwicklung aus. In den 1970er Jahren versuchte er, die Wirtschaft in Richtung Vollbeschäftigungsgrenze zu steuern – was zu höheren Staatsschulden und zu einem Anstieg des Preisniveaus führte. In den 1980er Jahren schlug die Finanzpolitik einen Konsolidierungskurs ein. Sie übte Ausgabendisziplin und führte die Haushaltsdefizite zurück. Dies begünstigte einen Zinsrückgang, die Stabilisierung der Preise und förderte so das Wirtschaftswachstum. Nach der Wiedervereinigung Deutschlands 1990 schlug das Pendel in der Finanzpolitik allerdings erneut um. Da sich die wirtschaftliche Lage in den neuen Bundesländern als weit schlechter erwies als zunächst erwartet, bedurfte es umfangreicher staatlicher Hilfen, um den Umstrukturierungs- und Aufbauprozess dort voranzubringen und sozial abzufedern. Die damit verbundenen finanziellen Transfers nach Ostdeutschland rissen große Löcher in die öffentlichen Haushalte und lösten einen starken Nachfrageimpuls aus. Auch mit der wirtschaftlichen Durststrecke Deutschlands in den ersten Jahren des neuen Jahrtausends traten zum Teil umfangreiche Haushaltsdefizite auf. In den Jahren 2007 und 2008 konnten die staatlichen Defizite dann zwar fast bis zur Nullgrenze zurückgeführt werden. Im Zuge der Banken- und Wirtschaftskrise hat sich die Lage der öffentlichen Haushalte jedoch wieder erheblich verschlechtert.

Stabilitäts- und Wachstumspakt

Solide öffentliche Finanzen sind in der Wirtschafts- und Währungsunion von besonderer Bedeutung. Finanzpolitische Entscheidungen in einem Land wirken sich mehr oder weniger stark auch auf die anderen Mitgliedstaaten aus. Beispielsweise kann sich durch einen übermäßigen Anstieg der staatlichen Kreditaufnahme eines Landes das Zinsniveau an den Kapitalmärkten erhöhen. Die negativen Folgen hoher Defizite und Schulden betreffen dadurch auch die anderen Mitgliedstaaten.

Als Ergänzung zum EG-Vertrag hatte die Europäische Union 1997 den Stabilitäts- und Wachstumspakt beschlossen. Darin verpflichteten sich die Teilnehmerstaaten, auch nach Eintritt in die Währungsunion mittelfristig einen ausgeglichenen Haushalt zu erreichen. Dazu müssen die Mitgliedsländer mehrjährige „Stabilitätsprogramme" vorlegen. Die jährlichen Aktualisierungen dieser Programme werden vom Ecofin-Rat überprüft. Als Obergrenze für die Neuverschuldung gilt grundsätzlich die Marke von drei Prozent des Bruttoinlandsprodukts (BIP), die auch für den Eintritt in die Währungsunion maßgeblich war bzw. ist. Nur in festgelegten Ausnahmefällen darf die Neuverschuldung eines Teilnehmerlandes über diesem Wert liegen. Droht eine Überschreitung, kann die EU-Kommission eine Frühwarnung aus-

Mit dem Stabilitäts- und Wachstumspakt haben sich die Euroländer zu einer soliden Haushaltsführung verpflichtet.

sprechen („Blauer Brief"). Liegt ein „übermäßiges Defizit" vor, kann ein Defizitverfahren eingeleitet werden, das bei anhaltenden Verletzungen auch empfindliche politische Sanktionen – und letztlich auch eine Geldbuße in Höhe von bis zu 0,5 % des BIP – vorsieht.

Bei der Beurteilung des Pakts ist zu berücksichtigen, dass er nur wirksam ist, wenn er konsequent umgesetzt wird. Die Erfahrungen mit der Anwendung der im Stabilitäts- und Wachstumspakt festgelegten Regeln haben gezeigt, dass mit Stabilitätssündern eher „verständnisvoll" umgegangen wird. Durch die Reform des Pakts im Jahr 2005 wurden zudem die Ermessensspielräume bei der Bewertung der öffentlichen Finanzen ausgeweitet sowie die entsprechenden Fristen zur Korrektur erweitert.

Abstimmung der Wirtschaftspolitiken in der Europäischen Union

Nicht nur die grundsätzlich in nationalen Händen verbliebene Finanzpolitik, sondern auch die Wirtschaftspolitiken der Teilnehmerstaaten müssen die Gemeinschaftsinteressen der Wirtschafts- und Währungsunion (WWU) stärker beachten. Durch die Einführung der gemeinsamen Währung werden Fehlentwicklungen in einem Land in den anderen Mitgliedstaaten noch spürbarer als dies vorher der Fall war. Vor diesem Hintergrund gewinnen die gegenseitige Information, das Abstimmen gemeinsamer Grundlinien sowie die Zusammenarbeit der Regierungen auf den verschiedenen Gebieten der Wirtschaftspolitik zunehmend an Bedeutung. In erster Linie zielt die wirtschaftspolitische Koordinierung darauf ab, zu einem möglichst harmonischen Funktionieren der nationalen Wirtschaftspolitiken des Euroraums beizutragen. Dies kann nur gewährleistet werden, wenn sich auch die Wirtschafts- und Finanzpolitik dem Ziel der Preisstabilität verpflichtet fühlt.

Das wichtigste Instrument der Koordinierung sind die vom Ecofin-Rat verabschiedeten „Grundzüge der Wirtschaftspolitik". Sie beschreiben einmal im Jahr die wirtschaftliche Lage und die wirtschaftspolitischen Erfordernisse. Mit ihnen wird die allgemeine Ausrichtung der Wirtschaftspolitik in der Gemeinschaft abgestimmt. Sie enthalten auch konkrete Empfehlungen an die einzelnen Mitgliedstaaten.

Das Wichtigste im Überblick:

| Die Geldpolitik hat das Ziel, Preisstabilität zu wahren. Ihre Maßnahmen wirken nur mittelbar auf das Preisniveau. Der Bedarf an Zentralbankgeld der Geschäftsbanken ist der Ansatzpunkt der Geldpolitik.

| Die Zinssätze, zu denen die Banken bei der Zentralbank Zentralbankgeld ausleihen oder anlegen, sind Orientierung für die Zinssätze am Geldmarkt. Sie werden daher „Leitzinsen" genannt. Leitzinsänderungen wirken sich auch auf die langfristigen Zinsen aus.

| Eine Änderung der Leitzinsen soll auf Konsum- und Investitionsausgaben der Haushalte und Unternehmen und damit letztlich auf das Preisniveau wirken. Durch den Einfluss anderer Faktoren ist die Wirkung der geldpolitischen Impulse jedoch nicht immer klar vorhersehbar.

| Geldpolitische Entscheidungen müssen viele Faktoren berücksichtigen. Darum trifft der EZB-Rat geldpolitische Entscheidungen auf Grundlage einer einheitlichen Gesamtbeurteilung der Risiken für die Preisstabilität. Diese Beurteilung beruht auf einer wirtschaftlichen und einer monetären Analyse (Zwei-Säulen-Strategie).

| Durch die geldpolitischen Instrumente kann das Eurosystem Einfluss auf die Kreditvergabe der Geschäftsbanken nehmen. Die geldpolitischen Instrumente des Eurosystems sind Offenmarktgeschäfte, ständige Fazilitäten und die Mindestreserve.

| Offenmarktgeschäfte umfassen besicherte Kredite der Zentralbank oder den An- bzw. Verkauf von Wertpapieren. Offen-

marktpolitische Transaktionen können als „Tender" (Versteigerungen) oder als bilaterale Geschäfte erfolgen.

| Das Eurosystem bietet zwei ständige Fazilitäten an. Bei der Spitzenrefinanzierungsfazilität können die Banken Kredite für kurzfristige Liquidität über Nacht aufnehmen, bei der Einlagenfazilität überschüssige Liquidität über Nacht anlegen. Die Zinssätze der Fazilitäten bilden die Ober- bzw. Untergrenze für den Tagesgeldzins.

| Die Banken sind verpflichtet auf ihre reservepflichtigen Kundeneinlagen eine Mindestreserve bei der Zentralbank zu halten. Derzeit beträgt der Mindestreservesatz zwei Prozent.

| Das Zahlungsverkehrssystem TARGET2 ist eine einheitliche technische Plattform, auf der die geldpolitischen Transaktionen des Eurosystems sowie Teile des Interbanken-Zahlungsverkehrs effizient abgewickelt werden können.

| Aufgrund der vielfältigen Faktoren, die auf das Preisniveau wirken, muss die Geldpolitik von einer stabilitätsorientierten Wirtschafts-, Lohn- und Finanzpolitik begleitet werden.

| Wegen der Einführung der gemeinsamen Währung müssen die nationalen Wirtschaftspolitiken innerhalb der Europäischen Union und insbesondere zwischen den Euroländern abgestimmt werden.

| Im Stabilitäts- und Wachstumspakt haben sich die Euroländer verpflichtet, einen ausgeglichenen Haushalt zu erreichen. Bei einem übermäßigen Defizit kann ein Defizitverfahren eingeleitet werden, das zu empfindlichen politischen Sanktionen führen kann.

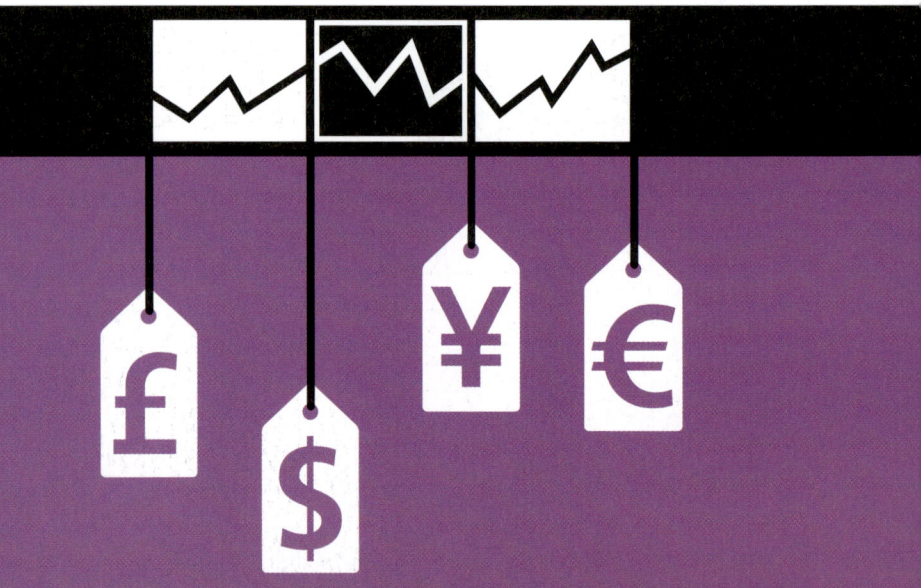

Kapitel 7

Internationale Währungsbeziehungen

7. Internationale Währungsbeziehungen

Der Begriff Währung bezeichnet in einem weit gefassten Sinne die Verfassung und Ordnung des gesamten Geldwesens eines Staates, zumeist wird darunter aber die Geldeinheit eines Staates oder Gebietes verstanden. Nach wie vor haben die meisten Länder eine eigene nationale Währung. Eine Ausnahme bildet der Euroraum mit einer gemeinsamen Währung für 16 Länder. Eine Währung ist eng mit der Geschichte eines Landes oder eines Gebietes verbunden und trägt zu seiner Identität bei.

Die Währungsnamen werden im täglichen Gebrauch durch eine ungenormte Abkürzung (z. B. Schweizer Franken: sfr) oder durch ein eigenes Währungssymbol dargestellt, wie beispielsweise beim US-Dollar ($), dem britischen Pfund (£), dem japanischen Yen (¥) und dem Euro (€). Im internationalen Währungshandel werden alle Währungen allerdings mit einer genormten, aus drei Buchstaben bestehenden Abkürzung geführt, die in der Regel nach folgendem Schema aufgebaut ist: Die ersten beiden Buchstaben stehen für das Land, der dritte Buchstabe für die Währung. Es gibt auch Ausnahmen von dieser Systematik wie beispielsweise beim Euro (EUR) oder russischen Rubel (RUB).

Währung	Abkürzung	Währung	Abkürzung
US-Dollar	USD	Euro	EUR
Japanischer Yen	JPY	Kanadischer Dollar	CAD
Schweizer Franken	CHF	Australischer Dollar	AUD
Britisches Pfund	GBP	Dänische Krone	DKK
Russischer Rubel	RUB	Schwedische Krone	SEK

Währungen und ihre Abkürzung im internationalen Währungshandel

7.1 Wechsel- bzw. Devisenkurs

Aufgrund der unterschiedlichen Währungen müssen bei Geschäften über Landesgrenzen hinweg einheimische Zahlungsmittel in ausländische getauscht werden. Wenn beispielsweise ein deutscher Exporteur von seinem Geschäftspartner außerhalb des Eurogebiets eine fremde Währung erhält, muss er diese in Euro wechseln. Möchte der Exporteur von seinem Geschäftspartner allerdings Euro erhalten, muss der ausländische Importeur für seine Landeswährung Euro kaufen.

Solche Tauschgeschäfte von Währungen erfolgen zum jeweils gültigen Wechselkurs. Ein Wechselkurs ist das Austauschverhältnis zweier Währungen, das auf zwei verschiedene Arten dargestellt werden kann (Zahlenbeispiele frei gewählt):

Mengennotierung	Preisnotierung
1 Euro = 1,30 US-Dollar	1 US-Dollar = 0,77 Euro
1 Euro = 1,52 Schweizer Franken	1 Schweizer Franken = 0,66 Euro
1 Euro = 0,92 Britische Pfund	1 Britisches Pfund = 1,09 Euro

Wechselkurse in Mengen- und Preisnotierung

Die Mengennotierung zeigt an, wie viel Fremdwährung man für eine Einheit der eigenen Währung bekommt. Die Preisnotierung gibt an, wie viel eine Einheit der Fremdwährung kostet. Mathematisch sind die beiden Notierungen jeweils der Kehrwert der anderen. Im professionellen Devisenhandel ist es weithin üblich, den Euro stets in Mengennotierung anzugeben.

Die Bezeichnung „Wechselkurs" resultiert aus der Tatsache, dass der internationale Zahlungsverkehr in der Vergangenheit hauptsächlich auf der Basis von Handelswechseln abgewickelt wurde. Heute macht man das im Zuge des bargeldlosen Zahlungsverkehrs mit Banküberweisungen. Der Fachausdruck für eine Zahlungsanweisung an das Ausland in fremder Währung ist „Devise". Deshalb spricht man häufig auch vom Devisenkurs. Der Devisenkurs liegt allen bargeldlosen Transaktionen zugrunde.

Ausländisches Bargeld („Sorten") wird meist zu einem speziellen Sortenkurs („Schalterkurs") getauscht. Dieser orientiert sich am Devisenkurs, ist aber nicht mit ihm identisch. Aus Sicht der Bank liegt der Ankaufskurs für Sorten über dem Devisenkurs, der Verkaufskurs darunter. Diese Differenz fängt die erhöhten Kosten der Geschäftsbanken und Wechselstuben durch den Umgang mit Bargeld auf. Die Spanne zwischen An- und Verkaufskurs kann jede Bank bzw. Wechselstube selbst festlegen. In der Regel werden nur Banknoten und keine Münzen getauscht.

Sorten sind ausländisches Bargeld.

	Sorten-verkaufskurs	Devisen-referenzkurs	Sorten-ankaufskurs
US-Dollar	1,2924	1,3424	1,3924
Schweizer Franken	1,4819	1,5239	1,5659
Britisches Pfund	0,8892	0,9127	0,9362

Beispiel für Sortenkurse („Schalterkurse") in Mengennotierung

Bei den obigen Kursen müsste ein Kunde der Bank oder Wechselstube für einen 100-Dollar-Schein 77,38 Euro bezahlen. Bei Rückgabe würde er für ihn 71,82 Euro bekommen, sofern keine weiteren Gebühren berechnet werden.

Devisenmarkt

Bis Ende 1998 wurde unter Beteiligung der Deutschen Bundesbank an der Frankfurter Devisenbörse das amtliche Devisenfixing durchgeführt. Dabei ermittelte ein amtlicher Makler einmal am Tag um die Mittagszeit

Devisen-Referenzkurse der Europäischen Zentralbank

	Währung	1 Euro =
AUD	Australischer Dollar	1,7087
BGN	Bulgarischer Lew	1,9558
BRL	Brasilianischer Real	2,7089
CAD	Kanadischer Dollar	1,5793
CHF	Schweizer Franken	1,5168
CNY	Chinesischer Renminbi Yuan	9,7486
CZK	Tschechische Krone	25,376
DKK	Dänische Krone	7,4431
EEK	Estnische Krone	15,6466
GBP	Britisches Pfund	0,88135
HKD	Hongkong-Dollar	11,0620
HRK	Kroatische Kuna	7,3640
HUF	Ungarischer Forint	271,85
IDR	Indonesische Rupiah	14.390,15
INR	Indische Rupie	69,7900
JPY	Japanischer Yen	133,10
KRW	Südkoreanischer Won	1.783,28
LTL	Litauischer Litas	3,4528
LVL	Lettischer Lats	0,7031
MXN	Mexikanischer Peso	19,0246
MYR	Malaysischer Ringgit	5,0259
NOK	Norwegische Krone	8,6070
NZD	Neuseeland-Dollar	2,0973
PHP	Philippinischer Peso	69,6670
PLN	Polnischer Zloty	4,1040
RON	Rumänischer Leu	4,2238
RUB	Russischer Rubel	45,4645
SEK	Schwedische Krone	10,2191
SGD	Singapur-Dollar	2,0602
THB	Thailändischer Baht	48,5320
TRY	Türkische Lira	2,1480
USD	US-Dollar	1,4272
ZAR	Südafrikanischer Rand	11,1136

Stand: 31.08.2009

in einer Art Versteigerung aus den ihm vorliegenden sowie aktuell noch eingehenden Angeboten und Nachfragen den Kurs, der „den Markt räumt" – also zum größtmöglichen Gesamtumsatz führt. Die dort ermittelten amtlichen Devisenkurse waren die Grundlage für die Abrechnung von Währungsgeschäften bei allen deutschen Banken. Seit 1999 ermittelt und veröffentlicht die Europäische Zentralbank Euro-Referenzkurse für ausgewählte Währungen. Von anfänglich 17 ist die Anzahl der Referenzkurse inzwischen auf über 30 gestiegen. Daneben führten die deutschen Banken das Euro-Fixing ein. Dort werden täglich Referenzkurse für acht Währungen (USD, JPY, GBP, CHF, CAD, SEK, NOK, DKK) festgestellt, die als Grundlage für die Währungsgeschäfte der am Euro-Fixing beteiligten Banken dienen.

Der Wechselkurs ist das Ergebnis aus Angebot und Nachfrage.

Feste Wechselkurse

Die Wechselkurse sind eine wesentliche Kalkulationsgrundlage für Handel und Kapitalverkehr mit dem Ausland. Lange Zeit war man deshalb der Meinung, dass die Wechselkurse fest sein oder sich nur in engen Grenzen bewegen sollten. Wechselkurse bilden sich jedoch durch Angebot und Nachfrage, die von Tag zu Tag unterschiedlich sein können. Ein fester Kurs lässt sich deshalb nur aufrechterhalten, wenn eine Instanz dafür sorgt, dass sich Angebot und Nachfrage zu diesem Kurs ausgleichen: Dies sind die Zentralbanken. Sie sind bei festen Wechselkursen verpflichtet, den Kurs der eigenen Währung am Devisenmarkt je nach Marktlage durch Käufe oder Verkäufe von Devisen (Interventionen) stabil zu halten. Solch eine Verpflichtung kann es einer Zentralbank allerdings schwer oder gar unmöglich machen, eine eigenständige, auf Preisstabilität ausgerichtete Geldpolitik zu verfolgen. Das haben beispielsweise die Erfahrungen Deutschlands in den 1960er und frühen 1970er Jahren gezeigt: Wenn es damals zu Mittelzuflüssen aus dem Ausland kam, musste die Bundesbank zur Verteidigung des Wechselkurses Devisen gegen Hergabe von D-Mark ankaufen. Dies aber blähte die inländische Geldmenge auf – was bisweilen in Widerspruch zur Geldpolitik der Bundesbank geriet.

Internationale Währungsbeziehungen

Außerdem ist eine Währung mit festen Wechselkursen anfällig für Spekulationen. Fließt beispielsweise heimische Währung ins Ausland ab, muss die Zentralbank zur Stabilisierung des Wechselkurses die eigene Währung gegen Hergabe von Devisen aus ihren Währungsreserven ankaufen. Spekulanten können solch eine Situation mit gezielten Geschäften für sich nutzen – und letztlich eine Abwertung der Währung erzwingen.

Zahlreiche Länder halten ihre Wechselkurse nach wie vor in einem festen Verhältnis zu einer anderen Währung, wie beispielsweise dem US-Dollar. So soll mehr Vertrauen in die eigene Währung entstehen. Manche Länder geben sich selbst sogar vor, dass die im eigenen Land umlaufende Geldmenge stets voll durch Devisenreserven gedeckt sein muss („Currency Board"). Ziel eines Currency-Board-Währungsregimes ist, die Stabilität der „Ankerwährung" ins eigene Land zu importieren. Dafür wird bewusst auf Spielraum für eine eigenständige Geldpolitik verzichtet.

Flexible Wechselkurse

Die meisten wichtigen Währungen haben heute flexible Wechselkurse. Ihr Kurs bildet sich am Devisenmarkt im Wechselspiel von Angebot und Nachfrage. Das gilt auch für den Euro. Sein Wert ist gegenüber wichtigen Währungen ist (z. B. US-Dollar, japanischer Yen, britisches Pfund) nicht fixiert, sondern beweglich. Die Währungen „floaten" gegenüber dem Euro (floating = schwankend). Ihre Wechselkurse können im Zeitverlauf gegenüber dem Euro sogar sehr stark schwanken. Dies führt zu Unsicherheit und reduziert die Planungs- und Kalkulationssicherheit für Handel und Kapitalverkehr. Durch eine Aufwertung der Währung verlieren die eigenen Güter an Wettbewerbsfähigkeit. Sie werden im Vergleich zu ausländischen Gütern teurer, während gleichzeitig Importe aus dem Ausland günstiger werden. Es gibt allerdings eine Reihe von Instrumenten wie beispielsweise Options- und Termingeschäfte, mit denen sich solche Kursrisiken absichern lassen.

Der Wechselkurs des Euro ist flexibel.

7.2 Europäisches Währungssystem

In Europa gab und gibt es ein Wechselkurssystem mit festen Leitkursen. Im Jahr 1979 hatten sich die meisten Länder der Europäischen Gemeinschaft im Europäischen Währungssystem (EWS) zusammengeschlossen. Sie vereinbarten damals untereinander gegenseitig feste Leitkurse mit engen Schwankungsbreiten nach oben und unten (in der Regel ± 2,25 %). Zu den wesentlichen Elementen des EWS zählte der Europäische Wechselkursmechanismus (WKM). Wenn der Wechselkurs an die festgelegte Bandbreite stieß, waren die Zentralbanken prinzipiell verpflichtet, durch An- oder Verkauf von Devisen unbegrenzt zu intervenieren, um den Wechselkurs innerhalb der festgelegten Bandbreite zu halten. Als Rechen- und Bezugsgröße diente die ECU (= European Currency Unit), deren Wert sich aus nationalen Währungen der damaligen EG-Staaten ergab. Das Ziel des EWS war es, ein Währungssystem zu schaffen, das mit grundsätzlich festen, aber anpassungsfähigen Wechselkursen zu einer größeren inneren und äußeren Stabilität in den Mitgliedstaaten führt.

Wechselkursmechanismus II (WKM II)

Mit der Einführung des Euro Anfang 1999 wurde das EWS durch die Europäische Währungsunion abgelöst. Gleichzeitig wurde der Wechselkursmechanismus II (WKM II) eingeführt. Er bindet die Währungen von EU-Staaten außerhalb des Euroraums an den Euro. Der Euro gilt im WKM II als Leitwährung, an dessen Kurs sich die anderen Währungen orientieren.

Die Teilnahme am WKM II ist eine Voraussetzung für die Einführung des Euro. Gemäß dem Konvergenzkriterium der Wechselkursstabilität muss jedes EU-Land, das der Währungsunion beitreten will, zwei Jahre lang „spannungsfrei" am WKM II teilgenommen haben. Der Wechselkurs der Währung dieses Landes darf also zwei Jahre lang eine festgelegte Schwankungsbreite gegenüber dem Euro nicht überschreiten. Das Land soll so unter Beweis stellen, dass die eigene Wirtschaft nicht auf gelegentliche Abwertungen angewiesen ist, um im Wettbewerb zu bestehen.

Inzwischen haben bereits mehrere Länder den WKM II erfolgreich durchlaufen und sind in die Währungsunion eingetreten. Dies gilt für Griechenland, Malta, die Slowakei, Slowenien und Zypern. Estland, Lettland und Litauen gehören dem WKM II bereits seit mehreren Jahren an, wurden aber bislang nicht in die Währungsunion aufgenommen, da sie die Konvergenzkriterien noch nicht erfüllt haben. Bulgarien, Tschechien, Ungarn, Polen und Rumänien sind als EU-Mitglieder gehalten, den Euro als Währung zu übernehmen. Sie streben die Teilnahme am WKM II an. In Schweden hat die Mehrheit der Bevölkerung die Einführung des Euro in einem Referendum vor Jahren abgelehnt. Das Land ist deshalb bewusst dem WKM II nicht beigetreten und erfüllt damit noch nicht alle Konvergenzkriterien. Dänemark nimmt bereits seit 1999 am WKM II teil, kann aber aufgrund einer Sondervereinbarung selbst entscheiden, ob es bei Erfüllung der Konvergenzkriterien in die Währungsunion eintritt. Dies ist zur Zeit nicht geplant, da sich die Bevölkerung in Dänemark mehrheitlich dagegen ausgesprochen hat. Ebenfalls aufgrund einer Sonderabmachung steht es Großbritannien frei, den Euro bei Erfüllung der Konvergenzkriterien einzuführen oder nicht. Bislang hat Großbritannien darauf verzichtet, am WKM II als Vorstufe zu einem Beitritt zur Währungsunion teilzunehmen.

Die Teilnahme am WKM II ist Voraussetzung für die Einführung des Euro.

Derzeitige Teilnehmer am WKM II

	Währung	Beitritt	Schwankungsbreite
Dänemark	Dänische Krone	1999	± 2,25 %
Estland	Estnische Krone	2004	± 15 %
Lettland	Lettischer Lats	2005	± 15 %
Litauen	Litauischer Litas	2004	± 15 %

Internationale Währungsbeziehungen

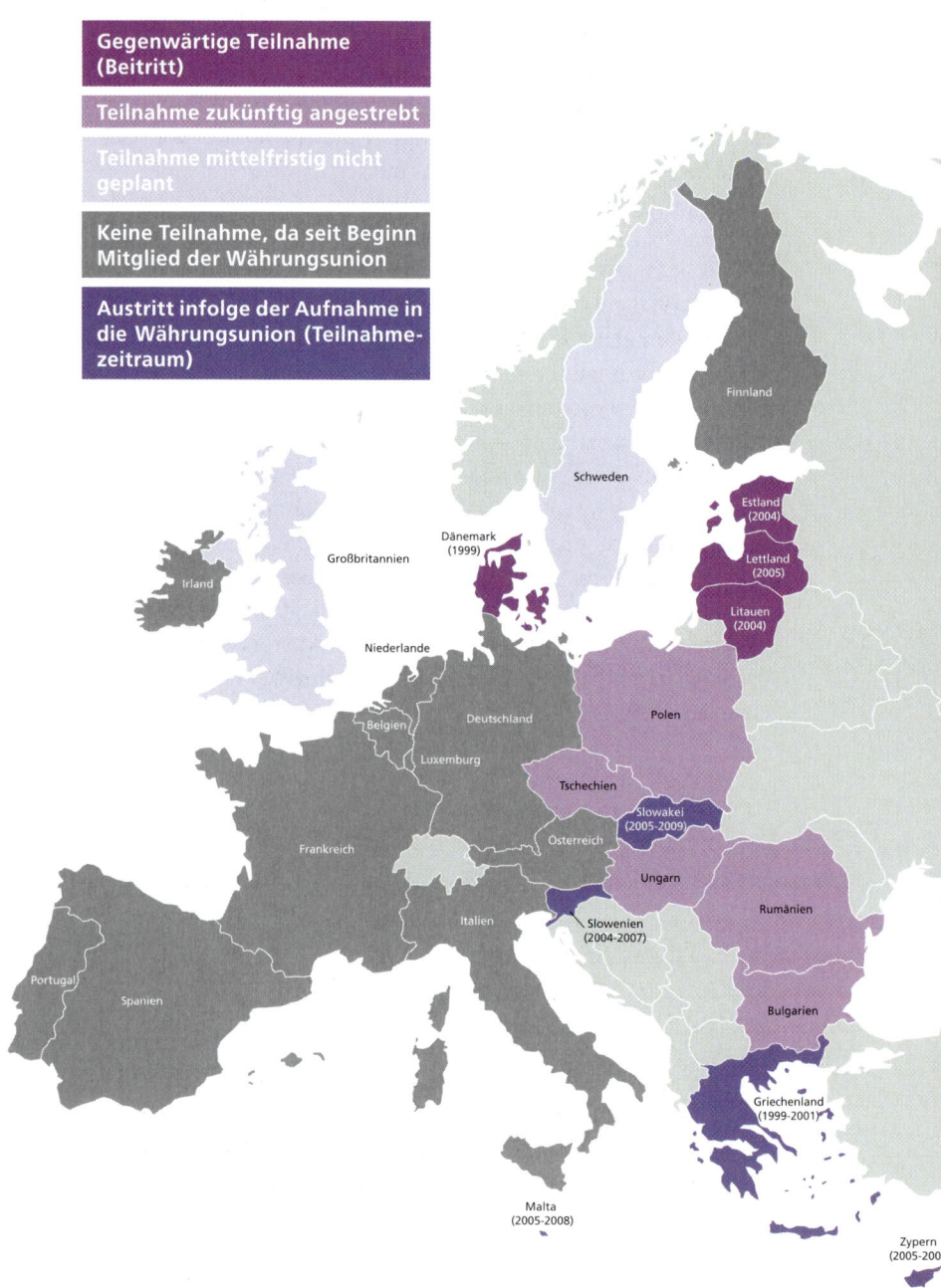

Internationale Währungsbeziehungen

Interventionen zur Wechselkursstabilisierung im WKM II

Um anhaltenden Wechselkursspannungen frühzeitig begegnen zu können, ist der WKM II wesentlich flexibler angelegt als der frühere Wechselkursmechanismus des EWS. So sollen Leitkursanpassungen möglichst rechtzeitig erfolgen. Um den Wechselkurs des Euro gegenüber den übrigen Teilnehmerwährungen am WKM II in den vorgesehenen Schwankungsbreiten zu halten, müssen die Europäische Zentralbank und die betroffenen nationalen Zentralbanken mehr oder weniger stark an den Devisenmärkten intervenieren. Wird eine Grenze der festgelegten Schwankungsbreite erreicht, sind grundsätzlich Devisenmarktinterventionen in unbegrenzter Höhe vorgesehen. Allerdings können sowohl das Eurosystem als auch die nationalen Zentralbanken die Interventionen verweigern, wenn dies im Widerspruch zu ihrem Auftrag steht, die Preisstabilität zu sichern. Die Interventionen sollen außerdem nur als unterstützende Maßnahme zur Stabilisierung der Wechselkurse eingesetzt werden, denn sie können eine konvergenzorientierte Geld- und Finanzpolitik keinesfalls ersetzen. Zudem haben das Eurosystem und die am WKM II teilnehmenden nationalen Zentralbanken das Recht, jederzeit eine Überprüfung der Leitkurse in Gang zu setzen. Leitkursanpassungen (Realignments) sind nicht ausgeschlossen.

Interventionen im WKM II dürfen nicht im Widerspruch zum Ziel Preisstabilität stehen.

7.3 Die Zahlungsbilanz

Die Zahlungsbilanz eines Landes bzw. eines Währungsraums hält die wirtschaftlichen Transaktionen zwischen Inland und Ausland fest. Der Aufbau der Zahlungsbilanz soll im Folgenden am Beispiel Deutschlands verdeutlicht werden. Aufgrund der Harmonisierung in der Europäischen Union unterscheidet sich der Aufbau der nationalen Zahlungsbilanz nicht von der europäischen.

Eine Zahlunsbilanz setzt sich aus mehreren Teilbilanzen zusammen: der Leistungsbilanz (I.), dem Saldo der Vermögensübertragungen (II.), der Kapitalbilanz (III.), der Veränderung der Währungsreserven (IV.) und den statistisch nicht aufgliederbaren Transaktionen (V.).

Zahlungsbilanz der Bundesrepublik Deutschland

in Mrd. Euro	2006	2007	2008
I. Leistungsbilanz	**+ 151,0**	**+ 191,3**	**+ 165,3**
1. Außenhandel (Handelsbilanz)	+ 145,9	+ 185,5	+ 166,4
2. Dienstleistungen	- 13,9	- 13,3	- 12,7
3. Erwerbs- und Vermögenseinkommen	+ 46,1	+ 50,7	+ 44,7
4. Laufende Übertragungen	- 27,1	- 31,6	- 33,1
II. Saldo der Vermögensübertragungen	**- 0,3**	**+ 0,1**	**- 0,1**
III. Kapitalbilanz	**- 177,9**	**- 236,4**	**- 203,3**
1. Direktinvestitionen	- 55,9	- 90,0	- 92,2
2. Wertpapiere und Finanzderivate	- 18,5	+ 66,4	+ 18,3
3. Übriger Kreditverkehr	- 103,5	- 212,8	- 129,4
IV. Veränderungen der Währungsreserven (Devisenbilanz)	**+ 2,9**	**- 0,9**	**- 2,0**
V. Restposten	**+ 24,3**	**+ 45,9**	**+ 40,1**

Die zwei wesentlichen Bestandteile der Zahlungsbilanz sind die Leistungs- und die Kapitalbilanz. Die Leistungsbilanz (I.) stellt die Einfuhr und die Ausfuhr von Waren und Dienstleistungen, Einkommen aus Auslandsinvestitionen sowie Transferzahlungen dar. In der Kapitalbilanz (III.) werden die Kapitalbewegungen mit dem Ausland zusammengefasst.

Die anderen Teilbilanzen fallen in der Zahlungsbilanz weniger ins Gewicht. Vermögensübertragungen (II.) sind einmalige Transaktionen, denen keine erkennbaren Leistungen gegenüberstehen, wie Erbschaften, Schenkungen oder ein Schuldenerlass für Entwicklungsländer. Die Teilbilanz der Veränderungen der zentral bei der Bundesbank gehaltenen Währungsreserven (z. B. Devisen und Gold) wird auch Devisenbilanz genannt (IV.). Hier bedeutet ein negatives Vorzeichen eine Zunahme, ein positives Vorzeichen eine Abnahme der Währungsreserven. Statistisch nicht aufgliederbare Transaktionen werden im Restposten (V.) zusammengefasst. Er berücksichtigt statistisch nicht erfasste Transaktionen und Ermittlungsfehler und gleicht die Zahlungsbilanz aus. Der Restposten entsteht u. a., wenn Leistung und Gegenleistung eines Auslandsgeschäfts nicht innerhalb des gleichen Erfassungszeitraums der Zahlungsbilanz anfallen, durch Überweisungen ins Ausland unterhalb der Meldegrenzen oder durch „Koffergeschäfte", also die zumeist illegale Aus- und Einfuhr von Bargeld oder physischen Wertpapieren (effektive Stücke), die wertmäßig nur geschätzt werden kann.

Die Zahlungsbilanz ist stets ausgeglichen.

Die Zahlungsbilanz ist als Ganzes immer ausgeglichen. Trotzdem ist häufig vom Zahlungsbilanzsaldo die Rede. Dies ist in vielen Fällen nur eine unpräzise Ausdrucksweise. Gemeint ist hierbei oft der Saldo der Leistungsbilanz. Der Begriff „Zahlungsbilanz" ist ebenfalls missverständlich, denn es handelt sich eigentlich nicht um eine Bilanz (d. h. um eine Zeitpunktrechnung), sondern um eine Zeitraumbetrachtung.

7.3.1 Leistungsbilanz

Die Leistungsbilanz als wesentlicher Teil der Zahlungsbilanz setzt sich aus den Posten der Handelsbilanz (1.) und Dienstleistungsbilanz (2.), der Bilanz aus Erwerbs- und Vermögenseinkommen (3.) sowie den laufenden Übertragungen (4.) zusammen.

Leistungsbilanz der Bundesrepublik Deutschland

in Mrd. Euro	2006		2007		2008	
1. Außenhandel (Handelsbilanz)		+145,9		+185,5		+166,4
Warenexport	+ 893,0		+ 965,2		+ 992,5	
Warenimport	- 734,0		- 769,9		- 814,0	
Ergänzungen zum Warenhandel	- 13,1		- 9,8		- 12,1	
2. Dienstleistungen		-14,0		-13,3		-12,7
darunter: Reiseverkehr	- 32,8		- 34,3		- 34,6	
3. Erwerbs- und Vermögenseinkommen		+ 46,1		+ 50,6		+ 44,7
4. Laufende Übertragungen		- 27,1		- 31,6		- 33,1
Leistungsbilanzsaldo		+ 150,9		+ 191,2		+ 165,3

Handelsbilanz (Außenhandel)

Der wichtigste Posten in der Leistungsbilanz der Bundesrepublik Deutschland ist der Warenhandel. Deutschland hat 2008 Waren für fast 993 Milliarden Euro exportiert und für 814 Milliarden Euro importiert. Im Ergebnis sind damit mehr Waren exportiert als importiert worden. Gemessen an allen in Deutschland erzeugten Waren und Dienstleistungen – dem so genannten Bruttoinlandsprodukt (BIP), das 2008 gut 2,5 Billionen Euro betrug – machte der Export von Waren rund 40 Prozent und der Import ungefähr ein Drittel aus. Ein Schwerpunkt des deutschen Außenhandels liegt dabei im Euroraum. So gingen 2008 rund 43 Prozent aller deutschen Exporte in Staaten des Euroraums. Rund 40 Prozent seiner Importe hat Deutschland von dort bezogen. Die in der Handelsbilanz ausgewiesenen Ergänzungen zum Warenhandel erfassen hauptsächlich den Lagerverkehr auf inländische Rechnung

Die Handelsbilanz zeigt die Differenz zwischen Warenexporten und Warenimporten.

sowie Rückgaben von Waren, beispielsweise aufgrund von Stornierung, Reklamation oder Falschlieferung. Diese Transaktionsarten beeinflussen zwar den Außenhandel, würden aber bei unmittelbarer Berücksichtigung beim Warenexport bzw. Warenimport das Bild verzerren. Insgesamt wies die deutsche Handelsbilanz 2008 einen Überschuss von rund 166 Milliarden Euro auf.

Für das Gesamtbild aller Geschäfte mit dem Ausland ist jedoch der Warenaustausch allein nicht maßgeblich. Daneben sind die Dienstleistungsbilanz, das Erwerbs- und Vermögenseinkommen und die laufenden Übertragungen zu berücksichtigen. Sie werden auch als „unsichtbare Leistungstransaktionen" bezeichnet.

Dienstleistungsbilanz

Dominiert wird der Saldo der Dienstleistungsbilanz von den vielen Reisen der Deutschen ins Ausland. Da viel weniger Ausländer Deutschland besuchen als umgekehrt, übersteigen hier die Ausgaben die Einnahmen wesentlich. So weist die deutsche Dienstleistungsbilanz regelmäßig ein Defizit auf. Im Jahr 2008 betrug es rund 13 Milliarden Euro.

Erwerbs- und Vermögenseinkommen

Die Teilbilanz Erwerbs- und Vermögenseinkommen dokumentiert grenzüberschreitende Zahlungen aus Erwerbstätigkeit und Vermögen, u. a. Zins- und Dividendenzahlungen. Da die Deutschen aufgrund vergangener Handelsüberschüsse Auslandsvermögen aufgebaut haben und daraus Einnahmen erzielen, weist diese Teilbilanz regelmäßig Überschüsse aus. Im Jahr 2008 betrug der Überschuss fast 45 Milliarden Euro.

Laufende Übertragungen

Unter den laufenden Übertragungen in der Leistungsbilanz versteht man – im Gegensatz zu den Vermögensübertragungen (Posten II der Zahlungsbilanz) – regelmäßige Zahlungen, denen keine erkennbare Leistung der anderen Seite gegenübersteht. Beispiele hierfür sind die

Überweisungen der in Deutschland beschäftigten ausländischen Arbeitnehmer in ihre Heimatländer, Zahlungen des Staates an internationale Organisationen wie die Vereinten Nationen oder Leistungen im Rahmen der deutschen Entwicklungshilfe. Bei den laufenden Übertragungen hat Deutschland traditionell ein umfangreiches Defizit. Es betrug im Jahr 2008 rund 33 Milliarden Euro.

Entwicklung der deutschen Leistungsbilanz

In den 1990er Jahren wies die deutsche Leistungsbilanz zum Teil sehr hohe Defizite auf. Dies lag besonders daran, dass die neu hinzugekommenen Bundesbürger nach der Wiedervereinigung einen großen Nachholbedarf an Waren und Dienstleistungen hatten.

Entwicklung der deutschen Leistungs- und Handelsbilanz

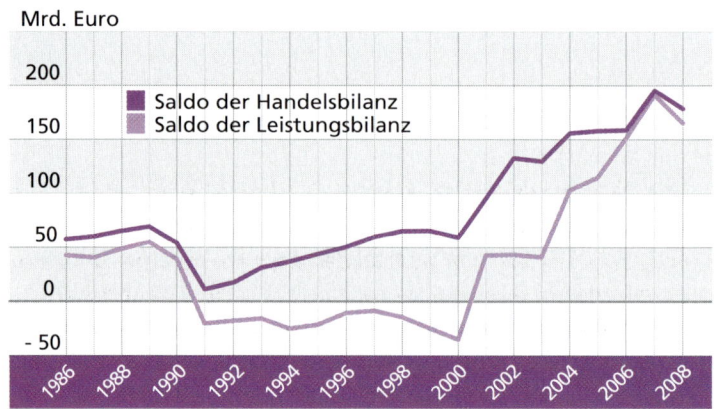

Der Leistungsbilanzsaldo zeigt die Entwicklung des Auslandsvermögens.

In den letzten Jahren sind aber wieder deutliche Überschüsse der Leistungsbilanz zu verzeichnen. Hierfür waren vor allem der starke Anstieg der Warenausfuhren, die von der günstigen Entwicklung der Weltwirtschaft profitierten, und der hohe Überschuss der Erwerbs- und Vermögenseinkommen verantwortlich.

Bedeutung von Leistungsbilanzsalden

Ein Leistungsbilanzdefizit deutet stets darauf hin, dass das betreffende Land mehr verbraucht als es produziert. Es importiert mehr als es exportiert und baut damit Auslandsvermögen ab bzw. verschuldet sich im Ausland. Weist ein Land hingegen einen Leistungsbilanzüberschuss auf, so führt es mehr aus, als es selbst an fremden Waren und Dienstleistungen nachfragt. Dieses Land bildet damit Vermögen im Ausland.

Steht einem Leistungsbilanzdefizit eine Abnahme der Währungsreserven des Landes gegenüber, so wurde das Defizit von der Zentralbank durch Auflösung von Auslandsvermögen (Währungsreserven) finanziert. Nimmt dagegen der Staat oder die Wirtschaft Kredite im Ausland auf, so finanziert dieser Kapitalimport das Leistungsbilanzdefizit. Ein Leistungsbilanzsaldo spiegelt sich demzufolge notwendigerweise in anderen Posten der Zahlungsbilanz, die Aufschluss darüber geben, auf welche Art und Weise Auslandsvermögen gebildet oder abgebaut wurde.

7.3.2 Kapitalbilanz

In der Kapitalbilanz wird der Kapitalverkehr zwischen Inland und Ausland erfasst. Kapitalimporte stellen dabei eine Zunahme der Verbindlichkeiten gegenüber dem Ausland dar. Kapitalexporte bedeuten eine Zunahme der Forderungen. Die Kapitalbilanz setzt sich aus den Direktinvestitionen, den Wertpapieren/Finanzderivaten sowie dem übrigen Kreditverkehr zusammen. In der deutschen Zahlungsbilanz gleicht ihr Saldo den größten Teil des Leistungsbilanzsaldos aus.

Kapitalbilanz der Bundesrepublik Deutschland

in Mrd. Euro	2006	2007	2008
1. Direktinvestitionen	- 55,9	- 90,0	- 92,2
2. Wertpapiere/Finanzderivate	- 18,5	+ 66,4	+ 18,3
3. Übriger Kreditverkehr	- 103,5	- 212,8	- 129,4
Kapitalbilanzsaldo	**- 177,9**	**- 236,4**	**- 203,3**

Direktinvestitionen

Unter dem Posten Direktinvestitionen werden alle wirtschaftlichen Beziehungen zusammengefasst, die ein unternehmerisches Engagement und unternehmerische Einflussmöglichkeit erkennen lassen. Dies sind überwiegend Unternehmensbeteiligungen. So erwerben deutsche Firmen Beteiligungen an ausländischen Unternehmen oder gründen Zweigniederlassungen im Ausland, um beispielsweise ihre Bezugs- und Absatzmärkte zu sichern oder sich mit Produktionsstätten im Ausland gegen Wechselkursschwankungen abzusichern. Umgekehrt kaufen sich ausländische Unternehmen bei uns ein.

Wertpapiere und Finanzderivate

Deutsche Kapitalanleger legen ihr Geld an den internationalen Kapitalmärkten an, weil sie sich beispielsweise dort höhere Erträge versprechen. Gleichzeitig floss in der Vergangenheit häufig auch ausländisches Geld nach Deutschland. Viele der vom deutschen Staat ausgegebenen Anleihen befinden sich im Auslandsbesitz. Unter Wertpapieren sind Aktien, festverzinsliche Papiere, Investmentfondsanteile oder Zertifikate zu verstehen. Zu den Finanzderivaten gehören vor allem Options- und Termingeschäfte. Sie dienen in erster Linie zur Absicherung bestimmter Risiken, werden aber auch zur Spekulation genutzt.

Übriger Kreditverkehr

Alle weiteren Kapitalexporte und Kapitalimporte werden im übrigen Kreditverkehr zusammengefasst. Hierunter fallen Kredite, die der Staat im Ausland aufnimmt bzw. anderen Ländern gewährt. Aber auch inländische Firmen geben ihren ausländischen Abnehmern Handelskredite, wenn sie so beispielsweise den Absatz langlebiger Investitionsgüter fördern können. Andererseits verschuldet sich auch die deutsche Wirtschaft im Ausland.

Die Motive und Arten von Kapitalbewegungen sind vielfältig. Im Allgemeinen schwankt der Kapitalverkehr stärker als der Leistungsverkehr. Ähnlich wie beim Austausch von Gütern ist die internationale Verflechtung auch im Bereich des Kapitalverkehrs enger geworden.

Deutschland ist inzwischen eine wichtige Drehscheibe für international mobiles Kapital.

7.3.3 Die Zahlungsbilanz des Euroraums

Für den Außenwert des Euro sind nicht die nationalen Zahlungsbilanzen, sondern die Zahlungsbilanz des Euroraums maßgeblich. Die Zahlungsbilanz des Euroraums umfasst nicht die Transaktionen innerhalb des Euroraums, sondern die Transaktionen des Euroraums mit der „Außenwelt". Sie ist damit auch für die Geldpolitik des Eurosystems von Bedeutung.

Zahlungsbilanz des Euroraums

in Mrd. Euro	2006	2007	2008
I. Leistungsbilanz	-10,5	+11,1	-100,9
1. Außenhandel (Handelsbilanz)	+ 12,3	+ 46,4	- 6,0
2. Dienstleistungen	+ 43,3	+ 49,2	+ 42,8
3. Erwerbs- und Vermögenseinkommen	+ 13,6	+ 1,4	- 41,3
4. Laufende Übertragungen	- 79,7	- 85,9	- 96,4
II. Saldo der Vermögensübertragungen	+ 9,2	+ 13,7	+ 12,0
III. Kapitalbilanz	+142,4	+46,3	+307,1
1. Direktinvestitionen	- 157,6	- 92,5	- 242,3
2. Wertpapiere und Finanzderivate	+297,1	+ 92,8	+384,8
3. Übriger Kreditverkehr	+ 2,9	+ 46,0	+164,6
IV. Veränderungen der Währungsreserven (Devisenbilanz)	- 0,9	- 5,1	- 3,9
V. Restposten	- 140,2	- 66,0	-214,3

Quelle: EZB

Die Zahlungsbilanz des Euroraums unterscheidet sich zahlenmäßig erheblich von der deutschen Zahlungsbilanz. Der Saldo der Handelsbilanz und damit auch der Leistungsbilanzsaldo ist deutlich geringer als in Deutschland. Ein Blick auf die Zahlen verdeutlicht, wie dynamisch sich Außenhandel und Kapitalverkehr entwickeln. So hat sich der Saldo der Handelsbilanz von 2007 auf 2008 von einem Überschuss von rund 46 Milliarden Euro in ein Defizit von 6 Milliarden Euro gedreht. Das hing hauptsächlich damit zusammen, dass die Einfuhren – insbesondere aufgrund des Anstiegs der Ölpreise – stärker zunahmen als die Ausfuhren. Auch scheint die schwächere Auslandsnachfrage zur relativ verhaltenen Entwicklung der Exporte beigetragen zu haben. In der Kapitalbilanz des Euroraums ist vor allem der deutlich gestiegene Nettozufluss bei den Wertpapieren und Finanzderivaten auffällig, der von rund 93 auf 385 Milliarden Euro zunahm. Angesichts der Zuspitzung der Finanzmarktturbulenzen im Jahr 2008 legten viele Investoren, Inländer wie Gebietsfremde, ihr Kapital zunehmend im Euroraum an.

Einflüsse auf den Euro-Wechselkurs zeigt die Zahlungsbilanz des Eurosystems.

7.4 Internationalisierung der Finanzmärkte

In den letzten Jahrzehnten haben sich die Finanzmärkte von Umschlagplätzen für inländische Finanzmittel mehr und mehr zu internationalen und teilweise sogar weltumspannenden Märkten entwickelt. Mit der Freigabe des grenzüberschreitenden Kapitalverkehrs in vielen Ländern kam es zu einer immer stärkeren Internationalisierung der Anlagetätigkeit und Kreditvergabe an den zuvor weitgehend abgeschotteten nationalen Märkten. Auch die Internationalisierung des deutschen Kapitalmarktes ist weit vorangeschritten.

Der Kapitalverkehr ist international geworden.

Strukturwandel der Finanzmärkte

Die Ursachen für die heutige Internationalisierung der Finanzmärkte sind vielschichtig. Wichtigste Triebkraft ist die Überzeugung, dass freier Handel und freier Kapitalverkehr den Wohlstand fördern. Beispielsweise sind viele Sparer und Investoren daran interessiert, Geld im Ausland anzulegen – sei es, weil sie sich dadurch höhere Erträge erhoffen, sei es, um die Risiken ihrer Anlagen durch breite Streuung zu diversifizieren. Umgekehrt hat sich gezeigt, dass die Bürger bei Beschränkung des Handels oder des Kapitalverkehrs nach Ausweichmöglichkeiten suchen – was den Staat zu immer mehr Kontrollen mit entsprechend steigenden Kosten zwingt.

Auch der rapide technische Fortschritt spielt eine Rolle. Ohne ihn wäre die Globalisierung der Finanzmärkte in den letzten Jahrzehnten undenkbar gewesen. Die intensive Nutzung der elektronischen Datenverarbeitung macht es möglich, komplizierte Finanzgeschäfte einfach „per Knopfdruck" auszuführen. Dabei ist es unerheblich, ob das Computerterminal in Frankfurt, New York oder Tokio steht. Die so gestiegene Leistungsfähigkeit der Finanzsysteme hat neben dem Tempo auch das Volumen der Transaktionen massiv ansteigen lassen.

Finanzgeschäfte sind heute nicht mehr an einen Ort gebunden.

Mit dem raschen Wachstum des Finanzvolumens sind an den internationalen Finanzmärkten erhebliche strukturelle Veränderungen einhergegangen. Während früher traditionelle Bankkredite und Bankeinlagen auch im internationalen Finanzgeschäft dominierten, ist seit den 1980er Jahren der Handel mit Wertpapieren in den Vordergrund gerückt. Zudem spielen neue Wertpapierformen, wie Commercial Paper – eine Art kurzlaufender Unternehmensanleihen – sowie derivative Instrumente (wie Terminkontrakte, Swaps und Optionen) heutzutage eine große Rolle. Die Komplexität des Finanzsystems hat sich dadurch deutlich erhöht.

Das internationale Finanzsystem ist heute hochgradig vernetzt. Die Globalisierung der Finanzströme und das Entstehen neuer Teilmärkte haben dazu beigetragen, dass sich die internationalen Kapitalströme zunehmend vom internationalen Warenaustausch, also den Güterströmen, abgekoppelt haben.

Vorteile internationaler Finanzmärkte

Kapital ist ein knappes Gut, das möglichst dort eingesetzt werden sollte, wo es den höchsten Ertrag verspricht. Erst ein liberalisierter Kapitalverkehr schafft die Voraussetzung für einen effizienten Einsatz von Kapital auf globaler Ebene. So ermöglicht die Internationalisierung der Finanzmärkte den weltweiten Ausgleich von Finanzierungsbedürfnissen, die allein aus heimischen Finanzquellen nicht zu decken sind, und von Ersparnisüberschüssen, die allein auf den jeweiligen nationalen Märkten nicht untergebracht werden können. Beispielsweise wäre der zeitweilig außerordentlich hohe Kapitalbedarf, wie er in Deutschland nach der Wiedervereinigung aufgetreten ist, ohne Kapital aus dem Ausland nur unter großen Schwierigkeiten – wie etwa drastisch höheren Zinsen – zu bewältigen gewesen. Ähnlich wäre der wirtschaftliche Aufstieg vieler Länder in Asien, Osteuropa oder Südamerika ohne ausländisches Kapital nicht möglich gewesen.

Weltweite Finanzmärkte eröffnen mehr Finanzierungsmöglichkeiten.

Risiken für die Finanzmarktstabilität

Die Globalisierung der Finanzmärkte hat aber auch ihre Schattenseiten. Das steigende Gewicht grenzüberschreitender Finanztransaktionen und die Verflechtung nationaler Finanzsysteme haben im Falle von Krisen die gegenseitige Ansteckungsgefahr erhöht. Schwierigkeiten von einzelnen Instituten, Ländern oder nationalen Finanzmärkten können sich schnell übertragen und ausbreiten. Risiken und Schwierigkeiten können nicht mehr nur national, sondern müssen in einem internationalen Zusammenhang gesehen werden.

So hat das globale Finanzsystem seit Mitte der 1990er Jahre zahlreiche Währungs- und Finanzmarktschocks erlebt. Dazu zählen der Kurseinbruch an den US-Anleihemärkten (1994) oder zahlreiche nationale Krisen wie in Mexiko (1994/95), Asien/Russland (1997/98), Brasilien (1998/99), der Türkei (2000-2002) und Argentinien (2003/04). Große Herausforderungen für die Finanzsysteme ergaben sich aus dem Beinahe-Zusammenbruch des LTCM Hedgefonds (1998), dem Platzen der New-Economy-Blase (2000), den Bilanzskandalen amerikanischer

Internationale Währungsbeziehungen

Großkonzerne (2002), aber auch aus der neuen Dimension globaler Unsicherheit infolge der Terroranschläge vom 11. September 2001.

Der bisher schwerwiegendsten Krise sieht sich das internationale Finanzsystem seit dem Sommer 2007 ausgesetzt. In den Jahren zuvor hatten amerikanische Banken bonitätsschwachen Kunden in großem Umfang sogenannte Subprime-Kredite zum Erwerb von Immobilien gewährt. Im Laufe der Zeit waren immer mehr dieser Kunden nicht mehr in der Lage, diese Kredite mit Zins- und Tilgungszahlungen zu bedienen. Das löste eine Welle von Immobilienverkäufen aus und in der Folge einen Verfall der Immobilienpreise – erst auf einzelnen Marktsegmenten, dann aber auf dem amerikanischen Immobilienmarkt insgesamt. Es entwickelte sich eine Abwärtsspirale aus zunehmenden Kreditausfällen, fallenden Immobilienpreisen, steigender Arbeitslosigkeit im Baugewerbe, Konkursen von Immobilienfinanzierern und Panikverkäufen am Immobilienmarkt.

Globale Finanzmärkte können nationale Probleme zu internationalen werden lassen.

Was zunächst als ein rein amerikanisches Problem begann („Subprime-Krise"), breitete sich rasch global aus. Denn die Banken hatten einen großen Teil der Subprime-Immobilienkredite „verbrieft", d. h. in handelbare Wertpapiere umgewandelt, und an Investoren in der ganzen Welt verkauft. Durch den Ausfall der zugrunde liegenden Subprime-Kredite verloren diese Wertpapiere drastisch an Wert. Dies hatte zur Folge, dass die Besitzer dieser Papiere, darunter auch zahlreiche Banken in vielen Ländern, massive Verluste verbuchen mussten. In dieser schwierigen Situation verloren die Banken das Vertrauen untereinander. Der Geldhandel zwischen ihnen kam fast vollständig zum Erliegen. Da kaum noch Liquidität zu beschaffen war, kamen weitere Banken in Bedrängnis. Einige Banken gerieten so sehr in Liquiditätsnot, dass sie nur durch staatliche Hilfe vor dem Zusammenbruch bewahrt werden konnten.

Ein nationales Problem führte 2008 zu einer internationalen Finanzkrise.

Seitdem haben zahlreiche Staaten Rettungsmaßnahmen für die Banken aufgelegt. In Deutschland wurde beispielsweise der Sonderfonds Finanzmarktstabilisierung (SoFFin) eingerichtet, der die deutschen Banken durch die Gewährung von Garantien, die Bereitstellung von Eigenkapital oder den Ankauf von Wertpapieren unterstützen soll. Den negativen Auswirkungen der Krise auf die Realwirtschaft versucht der Staat mit konjunkturpolitischen Maßnahmen entgegenzutreten. Die Zentralbanken wiederum haben den Banken u. a. zusätzlich Liquidität bereitgestellt und die Leitzinsen deutlich gesenkt. Das Misstrauen der Banken untereinander ist besonders problematisch, da es auf die Geldmärkte ausstrahlt und damit die Wirksamkeit der Geldpolitik beeinträchtigt.

Internationale Finanzmärkte brauchen einen von der Politik gesetzten Ordnungsrahmen.

Die tiefgreifenden Folgen der jüngsten Finanzmarktkrise zeigen, dass die internationalen Finanzmärkte eines von der Politik gesetzten Ordnungsrahmens bedürfen. Auf einem Weltwirtschaftsgipfel im September 2009 haben die Staats- und Regierungschefs der 20 wichtigsten Staaten (G20) deshalb weitreichende Reformen vereinbart. Dazu zählen eine Verschärfung der Eigenkapitalvorschriften für Banken und eine engere internationale Zusammenarbeit der Aufsichtsbehörden.

7.5 Internationale Zusammenarbeit

Infolge der Internationalisierung der Finanzmärkte hat auch die weltweite Kooperation in Währungs- und Finanzfragen an Bedeutung gewonnen. Im Zuge dessen entstanden internationale Institutionen und Gremien. So wurden bei Errichtung des Bretton-Woods-Systems beispielsweise der Internationale Währungsfonds (IWF) und die Weltbank gegründet.

Bretton Woods

Auf der Konferenz von Bretton Woods im Jahr 1944 wurde ein nach diesem Ort benanntes internationales Währungssystem von festen

Wechselkursen errichtet. Damit wollte man die Fehler der Vergangenheit vermeiden, als sich die Politik fast ausschließlich an den jeweils eigenen nationalen Interessen orientierte. Dies hatte zu Inflation, Beschäftigungsrückgang und Wachstumseinbußen geführt. Das neu geschaffene Währungssystem basierte auf der Erkenntnis, dass die Wechselkurs- und Devisenpolitik eines Landes auch die Interessen der übrigen Länder berührt.

Der Kernpunkt des Abkommens von Bretton Woods war der „Gold-Dollar-Standard". Die Länder verpflichteten sich, die Devisenkurse ihrer Währungen in sehr engen Grenzen gegenüber dem US-Dollar zu halten. Ihre Zentralbanken mussten also immer dann Dollar gegen eigene Währung kaufen, wenn der Dollarkurs an der unteren Grenze der vereinbarten Schwankungsbreite lag. Umgekehrt verkauften sie US-Dollar gegen die eigene Währung, sobald der Kurs an der oberen Grenze lag. Damit sorgten sie dafür, dass ihre jeweiligen nationalen Währungen nur in relativ engen Grenzen zum US-Dollar schwankten. Der Beitrag der USA zur Stabilität des Systems lag in der Goldeinlösungspflicht: Demnach musste die amerikanische Zentralbank US-Dollar, die ihr von ausländischen Zentralbanken oder anderen Währungsbehörden angedient wurden, zu einem festen Preis von 35 US-Dollar je Unze (eine Unze = 31,1 g) in Gold eintauschen.

Wesentlicher Kernpunkt des Bretton-Woods-Systems waren feste Wechselkurse gegenüber dem US-Dollar.

Das Festkurssystem von Bretton Woods bestand bis 1973. Die amerikanische Zentralbank hatte – nicht zuletzt zur Finanzierung des Vietnam-Kriegs – übermäßig viele US-Dollar in Umlauf gebracht und konnte deshalb bereits 1971 ihrer Goldeinlösungsverpflichtung nicht mehr nachkommen. Seit Anfang der 1970er Jahre kann jedes Land sein Wechselkurssystem frei wählen. Es muss jedoch bestimmte Verhaltensregeln – wie etwa eine auf Stabilität gerichtete binnenwirtschaftliche Finanz- und Währungspolitik – beachten. Interventionen der Zentralbanken sollen vor allem der Glättung extremer Kursausschläge dienen, nicht aber gegen die Grundtendenz der Kurse gerichtet sein. Außerdem darf sich kein Land durch Manipulation seines Wechselkurses Wettbewerbsvorteile verschaffen.

7.5.1 Internationaler Währungsfonds (IWF)

Bei der Förderung von Markttransparenz und vernünftigen Verhaltensweisen kommt dem Internationalen Währungsfonds (IWF) eine besondere Bedeutung zu. Der IWF überwacht laufend, inwieweit die Mitgliedsländer sich an ihre Verpflichtungen halten, insbesondere an die Regeln für die Wechselkursstabilisierung. Eine wesentliche Rolle bei der Überwachung spielen jährliche Konsultationen mit den Mitgliedsländern. Der Fonds hat für seine Überwachungspraxis eine Reihe von Kriterien und Verfahrensregeln entwickelt und richtet ein besonderes Augenmerk auf die Stabilität des Finanzsektors der Mitgliedsländer. Darüber hinaus analysiert der IWF halbjährlich die globalen Wirtschaftsaussichten sowie die länderübergreifenden Risiken an den Finanzmärkten. Der Vorbeugung von Krisen kommt dabei besondere Bedeutung zu.

Der IWF ist das globale Forum zur weltweiten währungspolitischen Zusammenarbeit.

Finanzhilfen durch den IWF

Zur Überbrückung von Zahlungsschwierigkeiten können die Mitgliedsländer Kredite vom IWF in Anspruch nehmen, indem sie von ihm im Rahmen bestimmter Grenzen andere Währungen gegen eigene Währung kaufen. Dafür verfügt der IWF durch Einzahlungen der Mitgliedsländer über erhebliche eigene Finanzmittel. Diese Einzahlungen erfolgen nach festgelegten Quoten für jedes Mitgliedsland, die regelmäßig auf ihre Angemessenheit überprüft und angepasst werden. Nach diesen Quoten richten sich auch die Stimmrechte im IWF.

Ob ein Kredit vergeben wird, macht der IWF allerdings vom Abschluss eines Anpassungsprogramms und der Erfüllung vorab vereinbarter Bedingungen abhängig (Konditionalität). Dies können beispielsweise die Kürzung von Staatsausgaben, die Privatisierung öffentlicher Einrichtungen oder ein Abbau staatlicher Regulierung sein. In den vergangenen Jahren hat der IWF große Kredite an Russland und die Türkei vergeben, ferner an Thailand, Indonesien, Südkorea sowie Mexiko, Brasilien und Argentinien. In der jüngeren Vergangenheit gewährte er der Ukraine,

Ungarn, Lettland, Weißrussland, Serbien, Rumänien und Island Kredite, um diesen Ländern zu helfen, die durch die Finanzkrise ausgelösten Schwierigkeiten zu meistern. Bis Herbst 2009 hatten aus dem gleichen Grund weitere Länder beim IWF um Unterstützung angefragt.

Quotenanteile im IWF (insgesamt 186 Mitgliedsländer)

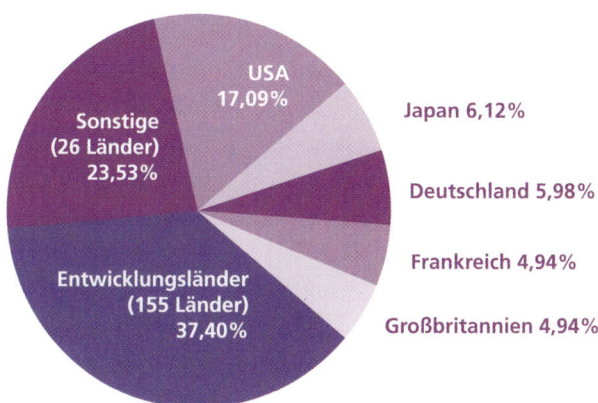

Sonderziehungsrechte

Seit 1969 teilt der IWF den Mitgliedsländern Sonderziehungsrechte (SZR) zu, um einem weltweiten Mangel an Liquidität vorzubeugen. Die SZR sind eine Art künstliche Währung. Im Rahmen einer internationalen Vereinbarung wurden mit ihnen bewusst und gezielt Währungsreserven geschaffen. Stellt der IWF einen langfristigen Bedarf an globaler Liquidität fest, kann er den Mitgliedsländern weitere SZR zuteilen. IWF-Mitglieder haben bei Liquiditätsbedarf das Recht, eigene SZR gegen andere Währungen zu verkaufen. Die SZR können nur vom IWF, den Währungsbehörden der IWF-Mitglieder und anderen zugelassenen offiziellen Stellen gehalten und für finanzielle Transaktionen miteinander verwendet werden. Der IWF verwendet die SZR auch als interne Recheneinheit. Alle Guthaben und Kredite werden in dieser

Sonderziehungsrechte sind eine Art „Kunstwährung" des IWF.

„Währung" geführt. Der Wert der SZR wird täglich vom IWF ermittelt und errechnet sich auf Basis eines Währungskorbs. Er setzt sich aus wichtigen Weltwährungen zusammen, deren Gewichtung alle fünf Jahre neu festgelegt wird. Als Konsequenz der Finanzkrise wurde der bisherige SZR-Bestand von 21 Milliarden Anfang September 2009 auf 203 Milliarden SZR erhöht.

Den Sonderziehungsrechten zugrunde liegender Währungskorb (2006-2010)

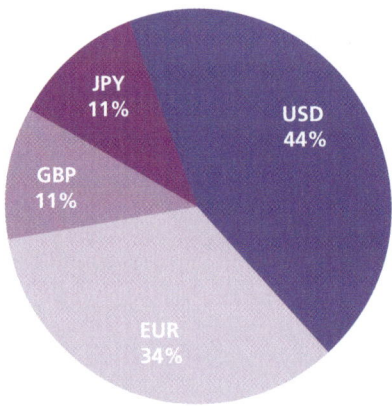

7.5.2 Weitere internationale Gremien und Institutionen

Weltbankgruppe

Auf der Konferenz von Bretton Woods 1944 wurde neben dem IWF auch die Errichtung der Internationalen Bank für Wiederaufbau und Entwicklung (IBRD) beschlossen. Sie nahm 1946 in Washington D.C. ihre Arbeit auf. Während sie ihre Mittel zunächst zum Wiederaufbau Europas einsetzte, konzentriert sie sich seit Ende der 1940er Jahre auf die Unterstützung von Entwicklungsländern. Aus dieser Aufgabe heraus sind vier weitere Organisationen entstanden, die zusammen mit der

IBRD als Weltbankgruppe bezeichnet werden. Sie haben zum Ziel, die wirtschaftliche Entwicklung von weniger entwickelten Staaten durch finanzielle Hilfen, Beratung und technische Hilfe zu fördern. Der Begriff „Weltbank" umfasst üblicherweise nur zwei Organisationen: IBRD und IDA.

Mitgliedsorganisationen der Weltbankgruppe		Gründung
IBRD	Internationale Bank für Wiederaufbau und Entwicklung (International Bank for Reconstruction and Development)	1944
IDA	Internationale Entwicklungsorganisation (International Development Association)	1960
IFC	Internationale Finanz-Corporation (International Finance Corporation)	1956
MIGA	Multilaterale Investitions-Garantie-Agentur (Multilateral Investment Guarantee Agency)	1988
ICSID	Int. Zentrum zur Beilegung von Investitionsstreitigkeiten (International Centre for Settlement of Investment Disputes)	1966

Die IBRD vergibt langfristige Darlehen zur wirtschaftlichen Entwicklung an Entwicklungsländer und refinanziert diese an den internationalen Kapitalmärkten. Die IDA vergibt Kredite speziell an die ärmsten Entwicklungsländer zu weitaus günstigeren Bedingungen: Die Laufzeiten sind länger, der zu zahlende Kreditzins geringer als bei normalen Weltbankkrediten. Die Kredite der IDA werden überwiegend aus den Beiträgen der Industriestaaten finanziert. Die IFC unterstützt privatwirtschaftliche Initiativen in Entwicklungsländern, indem sie beispielsweise die Errichtung, Modernisierung und Erweiterung produktiver privater Unternehmen finanziert. Aufgabe der MIGA ist es, ausländische Direktinvestitionen zu fördern, indem sie Garantien gegen Risiken solcher Investitionen anbietet. Das ICSID unterstützt die Durchführung von Schlichtungsverfahren bei grenzüberschreitenden Investitionen.

G7/G8, G10, G20

Die internationale wirtschafts- und währungspolitische Zusammenarbeit findet nicht nur im Rahmen internationaler Institutionen, sondern auch in verschiedenen informellen Zusammenschlüssen statt. Die Zusammensetzung und die Aktivitäten der Ländergruppen sind überwiegend historisch gewachsen. Deren Benennung erfolgte nach der ursprünglichen Anzahl der Teilnehmerländer, die auch bei Änderung der Teilnehmerzahl beibehalten wird (z. B. G10 = Gruppe der Zehn).

Hinter diesen informellen Gremien steht die Absicht, sich in einem Kreis von Ländern mit vergleichbaren wirtschaftlichen Interessen über weltwirtschaftliche Probleme abzustimmen, bevor diese Fragen in formellen zwischenstaatlichen Gremien aufgegriffen werden. Häufig werden in den informellen Treffen auch Impulse gegeben, deren Umsetzung den internationalen Organisationen überlassen bleibt.

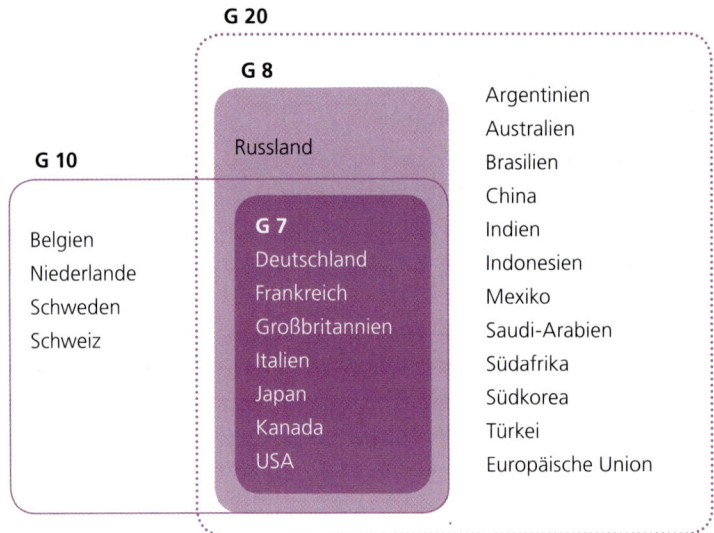

Die G7 umfasst die sieben größten Industriestaaten, deren Finanzminister und Zentralbankpräsidenten wirtschafts- und währungspolitische Themen erörtern. Einmal im Jahr findet ein Treffen der Staats- und

Internationale Währungsbeziehungen

Regierungschefs dieser Länder statt („Weltwirtschaftsgipfel"), an dem seit 1997 auch Russland teilnimmt. Daher ist nun von G8 die Rede. Die G10 ist ein Zusammenschluss der ursprünglich zehn (derzeit elf) wichtigsten Industrieländer und beschäftigt sich mit dem Spektrum der Währungs- und Finanzmarktprobleme.

Zur G20 gehören neben den G8-Ländern und Australien auch zehn wirtschaftlich bedeutende Schwellenländer sowie die Europäische Union, vertreten durch die jeweilige EU-Ratspräsidentschaft. Die G20 hat die Aufgabe, den Dialog zwischen Industrie- und Schwellenländern zu verbessern. Sie repräsentiert rund zwei Drittel der Weltbevölkerung. In der jüngsten Finanzkrise haben die Treffen der G20 stark an Bedeutung gewonnen, weil klar wurde, dass sich künftigen Krisen nur dann wirksam vorbeugen lässt, wenn möglichst viele wichtige Länder gemeinsam Regeln für die Finanzmärkte vereinbaren – und dann auch durchsetzen.

Ständige Ausschüsse bei der Bank für Internationalen Zahlungsausgleich (BIZ)

Die Bank für Internationalen Zahlungsausgleich (BIZ) mit Sitz in Basel wurde 1930 von mehreren Zentralbanken gegründet. Ursprünglich sollte sie die Zahlungsfähigkeit Deutschlands im Zusammenhang mit den deutschen Reparationen nach dem Ersten Weltkrieg unterstützen. Inzwischen hat die BIZ 55 Mitgliedstaaten und stellt Dienstleistungen bei internationalen Zahlungsgeschäften bereit, verwaltet Währungsreserven und gewährt Zahlungsbilanzkredite. Vor allem aber dient sie den Zentralbanken als Kooperationszentrum bei Währungs- und Finanzmarktfragen und organisiert dazu regelmäßige Treffen.

Bei der BIZ sind verschiedene ständige Ausschüsse angesiedelt, die von den G10-Zentralbankpräsidenten eingesetzt wurden. Die Aufgaben des Ausschusses für das weltweite Finanzsystem sind die Beobachtung des Finanzsystems, die längerfristige Analyse der Funktionsweise der Märkte sowie die Erarbeitung von Grundsatzempfehlungen für mehr Stabilität im weltwei-

Ausschüsse bei der BIZ erarbeiten Vorgaben für ein stabiles Finanzsystem.

ten Finanzsystem. Im „Baseler Ausschuss für Bankenaufsicht" wurden unter dem Stichwort „Basel II" Grundsätze für eine verbesserte Bankenaufsicht auf internationaler Ebene erarbeitet. Der Ausschuss für Zahlungsverkehrs- und Abwicklungssysteme beschäftigt sich mit der Effizienz und den Risiken nationaler und internationaler Zahlungsverkehrssysteme, um die Finanzinfrastruktur zu stärken und Systemrisiken zu verringern.

Organisation für wirtschaftliche Zusammenarbeit und Entwicklung (OECD)

Die Organisation für wirtschaftliche Zusammenarbeit und Entwicklung (Organisation for Economic Co-operation and Development) ist eine internationale Organisation von 30 Industrieländern mit Sitz in Paris. Ziele der OECD sind u. a. die Ausweitung des Welthandels, die Befreiung des Dienstleistungs- und Kapitalverkehrs von Beschränkungen, die Förderung der Wirtschaftsentwicklung und die Wahrung der finanziellen Stabilität in den Mitgliedsländern.

Zur Erfüllung dieser Aufgaben bestehen verschiedene Ausschüsse und Arbeitsgruppen. Eine herausragende Stellung nimmt der Wirtschaftspolitische Ausschuss (Economic Policy Committee) ein, der zweimal im Jahr die Wirtschaftslage im OECD-Raum diskutiert und die Auswirkungen der Wirtschaftspolitik der Mitgliedsländer überprüft. Einzelaspekte werden in besonderen Arbeitsgruppen des Ausschusses vertieft erörtert. Das traditionell als „Arbeitsgruppe 3" bezeichnete Gremium versteht sich als der Währungsausschuss der OECD. Er erörtert dreimal jährlich die aktuelle Währungs- und Finanzpolitik. Die Mitgliedschaft in dieser Arbeitsgruppe beschränkt sich auf die G10-Länder sowie maßgebliche internationale Institutionen wie IWF, BIZ, Europäische Kommission und EZB.

Finanzstabilitätsrat / Forum für Finanzstabilität

Das Forum für Finanzstabilität (Financial Stability Forum – FSF) bringt seit 1999 die für Finanzsystemstabilität zuständigen Behörden, internationalen Institutionen und Gremien zusammen, um deren Kooperation und Informationsaustausch zu verbessern. Mitglieder sind die

Finanzministerien, Zentralbanken und Aufsichtsbehörden der G7-Länder, Vertreter weiterer fünf Zentralbanken sowie Repräsentanten europäischer und internationaler Institutionen.

Im März 2009 wurde das FSF um die G20-Länder, Spanien und die Europäische Kommission zum Finanzstabilitätsrat (Financial Stability Board – FSB) erweitert. Der bisher vergleichsweise informelle Charakter des FSF wurde zugunsten einer stärker formal geregelten Arbeitsweise aufgegeben, um in dem stark erweiterten Mitgliederkreis weiterhin effektiv arbeiten zu können.

Der Finanzstabilitätsrat ist 2009 aus dem Forum für Finanzmarktstabilität hervorgegangen.

Mitglieder des FSB:

- Vertreter aus Zentralbanken, Finanzministerien und Aufsichtsbehörden der G20-Länder sowie Hongkong, Niederlande, Schweiz, Singapur und Spanien
- Europäische Zentralbank (EZB)
- Europäische Kommission
- Internationaler Währungsfonds (IWF)
- Internationale Bank für Wiederaufbau und Entwicklung (Weltbank)
- Bank für Internationalen Zahlungsausgleich (BIZ) sowie die dort verankerten Ausschüsse (u. a. Baseler Ausschuss für Bankenaufsicht)
- Organisation für wirtschaftliche Zusammenarbeit und Entwicklung (OECD)
- Internationale Organisation der Wertpapieraufsichtsbehörden (IOSCO)
- Internationale Vereinigung der Versicherungsaufsichtsbehörden (IAIS)
- Internationaler Rechnungslegungsstandardsetzer (IASB)

12 Kernstandards für ein stabiles Finanzsystem

Makropolitik und Datentransparenz	
Geld- und Finanzpolitik	Verfahrenskodex zur Transparenz der Geld- und Finanzpolitik
Staatliche Finanzpolitik	Verfahrenskodex zur fiskalischen Transparenz
Veröffentlichung von Daten	Spezieller Datenveröffentlichungsstandard/ Allgemeines Datenveröffentlichungssystem
Infrastruktur der Institutionen und Märkte	
Insolvenz	Insolvenz- und Gläubigerrechte
Unternehmenssteuerung und -kontrolle (Corporate Governance)	Grundsätze von Corporate Governance
Rechnungslegung	Internationale Rechnungslegungsgrundsätze (IAS)
Wirtschaftsprüfung	Internationale Standards für die Wirtschaftsprüfung (ISA)
Zahlungsverkehr/Wertpapierabwicklung	Grundprinzipien für Zahlungsverkehrssysteme, die für die Finanzsystemstabilität bedeutsam sind/ Empfehlungen für Wertpapierabwicklungssysteme
Integrität der Märkte	Die 40 Empfehlungen zum Schutz gegen Geldwäsche/ 9 Sonderempfehlungen gegen Terrorismusfinanzierung
Regulierung und Beaufsichtigung des Finanzsektors	
Bankenaufsicht	Grundsätze für eine wirksame Bankenaufsicht
Wertpapieraufsicht	Ziele und Grundsätze der Wertpapieraufsicht
Versicherungsaufsicht	Grundsätze für die Versicherungsaufsicht

Aufgaben des Finanzstabilitätsrats (FSB)

Die bisherigen Aufgaben des FSF – Schwachstellen des internationalen Finanzsystems frühzeitig zu identifizieren, Vorschläge zu ihrer Beseitigung zu unterbreiten und deren Umsetzung zu überwachen – wurden für den FSB erweitert. Der FSB soll auch den Aufbau und die Arbeit internationaler Aufsichtskollegien begleiten, die Planung für das Management etwaiger Krisen bei wichtigen internationalen Finanzinstituten unterstützen und eine engere Abstimmung unter Standardsetzern sicherstellen. Zu diesem Zweck überwacht der FSB laufend die Entwicklung an den Finanzmärkten mit Blick auf mögliche Verwundbarkeiten. Von besonderer Bedeutung für die Krisenprävention ist dabei die zunehmende Beachtung international anerkannter Standards und Kodizes, die der Transparenz der Märkte und der Stärkung ihrer Infrastruktur dienen. Der FSB hat ausformulierte Standards und Kodizes von unterschiedlichen Institutionen und Gremien (u. a. IWF, Weltbank) in drei Kategorien zu 12 Kernstandards zusammengefasst. Deren Umsetzung sollte – je nach länderspezifischen Gegebenheiten – Priorität eingeräumt werden. Zwar werden die Kernstandards nicht in allen Ländern gleichermaßen als verbindlich angesehen, doch werden sie weitgehend als Mindestanforderungen für solide Geschäftspraktiken akzeptiert.

Internationale Zusammenarbeit und ihre Grenzen

So sehr die einzelnen Länder zur Kooperation bereit sind – Stabilität an den Finanzmärkten lässt sich nicht verordnen. So müssen stabilere Wechselkurse letztlich durch eine entsprechende Konvergenz der Politik und der wirtschaftlichen Entwicklung der beteiligten Länder „verdient" werden. Insoweit sind stabile Wechselkurse das Ergebnis der Politik, wie die Erfahrungen von Bretton Woods, im EWS und die Krisen der jüngeren Vergangenheit zeigen. Vor diesem Hintergrund sind die Bemühungen zur Verbesserung der internationalen Zusammenarbeit zu sehen, die auf eine in sich stimmige und miteinander vereinbare Wirtschafts-, Währungs- und Finanzpolitik abzielen. Diese Bemühungen stoßen freilich an ihre Grenzen, wenn wirtschafts- und währungspolitische Zielvorstellungen der beteiligten Staaten nicht in Einklang zu bringen sind und störende internationale Kapitalbewegungen ein größeres Ausmaß annehmen.

Wechselkursstabilität erfordert Anstrengungen unterschiedlichster Stellen.

Der internationale Kapitalverkehr kann auf Dauer nur funktionieren, wenn private Kapitalgeber nicht nur die Gewinne aus ihren Engagements realisieren können, sondern auch die Verluste tragen müssen. Werden diese jedoch „sozialisiert", weil etwa der IWF und andere internationale Institutionen mit massiven Finanzhilfen einspringen, werden künftige Finanzkrisen geradezu provoziert. Es besteht deshalb Einigkeit darüber, dass eine Beteiligung der privaten Gläubiger in Finanzkrisen unausweichlich ist. Dies sollte prinzipiell freiwillig geschehen, kann aber letztlich auch von der internationalen Gemeinschaft durch eine Begrenzung multilateraler Finanzhilfen erzwungen werden.

Das Wichtigste im Überblick:

- Der Umtausch von Währungen erfolgt zum jeweils gültigen Wechsel- bzw. Devisenkurs. Dieser ergibt sich bei freien Wechselkursen aus dem Handel von Währungen auf dem Devisenmarkt.

- Die Voraussetzung für einen freien Devisenhandel ist die unbeschränkte Umtauschbarkeit (Konvertibilität) einer Währung. Viele wichtige Währungen, darunter der Euro, der US-Dollar und der japanische Yen, sind unbeschränkt konvertibel. Ihr Wechselkurs ist flexibel.

- Feste Wechselkurse können Interventionen der Zentralbanken erfordern, um den Kurs stabil zu halten. Solche ständigen Interventionen verhindern Anpassungsprozesse und können zu einem Aufbau globaler Ungleichgewichte beitragen.

- Seit 1999 werden im Wechselkursmechanismus II (WKM II) die Währungen einiger EU-Staaten außerhalb des Euroraums in einer Schwankungsbreite zum Euro-Wechselkurs gehalten. Um der Währungsunion beizutreten, muss ein Land mindestens zwei Jahre dem WKM II „spannungsfrei" angehört haben.

- Die Zahlungsbilanz eines Landes erfasst sämtliche Transaktionen zwischen In- und Ausland innerhalb einer Periode. Sie setzt sich aus Leistungsbilanz, Saldo der Vermögensübertragungen, Kapitalbilanz, Devisenbilanz und Restposten zusammen.

I Die Finanzmärkte sind zunehmend zu weltumspannenden Märkten geworden. Der Kapitalverkehr findet immer mehr auf internationaler Ebene statt. Das eröffnet eine größere Anzahl an Finanzierungs- und Anlagemöglichkeiten.

I Die Internationalisierung der Finanzmärkte erhöht die Gefahr, dass sich nationale Probleme international ausbreiten. Besonders hat sich dies in der jüngsten Finanzmarktkrise gezeigt, die 2007 durch Probleme auf dem amerikanischen Immobilienmarkt ausgelöst wurde.

I Um die Vorteile des globalen Kapitalverkehrs zu nutzen, brauchen die internationalen Finanzmärkte einen von der Politik gesetzten Ordnungsrahmen. Internationale Gremien und Institutionen arbeiten für eine internationale Finanzmarktstabilität.

I Der Internationale Währungsfonds (IWF) fördert die internationale Zusammenarbeit in der Währungspolitik. Er kann Mitgliedsländern Kredite geben, die allerdings an Bedingungen geknüpft sind.

I Internationale Zusammenarbeit findet auch in informellen Zusammenschlüssen statt. Ländergruppen mit vergleichbaren wirtschaftlichen Interessen stimmen sich dort ab (z. B. G7/G8, G10, G20).

I Der Finanzstabilitätsrat (FSB), ehemals Forum für Finanzstabilität (FSF), bringt die für Finanzstabilität zuständigen Behörden, Institutionen und Gremien zusammen, um deren Zusammenarbeit in Hinblick auf die internationale Finanzstabilität zu verbessern.

A B C D E F G H I J K L M

Glossar

N O P Q R S T U V W X Y Z

Glossar

Aktie

Eine Aktie ist ein Wertpapier, in dem ein Anteilsrecht an einer Aktiengesellschaft verbrieft ist. Der Inhaber der Aktie (Aktionär) ist Miteigentümer der Aktiengesellschaft, hat ein Mitspracherecht und ist am Gewinn beteiligt (Dividende).

Aktienmarkt

Der Aktienmarkt ist der Teil des Kapitalmarkts, auf dem Aktien gehandelt werden. Früher kamen die Aktienhändler in Börsen zusammen, heutzutage wickelt man Aktiengeschäfte größtenteils über elektronische Handelsplattformen ab. Dabei ergeben sich die Aktienpreise (Aktienkurse) aus Angebot und Nachfrage.

Anleihe

siehe Schuldverschreibung

Arbitrage

Unter Arbitrage versteht man das Ausnutzen von Preisunterschieden auf verschiedenen Märkten für dasselbe Gut oder Finanzprodukt. Arbitrage-Geschäfte sind weitgehend risikolos, da gleichzeitig gekauft (auf dem „billigeren Markt") und wieder verkauft (auf dem „teureren Markt") werden kann. Als Folge von Arbitrage-Geschäften gleichen sich die Preise auf verschiedenen Märkten an.

Bank (Kreditinstitut)

Eine Bank ist ein Wirtschaftsbetrieb, der Dienstleistungen rund ums Geld erbringt. Banken vergeben Kredite und schaffen in diesem Zuge Giralgeld. Zu ihrer Refinanzierung nehmen sie fremde Gelder an (Einlagengeschäft) oder begeben Anleihen. Zu den weiteren Hauptaufgaben der Banken gehört es, die Wirtschaft mit Bargeld zu versorgen, den bargeldlosen Zahlungsverkehr abzuwickeln sowie beispielsweise Wertpapierdienstleistungen zu erbringen. Banken sind in Deutschland diejenigen Unternehmen, die nach § 1 Abs. 1 des Gesetzes über das Kreditwesen (KWG) die dort genannten Bankgeschäfte betreiben (siehe Abschnitt 4.1).

Bankenaufsicht

Die Bankenaufsicht überwacht im öffentlichen Auftrag und Interesse die Geschäftstätigkeit der Banken. Banken müssen beaufsichtigt werden, weil sie eine zentrale Stellung im Geldkreislauf einer Volkswirtschaft einnehmen. Die Bankenaufsicht soll möglichst verhindern, dass es zu Bankenkrisen kommt, die die Funktionsfähigkeit der gesamten Wirtschaft in Mitleidenschaft ziehen. Aus einzelwirtschaftlicher Sicht soll insbesondere die Sicherheit der den Banken anvertrauten Einlagen gewährleistet werden (siehe Abschnitt 4.3.2).

Bankensystem

Das Bankensystem umfasst die Zentralbank und die Geschäftsbanken. Die Geschäftsbanken arbeiten als Universal- oder Spezialbanken. Die Universalbanken sind typisch für das deutsche Bankwesen und betreiben viele Arten von Bankgeschäften wie das Einlagen-, das Kredit- und das Wertpapiergeschäft. Dazu gehören Kreditbanken, Sparkassen und Genossenschaftsbanken. Zu den Spezialbanken zählen Realkreditinstitute, Bausparkassen oder Kreditinstitute mit Sonderaufgaben, die sich auf bestimmte Geschäftsschwerpunkte konzentrieren (siehe Abschnitt 4.2).

Bankleitzahl (BLZ)

Die Bankleitzahl ist eine achtstellige Nummernfolge, die jede Bank in Deutschland identifiziert. Die Bankleitzahlen wurden im Jahr 1970 vom Kreditgewerbe und der Deutschen Bundesbank eingeführt, um den bargeldlosen Zahlungsverkehr automatisieren zu können (siehe Abschnitt 3.3).

Basel II

Unter „Basel II" versteht man ein umfassendes Regelwerk des internationalen „Baseler Ausschusses für Bankenaufsicht". Es schreibt vor allem vor, wie viel Eigenkapital die Banken mindestens vorhalten müssen, um ihr Geschäft betreiben zu dürfen. Zur Berechnung dieser Mindestausstattung mit Eigenkapital werden insbesondere alle Risiken einer Bank im Kredit-, Anlage- und Handelsgeschäft erfasst und gewichtet. Neben quantitativen Vorgaben für die Mindestausstattung mit Eigenkapital sehen die Regeln auch qualitative Anforderungen für das Risikomanagement der Banken sowie Offenlegungspflichten vor. In der Europäischen Union sind alle privaten Banken seit 2008 verpflichtet, die „Basel II"-Vorschriften anzuwenden.

Befristete Transaktion

Über befristete Transaktionen kann das Eurosystem den Banken für einen bestimmten Zeitraum Liquidität bereitstellen oder Liquidität absorbieren. Befristete Transaktionen werden in Form von Pensions-/Repogeschäften oder besicherten Krediten durchgeführt.

BIC (Bank Identifier Code)

Der BIC ist eine internationale Bankleitzahl, mit der sich Banken weltweit eindeutig identifizieren lassen. Er umfasst acht oder elf Stellen. Bei Überweisungen und Lastschriften nach dem SEPA-Standard muss der BIC genutzt werden (siehe Abschnitt 3.3).

Bilanz

Die Bilanz ist eine stichtagsbezogene Gegenüberstellung von Vermögensgegenständen (Aktiva) sowie Eigen- und Fremdkapital (Passiva) in Kontenform. In einer Bankbilanz spiegelt sich das Kreditgeschäft in Forderungspositionen auf der Aktivseite und das Einlagengeschäft in Verbindlichkeitspositionen auf der Passivseite wider.

Bonität

Die Bonität ist ein Maß für die Kreditwürdigkeit eines Schuldners und dessen Fähigkeit, seinen Zahlungsverpflichtungen nachzukommen. Ratingagenturen und Banken ordnen Kreditnehmer nach ihrer Bonität auf vielstufigen Ratingskalen ein.

Bretton-Woods-System

Im Juli 1944 einigten sich im amerikanischen Konferenzort Bretton Woods 44 Staaten auf ein internationales Währungssystem mit festen Wechselkursen und dem US-Dollar als Leitwährung. Dabei verpflichteten sich die USA, jederzeit US-Dollar in Gold zum festgelegten Kurs von 35 US-Dollar je Feinunze Gold einzulösen (Goldeinlösungsgarantie). Das Abkommen schuf außerdem den Internationalen Währungsfonds (IWF) und die Weltbank. Das Bretton-Woods-System bestand bis 1973. Viele Staaten lassen seither die Wechselkurse ihrer Währungen nach Angebot und Nachfrage frei schwanken (siehe Abschnitt 7.5).

Bruttoinlandsprodukt (BIP)

Das BIP ist ein zentrales Maß für die wirtschaftliche Leistung einer Volkswirtschaft oder Wirtschaftsregion in einem bestimmten Zeitraum. Dabei werden alle innerhalb der geografischen Grenzen einer Volkswirtschaft in einer Periode erstellten und zu Marktpreisen bewerteten Waren und Dienstleistungen einbezogen, soweit diese nicht als Vorleistungen für die Produktion anderer Waren und Dienstleistungen verwendet werden. Zum zeitlichen Vergleich der wirtschaftlichen Leistungskraft einer Volkswirtschaft eignet sich besser das reale Bruttoinlandsprodukt, das nicht in laufenden Preisen gemessen wird, sondern in konstanten Preisen eines bestimmten Basisjahres. In Deutschland betrug das BIP im Jahr 2008 in laufenden Preisen etwa 2,5 Billionen Euro.

Buchgeld

siehe Giralgeld

Bundesanstalt für Finanzdienstleistungsaufsicht (BaFin)

Die BaFin ist eine selbstständige Bundesanstalt im Geschäftsbereich des Bundesministeriums der Finanzen. Sie beaufsichtigt bislang Banken, Versicherungen und den Handel mit Wertpapieren in Deutschland und ist damit für die Funktionsfähigkeit, Integrität und Stabilität des deutschen Finanzsystems zuständig.

Bundeswertpapier

Bundeswertpapiere sind Schuldverschreibungen, die vom Bund und seinen Sondervermögen herausgegeben werden. Es gibt mehrere Arten von Bundeswertpapieren wie Bundesanleihen, Bundesobligationen, Bundesschatzanweisungen, Bundesschatzbriefe (Typ A und Typ B), Finanzierungsschätze oder unverzinsliche Schatzanweisungen.

Commercial Paper

Commercial Papers sind Schuldverschreibungen großer Unternehmen mit Laufzeiten von wenigen Tagen bis zu zwei Jahren, die zur flexiblen Deckung kurzfristigen Liquiditätsbedarfs herausgegeben werden. Die Renditen orientieren sich an repräsentativen Geldmarktsätzen im entsprechenden Laufzeitbereich.

Currency Board

Ein Currency Board ist ein Wechselkurssystem, bei dem der Wechselkurs der nationalen Währung gegenüber einer ausländischen Währung einseitig festgelegt wird, beispielsweise gegenüber dem US-Dollar oder dem Euro. Zu den grundlegenden Merkmalen eines Currency Board zählt, dass der Wechselkurs gesetzlich festgelegt und die inländische Geldmenge vollständig durch Devisenreserven gedeckt ist. Die Zentralbank des betreffenden Landes verzichtet auf eine eigenständige Geldpolitik. Durch die starke Institutionalisierung eines Currency Board lassen sich Glaubwürdigkeit und Stabilität einer Fremdwährung importieren.

Defizit

Ein Defizit entsteht, wenn die Ausgaben höher sind als die Einnahmen. So spricht man von einem Defizit des öffentlichen Haushalts, wenn der Staat mehr Geld ausgibt, als er an Steuern und Gebühren einnimmt.

Deflation

Unter Deflation versteht man ein allgemeines, anhaltendes Sinken des Preisniveaus. In einem deflationären Umfeld besteht die Gefahr einer sich selbst verstärkenden Abwärtsspirale: Wenn die Verbraucher mit weiter fallenden Preisen rechnen und deshalb Konsumausgaben aufschieben, kann dieser Rückgang der Nachfrage die Unternehmen zu Produktionseinschränkungen und weiteren Preissenkungen veranlassen. Fallende Preise erhöhen zudem den realen Gegenwert ausstehender Schulden sowie die realen Zinsen. In der Tendenz dämpft auch dies die Nachfrage, insbesondere nach Investitionsgütern. Die geldpolitischen Möglichkeiten zur Bekämpfung einer Deflation sind dadurch beschränkt, dass die Nominalzinsen nicht unter null Prozent gesenkt werden können.

Derivate

Derivate nennt man Finanzinstrumente, deren Preis von der Preisentwicklung einer zugrunde liegenden Bezugsgröße, dem sogenannten Basiswert abhängt. Basiswerte sind vor allem Aktien, Aktienindizes, Staatsanleihen, Währungen, Rohstoffe und Zinssätze, aber auch andere Derivate. Sie lassen sich in unbedingte und bedingte Termingeschäfte unterteilen. Bei unbedingten Termingeschäften (z. B. Futures, Swaps) gehen Käufer und Verkäufer die Verpflichtung ein, eine bestimmte Menge des Basiswerts zu einem bei Vertragsabschluss festgelegten Preis zu einem späteren Zeitpunkt vom Verkäufer abzunehmen (Long Position) bzw. zu liefern (Short Position). Bei bedingten Termingeschäften (Optionen) erwirbt der Käufer lediglich das Recht, den Basiswert abzunehmen bzw. zu liefern, geht aber – im Unterschied zum Verkäufer – keine Verpflichtung dazu ein. Derivate werden sowohl an Börsen als auch außerbörslich (over the counter) gehandelt. Preisänderungen im Basiswert führen im Allgemeinen zu erheblich stärkeren Preisänderungen der jeweiligen Derivate (Leverage-Effekt). Mit Derivaten kann man mit verhältnismäßig geringem Kapitaleinsatz finanzielle Risiken absichern (Hedging), aber auch auf Preisänderungen spekulieren (Trading) und Preisunterschiede zwischen Märkten ausnutzen (Arbitrage).

Deutsche Bundesbank

Die Deutsche Bundesbank ist die Zentralbank der Bundesrepublik Deutschland und seit Errichtung der Währungsunion Teil des Europäischen Systems der Zentralbanken (ESZB) sowie des Eurosystems. Ihr Präsident gehört dem EZB-Rat an. Die Bundesbank wirkt dabei mit, das vorrangige Ziel des Eurosystems – Preisstabilität – zu gewährleisten. Darüber hinaus setzt die Bundesbank die Geldpolitik in Deutschland um, ist an der Bankenaufsicht beteiligt, arbeitet für ein stabiles Finanz- und Währungssystem, sorgt für einen reibungslosen bargeldlosen Zahlungsverkehr, verwaltet die deutschen Währungsreserven und bringt Bargeld in Umlauf. Die Zentrale der Bundesbank befindet sich in Frankfurt am Main. Rund 3.500 der insgesamt etwa 10.000 Beschäftigten arbeiteten Ende 2008 in der Zentrale, die übrigen in den neun Hauptverwaltungen und den nachgeordneten Filialen (siehe Abschnitt 5.1.2).

Devisen

Devisen sind auf fremde Währung lautende Guthaben oder Forderungen in Form von Buchgeld oder Wertpapieren. Sie verkörpern einen Anspruch auf Zahlung in der entsprechenden Fremdwährung. Ausländische Münzen und Banknoten heißen „Sorten" und zählen nicht zu den Devisen.

Devisenmarkt

Auf dem Devisenmarkt werden Währungen gehandelt. Der Handel spielt sich überwiegend zwischen Banken ab. Aus Angebot und Nachfrage für bestimmte Währungen ergeben sich deren Wechselkurse (siehe Abschnitt 7.1).

Devisenswapgeschäft

Bei einem Devisenswapgeschäft wird ein bestimmter Währungsbetrag angekauft (verkauft) und gleichzeitig dessen späterer Rückverkauf (Rückkauf) vereinbart. Die Differenz zwischen den Devisenkursen für An- und Verkauf wird als Swapsatz bezeichnet. Das Eurosystem kann solche Geschäfte mit Banken im Rahmen seiner Feinsteuerungsoperationen abschließen, um unerwartete marktmäßige Schwankungen in der Bankenliquidität auszugleichen.

Ecofin-Rat

Der Ecofin-Rat setzt sich aus den Wirtschafts- und Finanzministern der Europäischen Union zusammen. Er ist das zentrale Gremium zur Koordinierung der Wirtschafts- und Finanzpolitik der EU-Mitgliedstaaten und bestimmt die Grundzüge der Wirtschaftspolitik. Die Wirtschafts- und Finanzminister der Euroländer bilden die Eurogruppe.

ECU (European Currency Unit)

Die ECU war bis Ende 1998 die offizielle Rechnungseinheit der Europäischen Union. Sie diente u. a. als Bezugsgröße für die Wechselkurse und Interventionspunkte sowie als Rechengröße für Interventionen und Kredite im Wechselkursmechanismus des Europäischen Währungssystems. Die ECU war als Währungskorb definiert, dessen Wert sich aus den nationalen Währungen der damaligen EG-Staaten ergab. Mit Beginn der Währungsunion ging die ECU mit einem Umrechnungskurs von 1:1 in die „echte" gemeinsame europäische Währung, den Euro, über.

EG-Vertrag

Der EG-Vertrag ist die wichtigste rechtliche Grundlage für die Europäische Union. Inhalt des Vertrages ist u. a. die Festlegung der Aufgaben der Gemeinschaft, der Grundfreiheiten in der Gemeinschaft, der Struktur der Organe und der Rechte und Pflichten der Mitglieder. Der EG-Vertrag ist aus dem EWG-Vertrag hervorgegangen, mit dem 1957 zunächst die Europäische Wirtschaftsgemeinschaft (EWG) gegründet worden war. Der EG-Vertrag von 1992 (Vertrag von Maastricht) legte die Grundlagen der Wirtschafts- und Währungsunion. Er wurde seither durch den Vertrag von Amsterdam (1997) und den Vertrag von Nizza (2001/2003) abgeändert. Weitere Änderungen sind im Vertrag von Lissabon (2007) beschlossen worden.

Einlagefazilität

Die Einlagefazilität ist ein geldpolitisches Instrument des Eurosystems, das den Banken ständig die Möglichkeit bietet, Geld bis zum nächsten Geschäftstag zu einem vorgegebenen Zinssatz bei den nationalen Zentralbanken anzulegen. Der Zinssatz für die Einlagefazilität bildet die Untergrenze für den Tagesgeldsatz am Geldmarkt und ist somit einer der Leitzinsen des Eurosystems (siehe Abschnitt 6.3.2).

Einlagen

Unter Einlagen versteht man Fremdmittel, die die Einleger den Banken überlassen. Weil Sichteinlagen täglich fällig sind, kann der Einleger ständig über sie verfügen, beispielsweise per Barabhebung oder Überweisung. Termin- und Spareinlagen werden Banken für eine bestimmte Zeit gegen eine Zinszahlung überlassen. Spareinlagen sind in der Regel unbefristet, der Einleger kann sie nach Ablauf einer bestimmten Kündigungsfrist von der Bank zurückfordern. Die Zinsen für Spareinlagen sind für gewöhnlich variabel, sie verändern sich mit der allgemeinen Zinsentwicklung. Hingegen ist der Zins bei Termineinlagen typischerweise für die gesamte Laufzeit vorab festgelegt.

Einlagensicherung

Die Einlagensicherung dient dazu, die Einlagen von Bankkunden im Fall der Insolvenz einer Bank zu schützen. Der gesetzliche Einlagenschutz in Deutschland sichert maximal 50.000 Euro jeden Guthabens auf Girokonten, Sparbüchern, Termin- und Festgeldkonten. Ab 31. Dezember 2010 ist eine Anhebung der Deckungssumme auf 100.000 Euro vorgesehen. Zusätzlich sind viele Banken freiwilligen Sicherungssystemen angeschlossen, deren Sicherungszusagen weit über den gesetzlichen

Einlagenschutz hinausgehen. Während die privaten Banken auf den Schutz der Einleger abstellen, sichern die Verbände der Sparkassen und der Genossenschaftsbanken die angeschlossenen Institute insgesamt ab – und damit mittelbar auch deren Einleger („Institutssicherung"). Im Oktober 2008 gab die Bundesregierung darüber hinaus eine politische Garantieerklärung für alle Sicht-, Spar- und Termineinlagen natürlicher Personen unabhängig von der Höhe der jeweiligen Ersparnisse ab (siehe Abschnitt 4.3.3).

Electronic Cash

Electronic Cash ist das von der deutschen Kreditwirtschaft bereitgestellte System zur Abwicklung von Zahlungen mit der Debitkarte (Bankkarte). Die nötigen Daten werden bei Bezahlung an der Kasse von der Debitkarte über ein elektronisches Kassenterminal eingelesen. Die Autorisierung der Zahlung erfolgt durch die Eingabe einer persönlichen Identifikationsnummer (PIN) am Terminal. Daraufhin wird geprüft, ob die PIN richtig ist und ob der Karteninhaber über den zu zahlenden Betrag verfügt. Bei negativer Rückmeldung eines der genannten Punkte wird die Zahlung abgewiesen. Ist bei diesem System eine Zahlung durchgeführt, ist sie für den Händler garantiert. Das Electronic Cash-System wird zusammen mit dem Deutschen Geldautomaten-System seit 2008 unter dem neuen Akzeptanzlogo „girocard" angeboten. Damit soll vor allem die Akzeptanz der deutschen Debitkarten innerhalb des europäischen Zahlungsverkehrsraums (SEPA) erleichtert werden.

ELV (Elektronisches Lastschriftverfahren)

ELV ist ein im Handel verwendetes Verfahren, um Zahlungen mit der Debitkarte (Bankkarte) abzuwickeln. An einem elektronischen Kassenterminal werden von der Debitkarte die nötigen Daten ausgelesen. Im Gegensatz zum Electronic Cash-Verfahren wird die Zahlung nicht mittels PIN autorisiert. Vielmehr genehmigt der Kunde mit seiner Unterschrift den Einzug einer Lastschrift von seinem Konto. Die Zahlung ist für den Händler nicht garantiert. Er kann sich allerdings gegen einen möglichen Zahlungsausfall absichern, beispielsweise durch Abschluss einer Versicherung.

Emission

Unter Emission versteht man die Ausgabe neuer Wertpapiere wie Aktien oder Schuldverschreibungen durch Emittenten wie Unternehmen, Banken oder den Staat. Eine Wertpapieremission dient in der Regel der Beschaffung größerer Finanzmittel und erfolgt meist durch öffentliche Ausschreibung und Versteigerung der auszugebenden Wertpapiere.

EONIA (Euro Overnight Index Average)

Der EONIA ist ein nach getätigten Umsätzen gewichteter Durchschnittszinssatz für unbesicherte Übernachtgeschäfte in Euro im Interbankengeschäft. Er wird anhand der Meldungen einer Gruppe repräsentativer Banken über die von ihnen getätigten Ausleihungen berechnet und täglich gegen 19 Uhr veröffentlicht.

Euribor (Euro Interbank Offered Rate)

Der Euribor ist ein Durchschnittszinssatz für unbesicherte Geschäfte in Euro im Interbankengeschäft. Er wird für Laufzeiten zwischen einer Woche und einem Jahr berechnet. Er wird täglich aus den ungewichteten, von einer Gruppe repräsentativer Banken gemeldeten Zinssätzen berechnet, zu denen nach deren Meinung am betreffenden Tag Banken höchster Bonität anderen Banken Einlagen der entsprechenden Laufzeit anbieten. Die Euribor-Sätze werden täglich um elf Uhr veröffentlicht.

Euro

Der Euro ist die gemeinsame Währung der an der Europäischen Währungsunion teilnehmenden Staaten. Ein Euro unterteilt sich in 100 Cent. In Deutschland ersetzte der Euro am 1. Januar 1999 die D-Mark als nationale Währung zum Wechselkurs von 1 Euro = 1,95583 D-Mark. Zunächst wurde der Euro nur als Buchgeld, ab 1. Januar 2002 auch als Bargeld eingeführt. Die Wechselkurse des Euro schwanken frei nach Angebot und Nachfrage auf den Devisenmärkten. Hinter dem US-Dollar ist der Euro die zweitwichtigste Reservewährung der Welt.

Europäische Kommission

Die Europäische Kommission ist ein überstaatliches Organ der Europäischen Union. Als Exekutivorgan ist sie für die Durchführung von Ratsbeschlüssen verantwortlich. Außerdem erarbeitet sie Entwürfe für Richtlinien, Verordnungen und andere Gemeinschaftsrechtsakte, kontrolliert die Einhaltung des Gemeinschaftsrechts und vertritt die Interessen der Gemeinschaft gegenüber nationalen Organisationen und Drittstaaten.

Europäische Union (EU)

Die Europäische Union ist gegenwärtig ein aus 27 europäischen Ländern bestehender Staatenverbund. Ziel der Europäischen Union ist die Vertiefung des Binnenmarktes, eine einheitliche Geld- und Währungspolitik und eine zunehmend stärkere Koordinierung der Politiken in den Bereichen Wirtschaft, Soziales, Außenbeziehungen und Verteidigung sowie Justiz und innere Sicherheit. Die wichtigsten Organe der Europäischen Union sind das Europäische Parlament, der Rat der Europäischen Union sowie die Europäische Kommission.

Europäische Währungsunion (EWU)

Die Europäische Währungsunion ist ein mit Beginn der dritten Stufe der europäischen Wirtschafts- und Währungsunion (WWU) am 1. Januar 1999 verwirklichter Zusammenschluss der meisten EU-Mitgliedstaaten auf dem Gebiet der Währungspolitik. Die teilnehmenden Staaten haben den Euro als gemeinsame Währung und betreiben eine einheitliche Geldpolitik.

Europäische Zentralbank (EZB)

Die EZB mit Sitz in Frankfurt am Main ist die Währungsbehörde für die Mitgliedstaaten der Europäischen Währungsunion. Ihre mehr als 1.500 Mitarbeiter stammen aus allen Ländern der Europäischen Union. Die EZB bildet mit den nationalen Zentralbanken der Euro-Teilnehmerstaaten das Eurosystem und mit den Zentralbanken aller EU-Staaten das Europäische System der Zentralbanken (ESZB). Das Direktorium der EZB besteht aus dem EZB-Präsidenten, dem EZB-Vizepräsidenten sowie vier weiteren Mitgliedern. Die Mitglieder des Direktoriums haben eine Amtszeit von höchstens acht Jahren, sie können nicht wiedergewählt werden. Das EZB-Direktorium leitet die EZB und die laufenden Geschäfte des Eurosystems. Der EZB-Präsident ist der oberste Repräsentant und Sprecher des Eurosystems. Er vertritt das Eurosystem in zahlreichen internationalen Gremien.

Europäischer Binnenmarkt

Der Europäische Binnenmarkt gewährleistet den ungehinderten Verkehr von Waren, Dienstleistungen, Kapital und Personen innerhalb der Europäischen Union. Er stellte eine wichtige Vorstufe zur Verwirklichung der europäischen Wirtschafts- und Währungsunion (WWU) dar.

Europäischer Rat

Der Europäische Rat ist die wichtigste Instanz der Europäischen Union. Er setzt sich zusammen aus den Staats- und Regierungschefs der EU-Mitgliedstaaten sowie dem Präsidenten der Europäischen Kommission. Er bestimmt die Leitlinien der Europäischen Union, trifft politische Grundsatzentscheidungen und gibt die für die Weiterentwicklung der Europäischen Union erforderlichen Impulse. Der Europäische Rat tritt unter Teilnahme der EU-Außenminister in der Regel viermal jährlich zusammen. Der Europäische Rat ist zu unterscheiden vom Rat der Europäischen Union, dem Vertreter der Mitgliedstaaten auf Ministerebene angehören.

Europäisches System der Zentralbanken (ESZB)

Das ESZB besteht aus der Europäischen Zentralbank und den nationalen Zentralbanken aller EU-Mitgliedstaaten, d. h., es umfasst außer den nationalen Zentralbanken des Eurosystems auch die nationalen Zentralbanken jener EU-Mitgliedstaaten, die den Euro (noch) nicht eingeführt haben (siehe Abschnitt 5.1).

Europäisches Währungsinstitut (EWI)

Das 1994 errichtete EWI war eine europäische Institution, das die Aufgabe hatte, die nationalen Geldpolitiken in der Europäischen Union während der zweiten Stufe der europäischen Wirtschafts- und Währungsunion (WWU) zu koordinieren. Diese Koordinationsaufgabe erfolgte mit dem Ziel, die notwendige Konvergenz für den Übergang zur Endstufe der WWU zu erreichen. Daneben sollte das EWI die rechtlichen, institutionellen und organisatorischen Grundlagen für eine einheitliche europäische Geldpolitik in der WWU-Endstufe herstellen. Mitglieder des EWI waren die Zentralbanken der EU-Mitgliedstaaten. Am 1. Juni 1998 wurde das EWI durch die Europäische Zentralbank abgelöst.

Europäisches Währungssystem (EWS)

Das Europäische Währungssystem bildete von 1979 bis 1998 den Rahmen für die währungspolitische Zusammenarbeit der Länder der Europäischen Union. Ziel war es, eine „Zone der Stabilität" zwischen den Währungen der teilnehmenden Länder bei grundsätzlich festen, aber anpassungsfähigen Wechselkursen zu schaffen. Innerhalb des Wechselkursmechanismus (WKM) sollten die Wechselkurse der nationalen Währungen in einer festgelegten Bandbreite gehalten werden. Aufgrund ihrer hohen Geldwertstabilität und ihres Vertrauens, das die D-Mark auf den Finanzmärkten genoss, bildete sie sich als Ankerwährung des EWS heraus. Das EWS wurde mit Errichtung der Währungsunion am 1. Januar 1999 beendet (siehe Abschnitt 7.2).

Euroraum

Den Euroraum bilden die Länder, die der Europäischen Währungsunion angehören. Zurzeit sind dies 16 Länder mit zusammen rund 330 Millionen Einwohnern: Belgien, Deutschland, Finnland, Frankreich, Griechenland, Irland, Italien, Luxemburg, Malta, Niederlande, Österreich, Portugal, Slowakei, Slowenien, Spanien und Zypern.

Eurostat

Eurostat ist das Statistische Amt der Europäischen Gemeinschaften mit Sitz in Luxemburg. Es hat den Auftrag, Statistiken für die Europäische Union zu erstellen, die Vergleiche zwischen den Ländern und Regionen ermöglichen.

Eurosystem

Das Eurosystem besteht aus der Europäischen Zentralbank und den zurzeit 16 nationalen Zentralbanken der EU-Mitgliedstaaten, die den Euro eingeführt haben. Sein oberstes Entscheidungsgremium ist der EZB-Rat. Die Zentralbanken des Eurosystems setzen dessen Beschlüsse auf nationaler Ebene um (siehe Abschnitt 5.1).

EZB-Rat

Der EZB-Rat ist das oberste Führungs- und Entscheidungsgremium des Eurosystems und der EZB. Der EZB-Rat setzt sich aus den sechs Mitgliedern des EZB-Direktoriums und den derzeit 16 Zentralbankpräsidenten des Eurosystems zusammen. Er tagt normalerweise alle 14 Tage jeweils am Donnerstag. Der EZB-Rat trifft die politischen Entscheidungen für das Eurosystem, insbesondere auch über die Geldpolitik. Seine Mitglieder sind in ihren Entscheidungen von jeglichen Weisungen seitens der Regierungen der Euroländer, der EU-Kommission oder anderer Institutionen bzw. Personen unabhängig. Dem EZB-Rat ist durch den EG-Vertrag gesetzlich vorgeschrieben, das Ziel Preisstabilität vorrangig zu verfolgen (siehe Abschnitt 5.1.1).

Feinsteuerungsoperationen

Feinsteuerungsoperationen zählen zu den geldpolitischen Instrumenten des Eurosystems, mit denen kurzfristige Schwankungen der Bankenliquidität ausgeglichen werden können. Mit Feinsteuerungsoperationen wie befristeten Transaktionen oder Devisenswaps kann das Eurosystem kurzfristig Liquidität bereitstellen oder abschöpfen. Zur zeitweiligen Abschöpfung von Liquidität kann das Eurosystem den Banken ferner die Hereinnahme von verzinslichen Termineinlagen anbieten (siehe Abschnitt 6.3.1).

Finanzdienstleistungsinstitut

Ein Finanzdienstleistungsinstitut ist ein Wirtschaftsbetrieb, der zwar keine Bank ist, aber bankähnliche Geschäfte, insbesondere Wertpapierdienstleistungen betreibt, wie sie in § 1 Abs. 1a des Gesetzes über das Kreditwesen (KWG) genannt sind (z. B. Anlageberatung oder Leasinggeschäfte).

Finanzmarkt

Finanzmarkt ist der umfassende Begriff für den Handel mit Finanzierungsinstrumenten wie Aktien, Anleihen oder Terminkontrakten. Finanzmärkte können nach genau festgelegten Regeln funktionieren, wie etwa die Börsen. Sie können sich aber auch aufgrund von Handelsgewohnheiten herausbilden, wie beispielsweise der Telefonhandel zwischen Banken.

Finanzmarktstabilisierungsfonds

siehe SoFFin

Finanzsystem

Das Finanzsystem im engeren Sinne umfasst die Finanzmärkte, die Finanzintermediäre sowie die Zahlungsverkehrs- und Wertpapierverrechnungssysteme. Im weiteren Sinne wird auch die Ausgestaltung der Finanzmarktaufsicht und der rechtliche Rahmen einschließlich der Rechnungslegungsvorschriften dazugezählt. In der Finanzkrise, die im Jahr 2007 ausbrach, geriet das internationale Finanzsystem durch die Zahlungsschwierigkeiten wichtiger Banken und einen dadurch ausgelösten allgemeinen Vertrauensverlust an den Rand des Zusammenbruchs. Die Sorge für die Stabilität des Finanzsystems ist seitdem für Zentralbanken und Aufsichtsbehörden zu einer noch wichtigeren Aufgabe geworden.

Flexible Wechselkurse

Flexible Wechselkurse sind im Gegensatz zu festen Wechselkursen nicht fixiert, sondern ergeben sich auf dem Devisenmarkt durch Angebot und Nachfrage. Dadurch schwanken sie im Zeitverlauf. Die wichtigsten Währungen haben heute flexible Wechselkurse, wie der Euro oder der US-Dollar (siehe Abschnitt 7.1).

Geldfunktionen

Geld werden mehrere Funktionen zugesprochen: Es dient als Tausch- bzw. Zahlungsmittel, als Recheneinheit und als Wertaufbewahrungsmittel. Alles, was diese Funktionen ausübt, kann grundsätzlich als Geld Verwendung finden (siehe Abschnitt 1.2).

Geldmarkt

Auf dem Geldmarkt im engeren Sinne findet der Handel mit Zentralbankgeld statt. Den Banken dient er zum Ausgleich von kurzfristigen Liquiditätsüberschüssen bzw. -defiziten. Die größten Umsätze entfallen dabei auf „Übernachtkredite", die am nächsten Tag zurückgezahlt werden müssen. Daneben vereinbaren die Banken über den Geldmarkt auch Kredite mit längeren Laufzeiten (bis maximal zwölf Monate). Auch die zwischen der Zentralbank und den Banken abgeschlossenen Refinanzierungsgeschäfte werden dem Geldmarkt zugerechnet. Zum Geldmarkt im weiteren Sinne zählt der Handel mit Geldmarktpapieren. Interbanken-Kredite am Geldmarkt waren früher größtenteils unbesichert. Doch verlangen seit Ausbruch der jüngsten Finanzkrise viele Kreditgeber, dass die Kreditnehmer Sicherheiten stellen – typischerweise in Form von Wertpapieren, die als Pfand hinterlegt werden müssen.

Geldmarktfonds

Geldmarktfonds investieren die ihnen von Anlegern zufließenden Mittel insbesondere in kurzfristige Anlageformen beispielsweise Bankeinlagen, variabel verzinsliche Wertpapiere und festverzinsliche Wertpapiere mit einer Restlaufzeit von höchstens zwölf Monaten. Die Anleger können die ihnen von den Geldmarktfonds verkauften Anteilscheine (Geldmarktfondsanteile) jederzeit zurückgeben, d. h. in liquide Mittel zurückverwandeln.

Geldmarktpapiere

Geldmarktpapiere sind Wertpapiere mit kurzen Laufzeiten von in der Regel bis zu einem Jahr.

Geldmenge

Als Geldmenge bezeichnet man den volkswirtschaftlichen Bestand an Geld in den Händen von Nichtbanken. Wegen der Unschärfe des Geldbegriffs gibt es verschiedene definitorische Abgrenzungen von Geldmengen. Das Eurosystem unterscheidet drei Geldmengen: M1 (Sichtguthaben + Bargeld), M2 (M1 + kurzfristige Termin- und Spareinlagen) und M3 (M2 + kurzfristige Bankschuldverschreibungen + Geldmarktfondsanteile + Repogeschäfte). Für die geldpolitische Strategie des Eurosystems spielt die Beobachtung der Geldmengenentwicklung eine wichtige Rolle (siehe Abschnitt 3.4).

Geldpolitik

Als Geldpolitik bezeichnet man zusammenfassend alle Maßnahmen, die eine Zentralbank ergreift, um ihre Ziele – beispielsweise Preisstabilität – zu erreichen. Dazu setzt sie geldpolitische Instrumente ein, mit denen sie die Zinskonditionen und Knappheitsverhältnisse am Geldmarkt steuert. Geldpolitische Instrumente des Eurosystems sind Offenmarktgeschäfte, ständige Fazilitäten und die Mindestreserve.

Geldschöpfung

Die Schaffung von Geld wird als Geldschöpfung bezeichnet, im umgekehrten Fall spricht man von Geldvernichtung. Die Geschäftsbanken können nur Giralgeld erzeugen, allein die Zentralbank kann Zentralbankgeld schaffen. Deshalb sind nur Zentralbanken berechtigt, Banknoten und Münzen – die gesetzlichen Zahlungsmittel – in Umlauf zu bringen. Durch Einsatz seiner geldpolitischen Instrumente kann das Eurosystem die Geldschöpfung der Geschäftsbanken beeinflussen und steuern (siehe Abschnitt 4.4).

Geschäftsbank

siehe Bank

Gesetzliches Zahlungsmittel

Mit einem gesetzlichen Zahlungsmittel kann eine Geldschuld mit rechtlicher Wirkung getilgt werden. Ein Gläubiger muss das gesetzliche Zahlungsmittel akzeptieren, sofern für eine Zahlung nichts anderes vereinbart wurde. Im Euro-Währungsgebiet ist Euro-Bargeld das gesetzliche Zahlungsmittel. Giralgeld zählt nicht zu den gesetzlichen Zahlungsmitteln.

Giralgeld

Unter Giralgeld (Buchgeld) versteht man Guthaben bei Banken, über die der Bankkunde täglich verfügen kann. Sie stehen der Bank also nur „auf Sicht" zur Verfügung, daher auch die Bezeichnung „Sichteinlagen". Obwohl Giralgeld kein gesetzliches Zahlungsmittel ist, wird es normalerweise allgemein als Zahlungsmittel akzeptiert. Man zahlt mit Giralgeld, indem man Instrumente des bargeldlosen Zahlungsverkehrs wie Überweisungen, Lastschriften oder Schecks nutzt. Giralgeld kann jederzeit in Bargeld umgewandelt werden (siehe Abschnitt 3.1).

Gironetz

Gironetze dienen der Abwicklung des unbaren Zahlungsverkehrs. Banken haben entweder eigene Gironetze (z. B. Postbank) oder nutzen gemeinsame Gironetze (z. B. Sparkassen, Volksbanken). Innerhalb eines Gironetzes werden Zahlungen zwischen den angeschlossenen Banken verrechnet. Sofern eine Zahlung an eine Bank außerhalb des eigenen Gironetzes geht, wird sie darüber hinaus zwischen den jeweiligen Gironetzen der beteiligten Banken verrechnet (siehe Abschnitt 3.3).

Handelsbilanz

Die Handelsbilanz ist Teil der Leistungsbilanz innerhalb der Zahlungsbilanz. In ihr werden die grenzüberschreitenden Warenströme (Außenhandel) erfasst. Wenn die Ausfuhren die Einfuhren übersteigen, spricht man von einer aktiven Handelsbilanz bzw. einem Handelsbilanzüberschuss. Sind die Einfuhren größer als die Ausfuhren, spricht man von einer passiven Handelsbilanz bzw. einem Handelsbilanzdefizit (siehe Abschnitt 7.3.1).

Hauptrefinanzierungsgeschäfte

Über Hauptrefinanzierungsgeschäfte stellt das Eurosystem den Banken befristet Zentralbankliquidität zur Verfügung. Die Hauptrefinanzierungsgeschäfte werden in der Regel als Standardtender mit einwöchiger Laufzeit durchgeführt. Für das Eurosystem sind sie normalerweise das wichtigste geldpolitische Instrument, mit dem es die Zinssätze und die Liquidität am Geldmarkt steuert und Signale über seinen geldpolitischen Kurs sendet. Vor der Finanzkrise stellte das Eurosystem den Banken etwa drei Viertel der benötigten Zentralbankliquidität über Hauptrefinanzierungsgeschäfte zur Verfügung. Seitdem stehen die längerfristigen Refinanzierungsgeschäfte im Vordergrund. Der Zinssatz des Hauptrefinanzierungsgeschäfts zählt zusammen mit den Zinssätzen der ständigen Fazilitäten zu den Leitzinsen (siehe Abschnitt 6.3.1).

HVPI (Harmonisierter Verbraucherpreisindex)

Der HVPI ist ein europaweit erhobener Index, mit dem die Entwicklung der Verbraucherpreise gemessen wird. Er wird nach harmonisierten Konzepten, Methoden und Verfahren in den einzelnen EU-Ländern berechnet und dann von Eurostat zu einem Gesamtverbraucherindex für den Euroraum oder die Europäische Union zusammengeführt. Das Eurosystem hat definiert, dass Preisstabilität herrscht, wenn die Jahreszuwachsrate des HVPI auf mittlere Frist bei „unter, aber nahe 2 %" liegt (siehe Abschnitt 5.2.2).

IBAN (International Bank Account Number)

Die IBAN ist eine international standardisierte Kontonummer, die den grenzüberschreitenden Zahlungsverkehr erleichtert, aber auch zunehmend im nationalen Zahlungsverkehr verwendet wird. Die IBAN enthält maximal 34 Stellen (in Deutschland 22 Stellen) und ist mit Ausnahme der ersten vier Stellen (Länderkennung und Prüfziffer) in jedem Land individuell aufgebaut. Jedem Konto lässt sich so eindeutig eine IBAN zuordnen. Bei Überweisungen und Lastschriften nach dem SEPA-Standard muss die IBAN als Kontonummer verwendet werden (siehe Abschnitt 3.3).

Indikator

Ein Indikator ist eine messbare Größe, die für einen bestimmten Sachverhalt Aussagekraft besitzt. Er dient der Beschreibung oder Prognose des betreffenden Sachverhalts (z. B. der wirtschaftlichen Entwicklung). Indikatoren werden u. a. in der Konjunkturanalyse verwendet (z. B. dient die Entwicklung der Auftragseingänge als Vorlaufindikator für die Konjunkturentwicklung).

Inflation

Inflation bezeichnet im allgemeinen Sprachgebrauch einen über mehrere Perioden anhaltenden Anstieg des Preisniveaus. Wenn die Preise einzelner Güter steigen, ist das noch keine Inflation. Kennzeichnend für eine Inflation ist, dass das Geld generell an Kaufkraft verliert. Das Eurosystem hat definiert, dass eine jährliche Inflationsrate von unter, aber nahe 2 % ihrem Ziel der Preisstabilität entspricht. Nach dieser Definition ist also eine leichte allgemeine Preissteigerung mit Preisstabilität vereinbar. Gemessen wird die Inflationsrate anhand von Preisindizes (z. B. HVPI). Inflation entsteht u. a. dann, wenn die gesamtwirtschaftliche Güternachfrage über einen längeren Zeitraum das volkswirtschaftliche Güterangebot übersteigt und die Unternehmen daher am Markt höhere Preise durchsetzen können (Nachfrageinflation). Inflation entsteht auch, wenn die Kosten für Produktionsfaktoren steigen (z. B. Verteuerung der Rohstoffe, Lohnsteigerungen) und diese höheren Kosten über steigende Güterpreise weitergegeben werden (Angebotsinflation). Wenn die Inflation auf außenwirtschaftliche Einflüsse zurückgeht, spricht man von einer importierten Inflation.

Internationaler Währungsfonds (IWF)

Der IWF ist eine internationale Organisation zur weltweiten währungspolitischen Zusammenarbeit. Er wurde auf der internationalen Konferenz von Bretton Woods im Jahr 1944 gegründet. Alle Mitgliedstaaten des IWF sind vertraglich zur Einhaltung der vereinbarten Regeln und zu enger Zusammenarbeit in Fragen der internationalen Währungspolitik und des zwischenstaatlichen Zahlungsverkehrs verpflichtet. Zu den Hauptaufgaben des IWF zählen die Förderung der Zusammenarbeit in der Währungspolitik, die Gewährung finanzieller Hilfen im Falle von Zahlungsbilanzschwierigkeiten und die Überwachung der Wechselkurspolitiken der Mitgliedsländer. Deutschland ist seit 1952 Mitglied des IWF (siehe Abschnitt 7.5.1).

Intervention

In wirtschaftspolitischen Zusammenhängen bezeichnet Intervention das regulierende Eingreifen eines Akteurs wie dem Staat in einen Bereich, in dem sonst freies Kräftespiel herrscht. In der Währungspolitik spricht man dementsprechend von Devisenmarktinterventionen, wenn etwa die Zentralbank durch Devisenan- oder -verkäufe versucht, den Wechselkurs einer Währung zu beeinflussen.

Kapitalbilanz

Die Kapitalbilanz ist die Teilbilanz der Zahlungsbilanz, die den Kapitalverkehr mit dem Ausland erfasst. Auf der Aktivseite steht der Import von Kapital. Er entspricht der Veränderung der Verbindlichkeiten von Inländern gegenüber Ausländern (z. B. Kauf inländischer Wertpapiere durch Ausländer) innerhalb eines bestimmten Zeitraums. Der Export von Kapital bzw. die Bestandsänderung an Auslandsforderungen wird entsprechend auf der Passivseite geführt (z. B. Auslandskredite inländischer Banken). Änderungen der staatlichen Währungsreserven (die sich in der Regel bei der Zentralbank befinden) werden nicht in der Kapitalbilanz, sondern in der Devisenbilanz erfasst (siehe Abschnitt 7.3.2).

Kapitalmarkt

Der Kapitalmarkt umfasst alle Märkte, auf denen langfristige Kredite und Beteiligungskapital gehandelt werden. Über den Kapitalmarkt erhalten Unternehmen und staatliche Stellen Mittel für langfristige Investitionen. Manchmal wird der Begriff Kapitalmarkt auf den organisierten Handel mit Wertpapieren, also die Börsen, verengt.

Kapitalmarktzins

Der Kapitalmarktzins ist der Zins für die langfristige Überlassung von Kapital. Es gibt eine Vielzahl langfristiger Zinssätze, die sich nach Kreditnehmer, Laufzeit, Besicherung der Kredite und Kreditvolumen zum Teil erheblich unterscheiden. Für jede Laufzeit werden jeweils die Renditen der entsprechenden Staatsanleihen als Richtwert für den Kapitalmarktzins verwendet.

Kapitalsammelstellen

Kapitalsammelstellen sind am Kapitalmarkt tätige Institutionen, die Anlagemittel von Investoren (z. B. privaten Haushalten) annehmen und diese Mittel – beispielsweise durch Erwerb von Wertpapieren – am Kapitalmarkt anlegen. Im Unterschied zu Banken haben sie nicht die Fähigkeit zur Geldschöpfung. Die bedeutendsten Kapitalsammelstellen in Deutschland sind Investmentfonds und Versicherungen (siehe Abschnitt 4.5).

Kaufkraft

Als Kaufkraft bezeichnet man den Wert des Geldes, ausgedrückt in einer Gütermenge. Sie gibt an, welche Gütermenge für einen bestimmten Geldbetrag gekauft werden kann. Steigt das Preisniveau (Inflation), verringert sich die Kaufkraft, weil man für einen bestimmten Geldbetrag nun weniger Güter als zuvor erhält. Sinkt das Preisniveau (Deflation), erhöht sich die Kaufkraft.

Konjunktur

Konjunktur ist die zyklische Auf- und Abwärtsbewegung der Wirtschaftstätigkeit um das langfristige Trendwachstum herum. Als Bezugsgröße für die Konjunkturanalyse dient zumeist das reale Bruttoinlandsprodukt (BIP). Einen vollständigen Bewegungsablauf von Aufschwung über Abschwung bis zum nächsten Aufschwung nennt man einen Konjunkturzyklus. Die Position einer Volkswirtschaft im Konjunkturzyklus wird üblicherweise am gesamtwirtschaftlichen Auslastungsgrad (Produktionslücke) gemessen.

Konvergenz

Konvergenz bedeutet im Zusammenhang mit der europäischen Wirtschafts- und Währungsunion die Annäherung unterschiedlicher Volkswirtschaften hinsichtlich ihres Entwicklungsniveaus oder bestimmter ökonomischer Strukturmerkmale. Damit ein EU-Staat Mitglied der Währungsunion werden kann, muss er zuvor vier im EG-Vertrag festgelegte Konvergenzkriterien erfüllen (siehe Abschnitt 5.1.3).

Konvertibilität

Konvertibilität bezeichnet die Möglichkeit, eine Währung frei und ungehindert zum allgemein gültigen Wechselkurs in eine andere Währung umtauschen zu können. Als voll konvertibel gelten nur Währungen, die weder für Inländer noch für Ausländer einer Beschränkung des zwischenstaatlichen Zahlungs- und Kapitalverkehrs unterliegen. Der Euro ist eine voll konvertible Währung.

Kredit

Ein Kredit ist die zeitlich begrenzte Überlassung von Kaufkraft (in der Regel in Geldform). Der Kreditnehmer zahlt dem Kreditgeber dafür einen Zins. Es lassen sich zahlreiche Kreditarten unterscheiden, die durch unterschiedliche Laufzeiten, Art und Umfang der Besicherung oder der Verwendung charakterisiert sind (z. B. Realkredit, Kontokorrentkredit).

Kreditinstitut

siehe Bank

Kreditkarte

Die Kreditkarte ist ein Instrument des bargeldlosen Zahlungsverkehrs. Mit der Kreditkarte wird nicht nur bezahlt, sondern bis zur Belastung des Kontos gleichzeitig auch ein kurzfristiger Kredit in Anspruch genommen.

Längerfristige Refinanzierungsgeschäfte

Längerfristige Refinanzierungsgeschäfte gehören zum geldpolitischen Instrumentarium des Eurosystems. Sie dienen dazu, den Banken Liquidität über eine längere Laufzeit zur Verfügung zu stellen (siehe Abschnitt 6.3.1).

Leistungsbilanz

Die Leistungsbilanz ist Teil der Zahlungsbilanz. In ihr werden der grenzüberschreitende Warenhandel (Handelsbilanz), der grenzüberschreitende Dienstleistungsverkehr (Dienstleistungsbilanz), grenzüberschreitende Zahlungen aus Erwerbstätigkeit und Vermögen (Bilanz der Erwerbs- und Vermögenseinkommen) sowie laufende Übertragungen (Bilanz der laufenden Übertragungen) zusammengefasst. Ein Leistungsbilanzüberschuss bedeutet, dass die betreffende Volkswirtschaft mehr produziert als sie an eigenen und fremden Gütern verbraucht. Dadurch baut sie Auslandsvermögen auf. Bei einem Leistungsbilanzdefizit ist es umgekehrt (siehe Abschnitt 7.3.1).

Leitzins

Die Leitzinsen sind die von der Zentralbank festgelegten Zinssätze, zu denen sich die Geschäftsbanken bei der Zentralbank Liquidität beschaffen oder überschüssige Reserven anlegen können. Leitzinsen stellen das zentrale geldpolitische Instrumentarium dar, denn sie beeinflussen maßgeblich die Zinsverhältnisse am Geldmarkt und darüber auch die allgemeine Zinsentwicklung. Eine Anhebung der Leitzinsen verschiebt in der Tendenz das gesamte Zinsniveau nach oben. Dies wiederum dämpft die Nachfrage der Wirtschaft nach Krediten und damit ganz allgemein die wirtschaftliche Aktivität. Über solch eine „restriktive Geldpolitik" kann die Zentralbank einem inflationären Anstieg des Preisniveaus entgegenwirken. Wenn es die Erreichung des Zieles der Preisstabilität nicht beeinträchtigt, hat die Zentralbank Spielraum, ihre Leitzinsen zu senken. Wenn in der Folge dann auch die Zinsen auf dem Kapitalmarkt sinken, kann dies die gesamtwirtschaftliche Nachfrage und das Wirtschaftswachstum erhöhen. Als Leitzinsen im Eurosystem gelten die Zinssätze für die Refinanzierungsgeschäfte (insbesondere das Hauptrefinanzierungsgeschäft), für die Einlagefazilität und für die Spitzenrefinanzierungsfazilität (siehe Abschnitt 6.3).

Liquidität

Der Liquiditätsgrad eines Vermögensgegenstands (z. B. eines Wertpapiers oder einer Immobilie) bezeichnet die Leichtigkeit, mit der dieser in Zahlungsmittel wie beispielsweise Bargeld transferiert werden kann. Entsprechend dieser Definition weisen die Zahlungsmittel selbst den höchsten Liquiditätsgrad auf. Der Liquiditätsgrad von auf Märkten gehandelten Wertpapieren ist zwar geringer, aber höher als beispielsweise der einer Immobilie, deren Verkauf vergleichsweise aufwendig ist. Der Begriff der „Liquidität" wird jedoch nicht nur für Vermögensgegenstände verwendet, sondern auch auf Personen oder Unternehmen angewendet. Sie sind liquide, wenn sie ihre laufenden Zahlungsverpflichtungen jederzeit erfüllen können. So können Personen oder Unternehmen trotz eines hohen Vermögens (z. B. Wertpapiere, Kreditforderungen, Immobilien) illiquide werden, wenn sie ihr Vermögen nicht rechtzeitig in Bargeld oder Bankguthaben transferieren können. Entsprechend ergibt sich die Liquidität einer Bank wesentlich aus ihrem Bestand an Zentralbankgeld und liquiden Wertpapieren, insbesondere Geldmarktpapieren. In diesem Sinne stellt die Zentralbank über ihre Refinanzierungsgeschäfte den Banken „Liquidität" zur Verfügung.

Lohn-Preis-Lohn-Spirale

Unter einer Lohn-Preis-Lohn-Spirale versteht man einen sich wechselseitig aufschaukelnden Prozess von Preis- und Lohnsteigerungen, der in einer sich ständig beschleunigenden Inflation mündet. Solch eine Spirale kann beispielsweise durch einen Preisanstieg für Rohstoffe ausgelöst werden. Die Unternehmen versuchen, die erhöhten Produktionskosten durch höhere Preise zu decken. Die Arbeitnehmer wiederum nehmen die Preissteigerungen zum Anlass, höhere Löhne zu fordern. Steigen die Löhne tatsächlich, wachsen auch die Kosten für die Unternehmen, was die Güterpreise weiter steigen lässt und wieder in erhöhten Lohnforderungen mündet. Abhängig davon, ob zu Beginn dieses Prozesses eine Preis- oder eine Lohnerhöhung steht, spricht man von Preis-Lohn-Spirale bzw. Lohn-Preis-Spirale.

Mengentender

Der Mengentender ist ein Auktionsverfahren der Zentralbank, bei dem diese vor der Versteigerung von Zentralbankgeldkrediten ihre Zinssätze im Voraus festlegt. Die teilnehmenden Geschäftspartner geben Gebote über die Menge an Zentralbankgeld ab, die sie zum vorgegebenen Zinssatz erhalten wollen (siehe Abschnitt 6.3.1).

Mindestreserve

Die Mindestreserve gehört zum geldpolitischen Instrumentarium des Eurosystems. Sie verpflichtet die Banken, ein bestimmtes Mindestguthaben bei der Zentralbank zu halten. Die Höhe der zu haltenden Mindestreserve ergibt sich durch Anwendung des Mindestreservesatzes (im Eurosystem derzeit zwei Prozent) auf kurzfristige Kundeneinlagen der Banken. Das Mindestreserve-Soll ist nicht täglich, sondern im Durchschnitt innerhalb einer Periode – in der Regel eines Monats – als Guthaben bei der Zentralbank zu halten. Die Banken können die Mindestreserveguthaben auch als Arbeitsguthaben für ihren laufenden Zahlungsverkehr nutzen. Die Mindestreserve wirkt deshalb am Geldmarkt als Puffer, der starke Liquiditätsausschläge ausgleicht und die Zinsentwicklung verstetigt. Aufgrund der Pflicht, Mindestreserve zu halten, hat das Bankensystem stets einen Bedarf an Zentralbankgeld.

Die Zentralbank deckt diesen Bedarf vorwiegend durch Refinanzierungsgeschäfte (siehe Abschnitt 6.3.3).

Münzregal

Das Münzregal ist das hoheitliche Recht, Münzen zu prägen und zu gestalten. In der Vergangenheit lag dieses Recht bei dem jeweiligen Landesherrn (z. B. König), in der heutigen Zeit bei der Regierung oder der Zentralbank. Das Münzregal für den Euro liegt bei den jeweiligen Finanzministern der Euro-Staaten, wobei die Ausgabe von der EZB zu genehmigen ist. Wenn die Herstellungskosten der Münzen geringer sind als ihr Nennwert, entsteht ein Münzgewinn.

Nichtbanken

Nichtbanken nennt man in der Fachsprache Akteure außerhalb des Bankensystems wie private Haushalte, private Organisationen ohne Erwerbscharakter (z. B. Vereine, Kirchen), öffentliche Haushalte und alle Wirtschaftsunternehmen, die keine Banken sind.

Notenbank

siehe Zentralbank

Notenbankfähige Sicherheiten

Das Eurosystem verlangt, dass die Banken für alle Kredite, die sie von den Zentralbanken erhalten, notenbankfähige Sicherheiten stellen. Sollte eine Bank einen Kredit nicht zurückzahlen können, könnte die Zentralbank die Sicherheit am Markt verkaufen und den Verkaufserlös nutzen, um den Verlust aus dem Kreditgeschäft auszugleichen. Das Eurosystem akzeptiert eine breite Palette von Sicherheiten, die in einem einheitlichen Sicherheitenverzeichnis zusammengefasst sind. Neben marktfähigen Sicherheiten (z. B. Schuldverschreibungen) werden auch nichtmarktfähige Sicherheiten (z. B. Kreditforderungen) akzeptiert. Beide müssen einheitlichen Bonitätsanforderungen genügen. Die Sicherheiten werden zur Verfügung gestellt, indem die Banken dem Eurosystem entweder das Eigentum an diesen Vermögenswerten übertragen (Pensionsgeschäfte) oder sie als Pfand hinterlegen (besicherte Kredite). Die Sicherheiten sind im Eurosystem grenzüberschreitend nutzbar.

NZB (Nationale Zentralbank)

Nationale Zentralbanken sind Zentralbanken einzelner Staaten. Zur sprachlichen Vereinfachung hat sich in Bezug auf das Eurosystem bzw. ESZB neben der Abkürzung EZB – die keine nationale Zentralbank ist – die Abkürzung NZB eingebürgert.

Offenmarktgeschäfte

Offenmarktgeschäfte sind geldpolitische Operationen, die auf Initiative der Zentralbank erfolgen. Sie haben das Ziel, den Banken Liquidität bereitzustellen oder zu entziehen. Es gibt vier Kategorien von Offenmarktgeschäften, die sich im Hinblick auf Zielsetzung, Laufzeit, Turnus und Durchführung unterscheiden: Hauptrefinanzierungsgeschäfte, längerfristige Refinanzierungsgeschäfte, Feinsteuerungsoperationen und strukturelle Operationen (siehe Abschnitt 6.3.1).

Outright-Geschäft

Unter Outright-Geschäften versteht man den definitiven Kauf oder Verkauf von Vermögenswerten wie beispielsweise Wertpapieren durch eine Zentralbank für eigene Rechnung am offenen Markt (Offenmarktgeschäft). Der Kreis der Geschäftspartner ist dabei nicht von vornherein beschränkt.

Pensionsgeschäft (auch Repogeschäft)

Unter Pensionsgeschäften versteht man den Kauf eines Vermögensgegenstandes mit gleichzeitiger Vereinbarung des Rückkaufs zu einem späteren Termin (der Verkaufsgegenstand wird „in Pension" gegeben). Pensionsgeschäfte, die eine Zentralbank mit den Geschäftsbanken im

Rahmen ihrer Offenmarktpolitik abschließt, dienen der befristeten Bereitstellung bzw. dem befristeten Entzug von Zentralbankgeld.

Preisniveau

Das Preisniveau ist ein allgemeiner Ausdruck für den Durchschnitt aller Preise für Waren und Dienstleistungen in einer Volkswirtschaft zu einem bestimmten Zeitpunkt. Steigt das Preisniveau, sinkt die Kaufkraft des Geldes – und umgekehrt. Das gesamtwirtschaftliche Preisniveau und seine Veränderungen werden meist mit dem Verbraucherpreisindex gemessen.

Preisstabilität

Hauptziel der Geldpolitik des Eurosystems ist, auf mittlere Frist Preisstabilität zu sichern. Preisstabilität bezieht sich auf das allgemeine Preisniveau, nicht auf einzelne Preise. Preisstabilität ist gegeben, wenn sich das gesamtwirtschaftliche Preisniveau nicht oder nur wenig ändert. Der EZB-Rat hat dabei definiert, dass Preisstabilität vorliegt, wenn der Anstieg des Harmonisierten Verbraucherpreisindex (HVPI) für das gesamte Euro-Währungsgebiet gegenüber dem Vorjahr unter, aber nahe 2 % liegt (siehe Abschnitt 5.2.1).

Realignment

Unter Realignment versteht man die Anpassung bzw. Neuordnung von Wechselkursen in Systemen fester Wechselkurse.

Realzins

Der Realzins ergibt sich aus dem nominalen Zins abzüglich der Inflationsrate. Er gibt somit die Verzinsung unter Berücksichtigung des erwarteten Geldwertverlusts an.

Refinanzierung

Von Refinanzierung spricht man, wenn sich Geschäftsbanken bei der Zentralbank Zentralbankgeld beschaffen. Eine einzelne Bank kann sich auch am (Interbanken-)Geldmarkt refinanzieren. Das Bankensystem insgesamt muss sich aber bei der Zentralbank refinanzieren. Der Refinanzierungsbedarf des Bankensystems ist der Ansatzpunkt für die Geldpolitik. Die Refinanzierung wird in der Regel über Offenmarktgeschäfte abgewickelt.

Rendite

Die Rendite ist ein Maß für den effektiven Ertrag einer Investition. Beispielsweise ergibt sich die Rendite einer Anleihe aus dem Nominalzins sowie etwaigen Kursgewinnen oder -verlusten. Die Rendite wird üblicherweise in Prozent pro Jahr angegeben.

Rentenmarkt

Der Rentenmarkt oder Anleihemarkt ist der Teil des Kapitalmarkts, an dem Schuldverschreibungen und andere festverzinsliche Wertpapiere gehandelt werden.

Repartierung

Beim Abschluss von Tendern im Rahmen der Offenmarktgeschäfte übersteigen die Gebote der Banken in der Regel das von der EZB festgelegte Zuteilungsvolumen, sodass eine Repartierung notwendig wird. Darunter versteht man, dass die Gebote nach einem bestimmten Schlüssel auf die Bieter der Auktion verteilt werden. Bei Mengentendern werden alle Gebote zu einem einheitlichen Repartierungssatz zugeteilt. Dieser ergibt sich aus dem vorgesehenen Zuteilungsvolumen, dividiert durch den Gesamtbetrag der Gebote. Bei Zinstendern werden allein die Gebote zum marginalen, d. h. dem niedrigsten gerade noch akzeptierten Zinssatz, entsprechend repartiert. Gebote zu höheren Zinssätzen werden voll zugeteilt.

Repogeschäft (Repurchase Agreement)

siehe Pensionsgeschäft

Scheidemünze

Bei Scheidemünzen liegt der Materialwert unter dem Nennwert, den die Münze repräsentiert. Früher dienten sie zur Unterteilung (Scheidung) der Gold- oder Silberwährungsmünzen, deren Nennwert ihrem Metallwert entsprach. Heute sind, seit man Gold- oder Silberwährungen aufgegeben hat, praktisch alle Verkehrsmünzen Scheidemünzen, auch die gängigen Euro-Münzen.

Schuldverschreibung

Mit einer Schuldverschreibung (Anleihe oder Rentenpapier) überlässt der Gläubiger dem Aussteller der Schuldverschreibung (Emittent) einen bestimmten Betrag für eine gewisse Zeit. Der Emittent verpflichtet sich, dem Inhaber der Schuldverschreibung (Gläubiger) diesen Betrag am Ende der Laufzeit zurückzuzahlen. Außerdem zahlt er ihm nach einem festgelegten Modus Zinsen. Der Emittent beschafft sich mit einer Schuldverschreibung Kapital, der Gläubiger erhält eine verzinsliche Geldanlage. Emittenten von Schuldverschreibungen sind staatliche Stellen (öffentliche Anleihen), Banken (Bankschuldverschreibungen, Pfandbriefe) und Industrieunternehmen (Industrieobligationen).

SEPA (Single Euro Payments Area)

Durch den einheitlichen Euro-Zahlungsverkehrsraum (SEPA) soll in Europa das bargeldlose Bezahlen über Ländergrenzen hinweg genauso einfach, sicher und effizient werden wie heute im Inland. Mit SEPA wird nicht mehr zwischen nationalen und grenzüberschreitenden Zahlungen unterschieden, auch nicht bei den Gebühren für solche Zahlungen. Die standardisierten Instrumente (SEPA-Überweisung, SEPA-Lastschrift und SEPA-Kartenzahlungen) lassen sich europaweit einsetzen. Neben den Ländern der Europäischen Union gehören dem SEPA-Raum auch Island, Liechtenstein, Norwegen und die Schweiz an. Die europäischen Banken haben sich verpflichtet, den traditionellen bargeldlosen Zahlungsverkehr in den kommenden Jahren auf die SEPA-Instrumente umzustellen (siehe Abschnitt 3.3).

SoFFin (Sonderfonds Finanzmarktstabilisierung)

Der SoFFin ist ein Sonderfonds des Bundes, der im Oktober 2008 im Rahmen des Finanzmarktstabilisierungsgesetzes errichtet wurde. Er wird von der Bundesanstalt für Finanzmarktstabilisierung verwaltet. Der SoFFin hat die Aufgabe, das Finanzsystem in Deutschland zu stabilisieren. Der Fonds kann von Banken emittierte Schuldverschreibungen garantieren, sich an Finanzunternehmen beteiligen und so deren Eigenkapital erhöhen sowie Risikopositionen der Banken durch Ankauf übernehmen.

Sonderziehungsrechte (SZR)

Sonderziehungsrechte (SZR) sind vom Internationalen Währungsfonds (IWF) geschaffenes Buchgeld, das zu den internationalen Währungsreserven zählt. Der IWF kann seinen Mitgliedern SZR zuteilen, um einem weltweiten Mangel an Liquidität vorzubeugen. Der Wert eines SZR entspricht dem Marktwert eines Währungskorbs, der sich aus den vier wichtigsten Weltwährungen (US-Dollar, Euro, Yen und britisches Pfund) in gewichteter Form zusammensetzt. Nur der IWF, die Währungsbehörden der Mitgliedsländer und andere eigens zugelassene offizielle Stellen können die „künstliche Währung" SZR für finanzielle Transaktionen untereinander verwenden (siehe Abschnitt 7.5.1).

Sorten

Sorten nennt man in der Banken- und Finanzbranche ausländisches Bargeld, also ausländische Münzen und Banknoten.

Spitzenrefinanzierungsfazilität

Die Spitzenrefinanzierungsfazilität ist ein geldpolitisches Instrument des Eurosystems, über das sich die Banken auf eigene Initiative von der Zentralbank Liquidität bis zum nächsten Geschäftstag beschaffen können – gegen notenbankfähige Sicherheiten und zu einem vorgegebenen Zinssatz. Über die Spitzenrefinanzierungsfazilität können Banken ihren Liquiditätsbedarf kurzfristig decken. Der Zinssatz für die Spitzenrefinanzierungsfazilität bildet im Allgemeinen die Obergrenze für den Tagesgeldsatz am Geldmarkt und ist somit einer der Leitzinsen des Eurosystems (siehe Abschnitt 6.3.2).

Stabilitäts- und Wachstumspakt

Der Stabilitäts- und Wachstumspakt ist eine Ergänzung zum EG-Vertrag, mit dem sich die EU-Länder verpflichten, auch nach Eintritt in die Währungsunion dauerhaft und nachhaltig Haushaltsdisziplin zu wahren. Das geldpolitische Ziel Preisstabilität kann auf Dauer nur erreicht werden, wenn es durch eine stabilitätsorientierte Finanzpolitik unterstützt wird. Die Obergrenze für die jährlichen Haushaltsdefizite liegt grundsätzlich bei drei Prozent des Bruttoinlandsprodukts. Höhere Defizite sind nur in begründeten Ausnahmefällen zugelassen. Bei Verstößen gegen die Regeln kann ein sogenanntes Defizitverfahren in Gang gesetzt werden, das empfindliche Sanktionen zur Folge haben kann (siehe Abschnitt 6.5).

Ständige Fazilitäten

Ständige Fazilitäten zählen zu den geldpolitischen Instrumenten des Eurosystems, die die Banken täglich auf eigene Initiative in Anspruch nehmen können. Das Eurosystem bietet zwei ständige Fazilitäten an, die Spitzenrefinanzierungsfazilität und die Einlagefazilität. Die Zinssätze der ständigen Fazilitäten bilden einen Zinskorridor, innerhalb dessen sich der Tagesgeldzins am Geldmarkt bewegt. Als Leitzinsen geben sie Signale über den allgemeinen Kurs der Geldpolitik (siehe Abschnitt 6.3.2).

Strukturelle Operationen

Strukturelle Operationen zählen zu den geldpolitischen Instrumenten, mit denen die Zentralbank die Liquiditätsposition des Bankensystems gegenüber dem Eurosystem anpassen kann. Sie können über befristete

Transaktionen, Outright-Geschäfte oder die Emission von Schuldverschreibungen der EZB erfolgen (siehe Abschnitt 6.3.1).

Stückelung

Die Stückelung bezeichnet die Nominalwertreihung einer Münz- und Banknotenserie. Die Stückelung der Euro-Münzen beträgt 1, 2, 5, 10, 20 und 50 (Euro-)Cent sowie 1 und 2 Euro, die der Euro-Banknoten 5, 10, 20, 50, 100, 200 und 500 Euro.

TARGET2

TARGET2 (Trans-European Automated Real-time Gross settlement Express Transfer system) ist ein Computersystem zur sicheren und schnellen Abwicklung des elektronischen Individual-Zahlungsverkehrs innerhalb der Europäischen Union. Es wird von den Banken hauptsächlich zur sekundenschnellen Überweisung von großen Beträgen genutzt. TARGET2 basiert auf einer einheitlichen technischen Plattform und gewährleistet den raschen Austausch von Zentralbankliquidität zwischen den nationalen Geldmärkten. Es bietet allen Teilnehmern bei nationalen wie grenzüberschreitenden Zahlungen harmonisierte Leistungen zu einheitlichen Preisen. Die Hauptrefinanzierungsgeschäfte des Eurosystems sind zwingend über TARGET2 abzuwickeln (siehe Abschnitt 6.4).

Tender

Ein Tender ist ein standardisiertes Auktionsverfahren, mit dem die Zentralbank dem Markt Liquidität zuführt oder ihm entzieht. Die Geschäftsbanken geben im Rahmen von Tenderverfahren Gebote ab, auf dessen Grundlage die Zentralbank ihnen Liquidität zuteilt bzw. von ihnen Liquidität als Einlage akzeptiert. Standardtender werden innerhalb von drei Tagen angekündigt, zugeteilt und abgewickelt. Sie werden insbesondere für Haupt- und längerfristige Refinanzierungsgeschäfte verwendet. Schnelltender werden dagegen für Feinsteuerungsoperationen eingesetzt und innerhalb weniger Stunden durchgeführt (siehe Abschnitt 6.3.1).

Termingeschäft

Bei Termingeschäften handelt es sich um den Kauf oder Verkauf von Waren oder Wertpapieren, bei denen die Erfüllung des Vertrages, d. h. die Abnahme und Lieferung, zu einem zukünftigen Termin erfolgt. Der Kurs bzw. Preis wird jedoch schon am Abschlusstag festgelegt. Die Akteure an den Finanzmärkten können Termingeschäfte nutzen, um sich gegen die Ungewissheit zukünftiger Preisentwicklungen abzusichern, aber auch um auf vermutete Entwicklungen von Preisen zu spekulieren.

Transmissionsmechanismus

Der Transmissionsmechanismus beschreibt, wie sich die Änderung einer geldpolitischen Handlungsvariablen (z. B. des Leitzinses) auf ökonomische Variablen (wie Preisniveau, Produktion und Beschäftigung) überträgt. Die Transmission geldpolitischer Maßnahmen kann sich über unterschiedliche „Kanäle" vollziehen, wobei sich manche Wirkungen sehr rasch einstellen können, andere hingegen viel Zeit benötigen. Art und Umfang der Wirkungen auf das Endziel sind häufig unsicher (siehe Abschnitt 6.1).

Verbraucherpreisindex

Der Verbraucherpreisindex ist eine statistische Kennziffer zur Messung der Inflation. Er wird anhand einer repräsentativen Auswahl der von privaten Haushalten nachgefragten Waren und Dienstleistungen (Warenkorb) berechnet. Die Zusammensetzung dieses Warenkorbs wird im Laufe der Zeit dem sich ständig ändernden Ausgabeverhalten angepasst. Das Statistische Bundesamt errechnet den Verbraucherpreisindex für Deutschland. Den Harmonisierten Verbraucherpreisindex (HVPI), den das Eurosystem zur Messung der Preisentwicklung im Euroraum verwendet, ermittelt das von den Zentralbanken unabhängige Statistische Amt der Europäischen Gemeinschaften (Eurostat) (siehe Abschnitt 5.2.2).

Verbriefung

Unter Verbriefung (engl. securitization) versteht man die Umwandlung von Krediten und anderen Forderungen in handelbare Wertpapiere.

Währung

Der Begriff Währung bezeichnet das hoheitlich geordnete Geldwesen eines Staates oder Gebietes einschließlich aller Regelungen zur Sicherung der Geldwertstabilität (Geldverfassung). Der Begriff Währung steht deshalb auch für den Namen der Geldeinheit (z. B. Euro, US-Dollar, Yen).

Währungsreform

Eine Währungsreform ist die grundlegende Neuordnung des Geldwesens eines Landes, mit der eine neue Währung eingeführt wird. Im Gegensatz zu einer Währungsumstellung führt eine Währungsreform zu einer Veränderung des Geldwertes bzw. der Kaufkraft je Geldeinheit. 1948 wurde in den drei westlichen Zonen des besetzten Deutschlands eine Währungsreform durchgeführt, bei der die D-Mark die nahezu wertlos gewordene Reichsmark ablöste.

Währungsreserven

Die Währungsreserven umfassen die Bestände der Zentralbank an Gold und Devisen (inkl. Sonderziehungsrechte). Die Zentralbank kann sie zur Finanzierung von Zahlungsungleichgewichten im Außenhandel oder für Interventionen am Devisenmarkt nutzen. Viele Zentralbanken halten einen Bestand an Devisen, weil das Vorhandensein von Reserven das Vertrauen der Marktakteure in die Wertbeständigkeit der heimischen Währung erhöht.

Wechsel

Ein Wechsel ist ein Wertpapier, in dem der Aussteller die Verpflichtung eingeht, einen bestimmten Betrag zu einem späteren Zeitpunkt bei

Vorlage des Wechsels zu zahlen. Der Wechsel stellt damit nicht nur ein Instrument des Zahlungsverkehrs, sondern auch ein Kredit- und Sicherungsmittel dar.

Wechselkurs

Der Wechselkurs (Devisenkurs) ist das Austauschverhältnis zweier Währungen. In einem System freier Wechselkurse bildet er sich durch Angebot und Nachfrage. Er kann als Preis- oder Mengennotierung dargestellt werden. Die Mengennotierung zeigt an, wie viel Fremdwährung man für eine Einheit der eigenen Währung erhält. Die Preisnotierung gibt an, wie viel eine Einheit der Fremdwährung kostet. Alle Euro-Wechselkurse werden als Mengennotierung dargestellt, beispielsweise 1 Euro = 1,40 US-Dollar (siehe Abschnitt 7.1).

Wechselkurssystem

In einem Wechselkurssystem wird die Wechselkursbildung der beteiligten Währungen nach einheitlichen Prinzipien gestaltet. Man unterscheidet als Grundformen Systeme flexibler (freier) und Systeme fester Wechselkurse. In einem System flexibler Wechselkurse bilden sich die Wechselkurse grundsätzlich ohne staatliche Eingriffe nach Angebot und Nachfrage am Devisenmarkt (z. B. Wechselkursbildung zwischen Euro und Dollar). In Systemen fester Wechselkurse beruhen die Wechselkurse auf Vereinbarungen der beteiligten Staaten. Zentralbanken müssen durch Käufe und Verkäufe von Devisen den Wechselkurs innerhalb einer gewissen Bandbreite um den festgelegten Wechselkurs halten. Wechselkursänderungen lassen sich durch „Realignments", d. h. Anpassung der vereinbarten Leitkurse, erreichen. Manche Staaten fixieren den Wechselkurs ihrer Währung zu einer anderen Währung einseitig, d. h. ohne vertragliche Grundlage. Um den angestrebten Wechselkurs zu gewährleisten, muss die Zentralbank eines solchen Staates ständig am Devisenmarkt durch Käufe oder Verkäufe eingreifen.

Wechselkursmechanismus II (WKM II)

Das WKM II ist ein System fester Wechselkurse, an dem alle diejenigen EU-Länder teilnehmen müssen, die der Europäischen Währungsunion beitreten wollen. Die beteiligten Währungen dürfen maximal ± 15 Prozent um den Euro schwanken, wobei auch engere Bandbreiten vereinbart werden können. Zur Einhaltung dieser Bandbreiten sind grundsätzlich unbegrenzte Devisenmarktinterventionen vorgesehen, die allerdings nicht im Widerspruch zum Ziel Preisstabilität stehen dürfen. Eine der Voraussetzungen für die Einführung des Euro ist, dass das Beitrittsland zwei Jahre lang spannungsfrei am WKM II teilgenommen hat (siehe Abschnitt 7.2).

Weltbankgruppe

Die Weltbankgruppe umfasst fünf Organisationen. Dazu zählen die 1944 auf der Konferenz von Bretton Woods geschaffene Internationale Bank für Wiederaufbau und Entwicklung sowie die Internationale Entwicklungsorganisation, die Internationale Finanz-Corporation, die Multilaterale Investitions-Garantie-Agentur und das Internationale Zentrum zur Beilegung von Investitionsstreitigkeiten. Als „Weltbank" im engeren Sinne zählen die Internationale Bank für Wiederaufbau und Entwicklung sowie die Internationale Entwicklungsorganisation. Aufgabe der Weltbankgruppe ist die Förderung der wirtschaftlichen Entwicklung von weniger entwickelten Staaten durch finanzielle Hilfen, Beratung und technische Hilfe (siehe Abschnitt 7.5.2).

Wertpapier

Ein Wertpapier verbrieft ein Vermögensrecht. Wertpapiere sind beispielsweise Aktien, Schuldverschreibungen (Rentenpapiere, Anleihen) und Investmentfondsanteile. Die Verbriefung erleichtert den Handel mit diesen Vermögensrechten. Für viele Gattungen von Wertpapieren gibt es institutionalisierte Märkte.

Wirtschafts- und Währungsunion (WWU)

Die WWU ist ein im EG-Vertrag vereinbarter Zusammenschluss der EU-

Mitgliedstaaten auf dem Gebiet der Wirtschafts- und Währungspolitik, der sich in drei Stufen vollzog. Die Wirtschaftsunion umfasst einen einheitlichen Markt mit freiem Güter-, Kapital- und Personenverkehr, eine gemeinsame Wettbewerbspolitik und Verfahren für die Koordination der Wirtschaftspolitiken. Seit 1999 besteht die Europäische Währungsunion. Sie beinhaltet eine gemeinschaftliche Geldpolitik mit der gemeinsamen Währung Euro in den teilnehmenden EU-Ländern (siehe Abschnitt 5.4.3).

Zahlungsbilanz

Die Zahlungsbilanz gibt Auskunft über alle wirtschaftlichen Transaktionen zwischen einer Volkswirtschaft und der übrigen Welt in einem bestimmten Zeitraum. Die Zahlungsbilanz des Eurosystems bzw. Deutschlands setzt sich aus fünf Posten zusammen: Leistungsbilanz, Saldo der Vermögensübertragungen, Kapitalbilanz, Devisenbilanz und Restposten (statistisch nicht aufgliederbare Transaktionen). Die Zahlungsbilanz wird nach dem Prinzip der doppelten Buchführung geführt und ist (formal) immer ausgeglichen. Wenn von einer „unausgeglichenen" Zahlungsbilanz gesprochen wird, ist der Saldo einer bestimmten Teilbilanz – in der Regel der Leistungsbilanz – gemeint (siehe Abschnitt 7.3).

Zahlungsverkehr

Unter dem Begriff Zahlungsverkehr versteht man die Übertragung von Zahlungsmitteln innerhalb einer Volkswirtschaft im baren und unbaren Zahlungsverkehr. Bei Barzahlungen übergibt man Banknoten und Münzen, bei bargeldlosen Zahlungen überträgt man mittels Instrumenten des bargeldlosen Zahlungsverkehrs (z. B. Überweisung, Lastschrift, Scheck oder Kartenzahlung) Giralgeld von einem Konto zu einem anderen.

Zentralbank

Eine Zentralbank ist diejenige Institution, die für die Geldpolitik und die Funktionsfähigkeit des Geldwesens in einem Land oder Gebiet zuständig ist. Zu ihren Kernaufgaben gehören neben der Geldpolitik typischerweise die Verwaltung der Währungsreserven sowie als Notenbank die Ausgabe von Banknoten. Der Zentralbank kann auch die Verantwortung für die Bankenaufsicht und den Zahlungsverkehr übertragen werden. Wichtigstes geldpolitisches Ziel ist zumeist Preisstabilität. Um dieses Ziel besser erreichen zu können, sind Zentralbanken in vielen Ländern unabhängig von politischen Weisungen.

Zentralbankgeld

Unter Zentralbankgeld versteht man das von der Zentralbank geschaffene Geld. Es umfasst den gesamten Bestand umlaufender Banknoten und Münzen sowie die Sichtguthaben der Geschäftsbanken bei der Zentralbank (Zentralbankguthaben).

Zins

Der Zins ist allgemein der Preis für die zeitweise und leihweise Überlassung von Kapital, den der Kapitalnehmer dem Kapitalgeber zahlt. Der Zinssatz wird üblicherweise in Prozent bezogen auf ein Jahr angegeben. Typischerweise ist der Zins um so höher, je länger ein Kredit läuft. Weitere Bestimmungsfaktoren für die Höhe der Zinsen sind beispielsweise das geschätzte Ausfallrisiko eines Kredits und die Güte etwaiger Besicherungen. Das Zinsniveau gibt Auskunft über die durchschnittliche Höhe der am Markt für eine bestimmte Laufzeit genannten Zinssätze.

Zinstender

Der Zinstender ist ein Tenderverfahren, bei dem die teilnehmenden Geschäftspartner bei ihren Geboten nicht nur den Betrag, sondern auch den Zinssatz angeben, zu dem sie das Geschäft abschließen wollen (siehe Abschnitt 6.3.1).

Glossar

Impressum

Herausgeber:
Deutsche Bundesbank
Wilhelm-Epstein-Straße 14
60431 Frankfurt am Main
www.bundesbank.de

Nachdruck nur mit Quellenangabe

Stand: August 2009